# 戦前病院社会事業史

## 日本における医療ソーシャルワークの生成過程

髙橋恭子

ドメス出版

# 戦前病院社会事業史

日本における医療ソーシャルワークの生成過程——目次

## 第Ⅱ章　戦前における医療ケースワーク論と病者に対するケースワーク実践

# 第Ⅵ章　聖路加国際病院における病院社会事業

## 第Ⅶ章　病院社会事業に関する比較検討

## 終章　初期病院社会事業の全体像



## 資料編

装幀　市川美野里

〈凡例〉

一、引用文の漢字は新字体に改めたが、仮名は旧仮名遣いのままとした。また、文意はそこなわないように注意しながら、読みやすさに配慮して、必要に応じ、句読点を入れた。

一、引用分の誤字・脱字と思われる表記もそのまま記載し、(ママ)のルビをつけた。なお、筆者が補ったルビは( )を付して表記した。

一、現在からみると差別的な表現も、基本的には当時の表現を優先するためそのまま使用した。

一、泉橋慈善病院(三井慈善病院)の病院報告については、原資料に出版年の記載がないため、便宜上、報告年度の翌年を出版年として記載した。なお、写真掲載部分の出典には病院報告年度を記載した。

# 序章　研究の目的と方法

## 1　研究の目的

日本における医療ソーシャルワークの初発は、一九一九（大正八）年に東京の泉橋慈善病院で賛助婦人会を設けた際、病人相談所を新たに開設し、相談員を配置したときとされ、次いで一九二五（大正一四）年には東京市療養所が社会部を設置し、患者の入院中や退院後の相談、家事上の世話などに応じる活動を行った。続いて済生会は、一九二六（大正一五）年に中央病院の中に社会部を創設し、日本女子大学校を卒業した清水利子が中心となって病院社会事業を開始した。さらに聖路加国際病院は、一九二九（昭和四）年に医療社会事業部を創設し、アメリカで医療ソーシャルワークの専門教育を受けた浅賀ふさによって「本格的な医療ソーシャルワーク」を開始した。

このように先駆的な実践が行われたが、これらはいずれも施療病院において行われたことが共通している。施療病院の対象となる患者や家族は、病気になっても、貧困のために医療を受けることができない低所得階層に属し、病気と同時にさまざまな生活上の困難を抱えていた。病院社会事業はこのような生活問題に対処するため、施療病院に設けられたものと考えられるが、施療病院のすべてに配置されていたわけではなく、そのうちのごく限られた病院にのみ、病院社会事業が導入された。

一九三四（昭和九）年の東京には軽費・施療病院の数は三八あるが、表序-1に示すように、社会事業施設一覧[1]の「病院社会事業」の項目に掲載された施設をみると、わずか七、八カ所にすぎない[2]。さらに一定の期間継続した施設は、「泉橋慈善病院」「済生会」「東京市療養所」「全生病院」「松澤病院」の五カ所のみである。全国各地に設置されていた済生会病院においても、まず中央病院、その後は大阪府病院、京都府病院に順次社会部を開設したが、その他の済生会病院に病院社会事業は設置されていない。

このように、病院社会事業はなぜ一部の限られた施療病院でしか行われなかったのだろうか。当時の施療病院は、第一義的に貧困患者が医療を受けるための機関であり、患者や家族が生活上の困難を抱えていたとしても、こうした問題へのケアがなされる体制にはなかったことが、まず考えられる。あくまでも病院は治療を行う場であったからである。ではなぜ、一部の病院で病院社会事業を開設し、継続、展開できたのだろうか。そして、その実践とはどのようなものであったのか。これらを実態に即して明らかにし、その意義を研究することが本書の目的である。

そこで本書では、戦前の病院社会事業を対象に、日本における初期病院社会事業の生成過程について検討を行い、その全体像を明らかにする。

さらに、病院社会事業は慈善事業から社会事業へ変化を遂げていく歴史的経緯の中で、他の社会事業とどのように関連しながら展開されていったのかということについても、併せて考察を行う。

初めて病院社会事業が泉橋慈善病院に導入された前年の一九一八（大正七）年、東京府では救済委員制度が、大阪府では方面委員制度が創設されている。泉橋慈善病院に病人相談所を導入した経緯には、東京府慈善協会と救済委員制度からの影響があり、相談員の機能は方面委員・救済委員の機能と類似していることがわかっている［髙橋 二〇〇七］。

さらに、当時の社会事業の実践の中で、アメリカから導入されたケースワークの手法を用いた病院社会事業という観点から検討することによって、日本におけるケースワーク研究史上に新たに寄与する歴史的諸事実が判明すると考えられる。

## 2 先行研究の検討

日本における医療社会事業の始まりは、「大正の末期、泉橋慈善病院（大正八年）・中野療養所（大正一三年）・全生園（大正一四年）・済生会本部病院（大正一五年）等に、患者の相談や援助を行なう専任の職員がおかれた。しかし、これらは慈善的な色彩がこく、いわば日本の医療社会事業の前駆的なうごきであった。聖路加国際病院において浅賀ふさ女史を担当者として我が国最初の医療社会事業が行なわれたのは一九二九年（昭和四年）二月であった」［中島 一九六六：五三］とするか、もしくは済生会病院を近代医療社会事業の始まりとするか、いずれかが通説である［中尾 一九五六：一六、橘高 一九九八］(3)(4)。一九三七（昭和一二）年から聖路加国際病院の相談員であった吉田ますみも、日本における医療社会事業の草分けは聖路加国際病院であるとし、当時、「他の医療

病院社会事業施設一覧

| 1934[5] | 1934[6] | 1935[7] | 1936[8] | 1936[9] | 1937[10] | 1938[11] | 1939[12] | 1942[13] |
|---|---|---|---|---|---|---|---|---|
| ○ | ○ | ○ | ○ | ○ | ○ | ○ | ○ | ○ |
| ○ | ○ | ○ | ○ | ○ | ○ | ○ | ○ | ○ |
| ○ | ○ | ○ | ○ | ○ | ○ | ○ | ○ | ○ |
| | | | | | | | | |
| ○ | ○ | ○ | ○ | ○ | ○ | ○ | ○ | ○ |
| ○ | ○ | ○ | ○ | | ○ | ○ | ○ | ○ |
| ○ | | | | ○ | | | | |
| ○ | ○ | ○ | ○ | ○ | ○ | ○ | ○ | ○ |
| | | | | | | | | |
| | ○ | ○ | ○ | | ○ | ○ | ○ | ○ |
| | ○ | | ○ | | | | | |
| | | | | | ○ | ○ | ○ | ○ |

の分類に施設名が掲載されているものに○をつけた。

所アリ」と記載されている）

泉橋慈善病院賛助婦人会、福滋会→日本福滋会へ名称変更）
府管内社会事業施設要覧』東京府。（これ以降、精神病者救治会→救治会へ名称変更）

互助会→全生互恵会と記載）

立全生病院互助会→全生互恵会へ名称変更）

患者慰安会→多磨全生園患者慰安会と記載）

表序-1　患者慰安、

| 施設名 | 1925[1] | 1928[2] | 1929[3] | 1933[4] |
|---|---|---|---|---|
| 泉橋慈善病院 | ○ | | | ○ |
| 済生社会部（済生会内） | | | ○ | ○ |
| なでしこの会（済生会内） | | | ○ | ○ |
| 聖ステパノホーム | | | ○ | |
| 福滋会（東京市療養所内） | | ○ | ○ | ○ |
| 第一区府県立全生病院患者慰安会（全生病院内） | | ○ | ○ | ○ |
| 報恩会 | | | | ○ |
| 精神病者救治会（府立松澤病院内） | | | | ○ |
| 商工青年慰安会 | | | | ○ |
| 第一区府県立全生病院互助会（全生病院内） | | | | |
| 看護婦セツルメント（府営住宅内） | | | | |
| 東京市築地病院後援会（市立築地病院内） | | | | |

（注 1）各文献の 1928 年～ 1933 年まで「患者慰安」、1934 年以降は「病院社会事業」

出典：
1) 松下吉衛編（1925）『東京府管内社会事業要覧』東京府社会事業協会。（「病人相談
2) 東京市編（1928）『東京府管内社会事業施設一覧』東京市。
3) 東京市編（1929）『東京府管内社会事業施設概要』東京市。
4) 東京市編（1933）『東京市内外社会事業概要』東京市。（これ以降、泉橋慈善病院→
5) 東京府編（1934a）『東京府管内社会事業施設便覧』東京府。東京府編（1934b）『東京
6) 東京市編（1934）『東京市内外社会事業施設一覧』東京市。
7) 東京市編（1935）『東京市内外社会事業施設概要』東京市。
8) 東京市編（1936）『東京市内外社会事業施設一覧』東京市。（第一区府県立全生病院
9) 東京府（1936）『東京府社会事業概要』東京府。
10) 東京市編（1937）『東京市内外社会事業施設概要』東京市。（これ以降、第一区府県
11) 東京市編（1938）『東京市内外社会事業施設一覧』東京市。
12) 東京市編（1939）『東京市内外社会事業施設一覧』東京市。
13) 東京市編（1942）『東京市内外社会事業施設一覧』東京市。（第一区府県立全生病院

施設で医療ケースワーカーを採用して実際にケースワークをしている所はほとんどなかった。ただし済生会本部では昭和三年ごろから患者の福祉のことに関する働きをしていた」と医療社会事業について言及している［吉田一九六四：三］。

以上のように、済生会病院や聖路加国際病院が日本における医療社会事業の始まりであり、それ以前にも大正末期に泉橋慈善病院、中野療養所、全生園等で慈善、恩恵的な傾向の強い前駆的な動きがあったが、「これらの事業は必ずしも新しい考えのもとに、ケースワークの専門訓練を受けた人達によつて行われたものとはいえなかった」［中尾 一九五六：一六］とみなされ、泉橋慈善病院や中野療養所については、これまでその実態はほとんど明らかにされてこなかった。

このような中で、田代［一九六九：五五‐八三］は、病院社会事業は泉橋慈善病院に端を発しているとして、泉橋慈善病院、東京市療養所、済生会病院、聖路加国際病院について、その設置の経緯や実践の概要を著し、初期の病院社会事業の概要をまとめている。四病院を同じ土俵に上げて、病院社会事業について述べることは、初期の病院社会事業を明らかにするうえで必須であり、この点、田代の論文は評価されなければならない。

さらに、田代［一九六九：七七］は、「アメリカの社会事業を学んでいなければ、ないしアメリカの社会事業をそのまま模倣しなければ医療ソーシャル・ワークがなされていないと決めつけるのはあまり評価が片寄りすぎている。アメリカにはそれなりの患者の背景と社会的特質があり、医療機関や制度も、またソーシャル・ワーカーにしても日本と異なる背景をもっている。日本の戦前における医療ソーシャル・ワーカーを単純にアメリカのそれと対比して評価できないものがある」と述べている。これは従来、他の研究者によっても指摘されてきた点であり、日本には独自のソーシャルワークのあり方や発展があることを示唆している。このような考え方に基づけば、近代的医療社会事業ではないからといって、泉橋慈善病院や東京市療養所の実践を軽視することはできない。

しかし、田代の研究は上記の視点を示してはいるものの、四機関における病院社会事業の内容を明らかにしているとは言いがたく、また各病院社会事業の比較検討までには至っていない。さらに、慈善事業から社会事業へ変化を遂げる歴史的経緯の中で、病院社会事業の位置づけに関する時代的な検討も十分になされているとは言いがたく、また、史実確認にいくつか誤りがあることも判明している(5)。

各機関における病院社会事業の研究についてみてみると、ことに泉橋慈善病院や東京市療養所については皆無に等しい研究状況であり、筆者が本テーマに取り組む過程ですでに発表した、泉橋慈善病院の病人相談所の研究［髙橋 二〇〇七］、東京市療養所の社会部の研究［髙橋 二〇一〇］以外、今日までのところ見当たらない。

一方、近代的医療社会事業の始まりとされる聖路加国際病院については、他の病院と比較すると、実践に関する文献が多く残され、当院の病院社会事業を明らかにするうえで研究の蓄積もなされている。

たとえば、初代相談員であった浅賀をはじめ、戦後も活躍した相談員自身が、戦前の当院における実践について、自ら体験したことを著述している。浅賀は開設当初の当院のソーシャルワークの状況や実践について発表しており［浅賀 一九四八、一九五九、日本科学者会議編 一九八〇a、一九八〇b］、初期の実践を知るうえで貴重な文献である。また、吉田［一九七〇］も戦後、医療ソーシャルワーカーとしての三〇年間の実践をふまえて『メディカル・ケースワークの手引き』を執筆し、昭和一〇年代~四〇年代までの事例一〇例を紹介している。中島も自身の著作で、初期の実践や社会事業部の概況について言及している［中島 一九六六］。

一九四二(昭和一七)年に発行された『社会事業個別取扱の実際』［社会事業研究所＝一九九七］は、社会事業研究所が都市社会事業研究を進めるために京橋区内に設けた「社会事業事例研究会」において、二年にわたる二二回の例会で報告された事例のうち一四事例を収録したものである。そのうち六例は聖路加国際病院の相談員の事例であるが、これらの文献からも当時の当院における実践をある程度把握することができる。経済的問題を有する事例がほとんどであるが、なかには心理的問題のみにかかわっているケースもあり、また経済的問題を有するものは、それ以外にも、退院問題や学業や就労、養育の問題など、複合的な問題を抱えていた。本事例は第Ⅵ章で検討するが、このように実践を把握できる事例集も刊行されている。

また、聖路加国際病院の現ソーシャルワーカーである仲野［二〇〇三、二〇〇六］は、太平洋戦争下の当院の実践について、医療費の支払いが困難であることをきっかけに相談員がかかわった一二五のケース記録を分析し、その生活実態を調査、考察した。さらに対象となった人びとが抱える生活問題とそれに対する相談員のかかわりを分類し、戦時体制下においてもっとも顧みられることが少なかったであろう「心理社会的問題」に注目して、事例の分析を行っている。しかしながら、これらの研究は時期的に太平洋戦争下の実践に限定されており、それ以前の実践には触れていない。

さらに、戦前のケースワーク論における医療社会事業の位置づけをみると、硯川［一九八〇］は、済生会病院の清水や、聖路加国際病院の浅賀を挙げ、こうした先駆的な活動は、医療領域での個別相談機能の強化（ソーシャル・ケースワークの導入）であったとしている。しかしそれは個別相談にとどまり、患者の社会的側面に注意を払う点では、環境の改善が家族をめどになされていたようであり、当時の医療保障の未熟さを改善する志向までには至っていないと、社会改良的視点が弱かったことを指摘している。

岡本［一九七三：六一－一〇二］は、戦前のケースワーク論について、大正中期から第二次世界大戦終結までを三期に分けて論じているが、すべての時期を通して、ケースワークの応用分野として保健医療分野があったとしている。実践レベルでは、第一期は浅賀によるケースワークの実施、第二期は巡回看護婦や訪問看護婦が職務遂行過程でケースワークの技法を用いたこと、第三期は、地域に保健医療活動における社会的要因の重要性があるにもかかわらず、専任のケースワーカーがいないという実情から、代替的に巡回看護婦にその機能を期待せざるをえなかったのではないかと指摘している。

このように、戦前におけるケースワークの導入と実践という観点からみても、済生会病院や聖路加国際病院における病院社会事業は、児童保護分野、方面委員活動と並んで、数少ない貴重な実践であったことがうかがえる。

## 3　研究の対象と方法

病院社会事業とは、一九三七（昭和一二）年の東京市社会局の分類によれば、「病院患者の各種の相談に応じ、又は慰安、救済を行ふ」事業団体で、「病院事業の円滑を図る上に大きな効用を有するもの」［東京市編一九三七：一五］である。この分類によれば、慰安、救済のみを行う事業団体も含まれることになる。しかし、本書では「病院社会事業」を、「病院において、患者や家族が病気により生じる何らかの困難な問題について相談を行う業務」と定義し、しかもその業務は組織的に独立した部門で、担当者をおいて行っているものを指す。

必ずしもそれは相談業務のみを行っていたわけではないが、慰安、救済のみを行っていた団体は対象としない。

具体的には表序-1で挙げた一〇カ所の施設の中で、「泉橋慈善病院」「済生会病院」「東京市療養所」が挙げられる。表では「済生社会部」と「なでしこの会」が同じ済生会内と記載されているが、「なでしこの会」は「済生社会部」とともに、済生会病院の中に設置され、病院の事業を支援する目的で、慰安救済事業や救療資金を病院や済生社会部へ寄付することなどを行っていた〔済生会 一九六四：三二三-七〕。済生会でもっぱら相談業務を担っていたのは「済生社会部」であった。また、「福滋会」は主として慰安、救済を行う団体であるが、同じ東京市療養所内で社会部が相談業務を担っていたことが判明しているため、「東京市療養所」も研究の対象とする。これら三施設と、先行研究で病院社会事業の活動の存在が明らかになっている聖路加国際病院を加えた四施設をここでは対象とする。

研究方法は、歴史研究の手法を用いた比較研究と事例研究を行う。病院社会事業の実践が行われていたことが確認できる泉橋慈善病院、済生会病院、東京市療養所、聖路加国際病院の四病院を対象として、比較分析を行う。比較研究の手続きの方法として、病院社会事業の統計数量的な分析と事例研究を用いる。

本書において比較研究を用いることがどこまで妥当性をもつかについて述べるならば、比較という方法は、対象の類似性と差異性を同時に検討するものであるため、当然ながら前提として、比較の対象がまったく同じである、もしくはすべて異なる場合には成り立たない。この点、上記の四施設は「施療病院」における「病院社会事業」の実践であるという共通点と、同時に病院の性格が異なるという相違点がある。また、ほぼ同時代に発生したことから、比較の手続きの適用の仕方の一つである「隣接していると同時に同時代のものであり、相互に絶えず影響を与えあっており、発展の過程において、まさにその近接性と同時性故に、同一の大きな原因の作用に支配されており、少なくとも部分的には共通の起源に遡りうる諸社会を並行的に研究する」[Bloch, Marc ＝ 一九八六：九]ことが援用できると考えられる。

また、比較研究では、比較することによって、単数の対象を見つめるだけでは見えてこないものを浮かび上がらせることができる[望田 二〇〇四]。これを本研究に引き寄せてみれば、前述したように、聖路加国際病院に関する研究論文や当時の実践を知るための著述は存在し、そこから聖路加国際病院の病院社会事業の様相はわかるものの、それのみでは戦前の病院社会事業の全体像を把握することはできない。本研究は初期病院社会事業について、その生成過程を明らかにすることを目的としているため、実践が確認された四病院すべてを比較検討することで、類似と差異を明らかにし、初期病院社会事業の全体像を表すことができると考える。

比較するための具体的な項目は、①病院の組織と事業内容、②対象者と対象地域、③後援団体、④病院社会事業部門の目的や設置経緯、組織的な位置づけ、⑤病院における病院社会事業への理解者や影響を与えた人物とその思想、⑥相談員について、その人数、性別や待遇、教育等の背景、思想、⑦病院社会事業の実践について、相談内容や取扱件数、援助の方法とする。

各病院の実践については、援助の内容と方法を把握するために、実践事例が蒐集できた場合は事例検討を行う。しかし、本書では病院社会事業の全体像を明らかにすることが目的であるため、あえて細部にわたる事例検討は行わず、どのような問題に対し、どのような援助を行っていたかという視点から、援助の方法を把握するために事例検討を行う。したがって、厳密な意味での事例研究を本旨とするものではないことを、あらかじめ断っておかなければならない。

具体的には、泉橋慈善病院の一五例、済生会病院の一例、聖路加国際病院の九例の全文または要約を巻末資料に掲載し(6)、そのうえで、特徴的な援助の方法を考察する。病院社会事業は、戦前、数少ないケースワークの実践の場であったことはすでに述べたが、ケースワークの実践という観点からも検討する。なお、事例掲載にあたってはプライバシーに配慮し、住所は区名のみ、氏名は名字もしくは仮名を掲載する。四病院のうち、東京市療養所の事例は蒐集が困難であったため、事例検討は行っていない。

また、本書では、初期の病院社会事業について、「内発性」という概念を用いて検討を行う。一般に内発的というと「外からの刺激によらず、内からの要求・衝動によって起こるさま」〔新村編 一九九八：一九六六〕のことである。従来の近代化論に対抗する発展論として一九七〇年代に提示されるようになった内発的発展論では、戦後の西欧へゲモニー文化の衰退、欧米の発展段階説的歴史観に対する批判から生まれた複数発展路線という問題提起、という二つの歴史的条件から生成したもので〔西川 一九八九〕、日本において内発的発展論を唱えた鶴見和子によれば、内発的発展とは、「目標において人類共通であり、目標達成への経路と、その目標を実現するであろう社会のモデルについては、多様性に富む社会変化の過程である」。そして、「そこへ至る経路と、目標を実現する社会の姿と、人々の暮らしの流儀とは、それぞれの地域の人々および集団が、固有の自然生態系に適合し、文化遺産（伝統）に基づいて、外来の知識・技術・制度などを照合しつつ、自律的に創出する」ものであり、「地球的規模で内発的発展が展開されれば、それは多系的発展となる。そして、先発後発を問わず対等に、相互に手本交換をすることができる」〔鶴見 一九八九〕ものとされる。

本書では以上の概念を援用して、内発を「内からの要求により、自主的に自らの社会に適合するように、外来の知識や技術、制度を導入して活用するもの」とし、病院社会事業の内発性について終章で検討したい。戦前の病院社会事業は内からの要請、つまり日本における現場のニーズがあるところに、海外の実践から学び、それらを取り入れようとしたものであり、この点において内発性の概念を援用することができると考えたからである。

最後に史料について触れておきたい。病院社会事業について、当該機関の発行した機関紙誌や年史、業務報告、関連するその他の文献や先行研究を用いて、その内容を明らかにしていくが、本研究は対象が戦前の病院であるということから、関東大震災や太平洋戦争の影響を大きく受けて、また年月の経過により、今日では史料が散逸、焼失している研究上の限界がある。泉橋慈善病院、済生会病院はともに太平洋戦争で病院が焼失し、東京市療養所は、社会部としての活動は七年間で閉鎖、病院自体も所管が日本医療団、戦後は厚生省所管の国立病院と変化し、一九九三（平成五）年には統合、閉鎖した経緯がある。このような当該機関の歴史的事情により史料蒐集の分量は均一ではなく、すべての項目で均等な形で比較できるとは言いがたいが、こうした史料上の制約をふまえたうえで比較研究を行うこととした。

## 4　本書で研究対象として取り上げない施設について

表序-1にまとめた一〇の施設のうち、本書では病院社会事業の検討を行わない施設について、その理由と施設の概要について簡単に触れておきたい。これらの施設はいずれも慰安、救済が事業内容であり、相談業務について史料からその事実が判明しない、ないしは相談業務に関する内容が判明しないものである。施設名では、「聖ステパノホーム」「第一区府県立全生病院患者慰安会」「報恩会」「精神病者救治会」「商工青年慰安会」「第一区府県立全生病院互助会」「看護婦セツルメント」「東京市築地病院後援会」である。これらのうち、「聖ステパノホーム」「報恩会」「商工青年慰安会」「東京市築地病院後援会」については、以下のような事業を行っていたが、相談業務は確認できなかった。

「聖ステパノホーム」は、一九二七（昭和二）年に設立された肺病、ハンセン病患者を収容し、慰安を行う施設であった［東京市編 一九二九：一五〇］。

「報恩会」は、キリスト教の牧師であった松野菊太郎が、一九〇九（明治四二）年に設立したもので、肺病患者の慰安と生活費補助を目的とした。しかし病人の多数が罹病初期に死亡したため、一九二四（大正一三）年に千葉県犬吠崎に休養所を設けて、貧困患者を収容する事業を別途開始した［東京市編 一九三三：五七、東京府編 一九三四b：一八］。

「商工青年慰安会」は、一九一六（大正五）年に設立され、「商工」青年の慰安救済を事業とし、もっぱら講演や傷病者の慰問などを行っていた［東京市編 一九三三：五一］。

「東京市築地病院後援会」は、一九一一（明治四四）年に開設した東京市施療病院（一九二八年に築地病院と改称）に設置された入院患者の精神慰安救済を目的とした団体であり、一九三二（昭和七）年に設立され、「患者慰問」や「慰安会」を開催していた［東京市編 一九三七：一三八、東京市立築地病院 一九三四：五一–一二］。

ハンセン病患者の施設である全生病院内に設置された「第一区府県立全生病院患者慰安会」と「第一区府県立全生病院互助会」のうち、前者は、一九一四（大正三）年に全生病院の患者慰安を目的として設置されたものである。慰安会規則によれば、①講話、説教並演芸等の開催、②作業の慰労、③娯楽品の設備、④患者携帯児《ママ》の保護、⑤患者慰安の為必要なる物品の給与、⑥その他必要と認める事業を行うものであった［国立癩療養所多磨全生園編 一九四二：二一–三］。後者の「第一区府県立全生病院互助会」は、一九三〇（昭和五）年の皇后からの下賜金をもとに、一九三一（昭和六）年に設立されたもので、患者相互扶助の実を上げる目的で設置されたものである。その事業内容は、①相互扶助作業の奨励及援助、②重症者の慰安及救済、③農業その他産業の経営及奨励、④売店の経営、⑤印刷出版及学芸の奨励、⑥その他理事会の決議により必要と認める事項であった［国立癩療養所多磨全生園編 一九四二：二一一、六八–九］。これらはいずれも一九〇七（明治四〇）年に制定された法律、「癩予防ニ関スル法律」で放浪するハンセン病患者を隔離するために、全国を五つのブロックに分けて設立された道府県連合立のハンセン病施設の一つである全生病院において設立されたもので、いずれも生涯隔離と療養を強要されたハンセン病患者への慰安と救済事業であった。

また、「精神病者救治会」[7]は、一九〇二（明治三五）年に設立された精神病者の治療、保護、慰安を目的とした団体で、一九二四（大正一三）年には精神病者相談所を開設し、精神病者の治療上、看護上、法律上等の相談などを行った。一九三二（昭和七）年の創立三〇年記念号『救治会会報』によれば、その目的を達成するために、①治療部、②保護部、③相談部、④作業部、⑤慰安部、⑥調査部、⑦社会教育部、⑧編集部の八の部門に分かれて事業を行ったことがわかる。このうち相談部の事業は、「病者ノ治療保護方法等ノ相談ニ応スルコト」であった。同号の「事業報告」によれば、相談部取り扱いは四件で、その相談内容は、入院手続き等を書面を以て照会したことに対し、入院に関する要項や入院の書類を送付したものが二件、入院待機中の患者で生活困難な者に関し、所轄警察署へ紹介状を交付したものが二件であり、記事も二行と短い。しかし、編集後記には今後の事業方針として、精神病者の保護、慰安、作業治療の補助等とともに、「今後精神病者に関するケース・ワークに重心をおいて進みたい考へ」だと述べている［村松編　一九三二］。その後、一九三七（昭和一二）年度の事業報告をみると、相談部の取扱事項は三〇件で、「本会ベット収容或は警察署方面委員へ紹介」［秋元編　一九三八］、一九三八（昭和一三）年度の取扱事項は一五件であった［秋元編　一九三九］。これ以上詳細な史料は渉猟できなかったが、取扱件数を月平均にすると一、二件と非常に少なく、おそらく一九三二（昭和七）年当時と変わらず、入院の手続き上のやりとりや、経済的に困難な患者に対し、警察や方面委員を紹介するといった相談内容と考えられ、「精神病者に関するケース・ワーク」が積極的に行われていたとは考えにくい。このように、本会では精神病者に関する相談事業を行い、またその業務を充実させる方向性をめざしていた可能性はうかがえるものの、実態はそれが実現する前に、時代は戦時体制下に突入したと考えられる。

最後に「看護婦セツルメント」だが、これは一九三二（昭和七）年から一九三五（昭和一〇）年まで、荒川区の東京府営の尾久小住宅内で社会看護事業連盟が開設した、看護婦によるセツルメント活動である。この活動は、公衆衛生看護婦事業の一環として行われたもので、①看護衛生の無料相談、②療養器具の無料貸与、③入院および治療の紹介交渉、④衛生知識の普及宣伝、⑤各項に附帯する諸種の事業を、家庭訪問及び、セツルメント内において行っていた［社会看護事業連盟　発行年不明］。このように公衆衛生看護を行ううえで相談業務も行っていたと考えられるが、主な目的は公衆衛生看護であり、相談業務が第一義的な目的ではなかったこと、また対象が「病院にかかっている患者」ではなく、地域住民であり、前述した病院社会事業の定義にある「病院において、患者や家族が病気により生じる何らかの困難な問題について相談を行う業務」とは言いがたいため、本書では研究対象とはしない。しかし、地域における病者への実践活動として、公衆衛生看護の活動は、第Ⅱ章第2節第(2)項で改めて述べる。

## 5　病院社会事業と救療事業、医療保護事業の概念について

「施療」「救療」「医療保護」という用語については、以下のとおりに整理して使用する。中西は、救療事業について、生活困窮者に対する医療面の救済・救護事業を指し、広義の医療保護事業に含まれるが、歴史的な社会事業概念の変遷に対応し、慈善救済事業の段階では救療事業、社会事業の段階では医療保護事業に相当すると整理した。また、救療と施療はほぼ同義語だが、社会事業史の文脈では、個々の無料診療の行為や活動を施療、慈善救済事業としての医療提供を救療と呼ぶのが妥当だろうとみている〔中西　一九九八〕。しかし施療、救療、医療保護という用語は、『医制百年史』〔厚生省医務局編　一九七六a：四三―四、一二二―六、二二七―三〇、三二四―六八〕の整理をみても、貧困者に対する医療の救済という意味で使用されており、厳密に区別して使用されてはいない。そのため、本書ではこれら三つの用語は、「生活困窮者に対する医療面の救済事業」という意味で使用する。ここでは、第I章において救療事業としたうえで、医療保護制度の動向、施療病院、健康保険制度について述べる。

病院社会事業と救療、医療保護事業との違いについては以下のように整理したい。本書における「病院社会事業」は、前述したように、「病院において、患者や家族が病気により生じる何らかの困難な問題について相談を行う業務」であり、施療、救療、医療保護は「生活困窮者に対する医療面の救済事業」である。したがって、病

院社会事業と救療事業、医療保護事業の違いは、事業の対象、その方法や目的が異なる点にある。

まず、病院社会事業の目的は、第一義的に病院において患者の各種相談に応じることであり、その対象者は、生活困窮者のみに限らない。もちろん戦前の病院社会事業はいずれも施療病院で行われていたため、生活困窮者が対象の大部分を占めたが、すべての病院が全施療だったわけではなく、対象者は必ずしも生活困窮者のみではない。したがって、対象者の抱える問題は、受診や受療の機会の確保だけにあるのではなく、それらも含みつつ、病気によって生じる何らかの困難な問題がすべてここに含まれる。生活困窮者が病気になり、悲惨な状況に陥ることは、社会保障制度が発達していなかった当時は大きな問題である。たとえ医療につながったとしても、治療中の家族の問題や、病気が回復した後の仕事や居住先の問題など、さまざまな問題が生じた。病院社会事業はそれらのすべてを対象とした。病院社会事業を担う実践者は、相談という方法を通して、こうした対象者の抱える問題の解決にかかわった。

一方で、施療、救療、医療保護事業は、具体的には、受診・受療のための公的制度の制定や、施療病院や実費診療などを行う医療機関の設置という形をとって現れており、その詳細については第Ⅰ章で改めて論ずることとする。

## 6 本書の構成

第Ⅰ章では、明治から昭和戦前期までの、病人の生活と病人をとりまく医療福祉制度について検討する。資本主義社会が形成されて殖産興業、富国強兵が国策として取られる中で、貧困層は確実に形成され、増大した。明治時代になると近代医療制度が制定されて、国民の保健衛生の向上のための諸施策が導入され、また伝染病の流行とともに、衛生行政制度の基礎が順次築かれた。医療も資本主義社会の中で、階層の違いによる格差が生じ、病と貧困は密接に関係していた。病者をとりまく社会保障制度は未発達であった。そのため生活困窮者に対する医療問題への対応に、どのような動きがあったのか、その内容について明らかにする。具体的には救療事業と医療の社会化について述べる。

第Ⅱ章では、当時のケースワークの理論と医療ケースワーク論について言及しながら、地域で生活している病者に対するケースワーク実践について明らかにする。ケースワークが日本に導入されたのは、一九二〇（大正九）年前後とされるが、その後の日本におけるケースワーク論の展開について述べる。さらに、アメリカにおいて医療ソーシャルワークを導入したリチャード・キャボットのソーシャルワーク論と、それが日本の病院社会事業に与えた影響、並びに漸次形成された病院社会事業論について述べる。また、病者にかかわる地域におけるケースワーク実践として、方面委員、公衆衛生看護婦の活動についても検討する。主として病院を中心とした病者への支援活動には、病院社会事業のほかに、患者慰安活動と賛助婦人団体の取り組みがあるが、これらについてもその実態に触れ、病院社会事業との関係について考察する。

第Ⅲ章以下では、四病院の病院社会事業について比較検討を行う。第Ⅲ章では泉橋慈善病院、第Ⅳ章では済生会病院、第Ⅴ章では東京市療養所、第Ⅵ章では聖路加国際病院について、①病院の組織と事業内容、②対象者と対象地域、③後援団体、④病院社会事業部門の目的や設置経緯、組織的な位置づけ、⑤病院における病院社会事業への理解者や影響を与えた人物とその思想、⑥相談員について、その人数・性別や待遇、教育等の背景、思想、⑦病院社会事業の実践について、相談内容や取扱件数、援助の方法を、史料を用いて明らかにする。そのうえで各病院における病院社会事業の特徴について検討する。

第Ⅶ章では、四病院における病院社会事業相互の比較検討を行い、その類似性と差異性について明らかにする。具体的には四病院の実態を受けて、①病院の性格と事業内容、②病院社会事業部門の設置の経緯とその目的、組織的な位置づけ、経費、支援者、③病院社会事業の業務内容、④相談員の背景と待遇、実践に臨む態度や姿勢、他機関との相談員同士の交流、⑤相談内容と件数、援助の方法の五項目について比較し、それらをふまえたうえで、四病院が病院社会事業を導入し、継続、展開した要因について分析・検討を行う。

終章では、本書の要約と総括を行い、初期病院社会事業の全体像について述べ、残された課題と今後の展望について述べる。

〈注〉

（1）表は、東京府内、東京市内の社会事業施設が掲載されている以下の要覧や便覧等からまとめた。松下吉衛編（一九二五）『東京府管内社会事業要覧』東京府社会事業協会：二〇九-八五。東京府編（一九三四ａ）『東京府管内社会事業施設便覧』東京府：三-一二三。東京府編（一九三四ｂ）『東京府管内社会事業施設要覧』東京府：一六九。東京府（一九三六）『東京府社会事業概要』東京府：一一二-四〇。東京市編（一九二八）『東京府管内社会事業施設一覧』東京市：六三。東京市編（一九二九）『東京府管内社会事業施設概要』東京市：一五〇-一。東京市編（一九三三）『東京市内外社会事業概要』東京市：五一。東京市編（一九三四）『東京市内外社会事業施設一覧』東京市：一〇九。東京市編（一九三五）『東京市内外社会事業施設概要』東京市：一二〇-一。東京市編（一九三六）『東京市内外社会事業施設一覧』東京市：一一五-六。東京市編（一九三七）『東京市内外社会事業施設概要』東京市：一三八–九。東京市編（一九三八）『東京市内外社会事業施設一覧』東京市：一二七。東京市編（一九三九）『東京市内外社会事業施設一覧』東京市：一四二。東京市編（一九四二）『東京市内外社会事業施設一覧』東京市。

項目名は一九二五（大正一四）年は「救療事業」に「泉橋慈善病院」は分類されており、その備考に「病人相談所アリ」とある。一九二八（昭和三）年〜一九三三（昭和八）年までは「患者慰安」、一九三四（昭和九）年からは「病院社会事業」であるが、これは一九三四（昭和九）年に分類の見直しを行い、「患者慰安事業を『病院社会事業』に改め」たためと説明されている［東京府編 一九三四a：一三］。

（2）数としては七ないし八あるが、母体となる施設はそれぞれ六である。

（3）中島も一九八〇年の文献では、済生会病院が日本における近代医療社会事業の始まりと変更し、済生会病院と聖路加国際病院が日本における近代医療社会事業という位置づけとしている［中島 一九八〇：四九］。

（4）各機関の名称については、いずれの機関も開設から現在に至るまで、名称に変遷がある。詳しくは各病院の社会事業の章を参照のこと。

（5）たとえば泉橋慈善病院について、相談員が女性二名でおそらく看護婦等の経験をもっていた人ではないか、賛助婦人会の事業内容に講師を聘して慈善救済に関する講話を聴くとあるので、かなり社会事業の知識をもった人が担当していたと思われるとしているが、実際は相談員は女性と男性の組み合わせで、時代によって入れ替わりがあった。また、慈善救済に関する講話を聴く事業は、賛助婦人会の会員である上流階級の婦人たちが慈善救済の知識を得て理解を深めることが主たる目的であり、相談員のための事業ではないため、この事実から社会事業の知識をもった人が担当しているという解釈は成り立たないであろう。これらについては髙橋［二〇〇七］を参照のこと。また、本書でも第Ⅲ章以降の各病院の病院社会事業について論述する際に、改めて指摘する。

（6）蒐集した事例のうち、著書や論文として刊行されていない泉橋慈善病院の一五例は、史料的価値が高いものと判断したため、また済生会病院の一例は、機関紙から蒐集した事例だが、一般の刊行物ではないことから、これらは全文を巻末資料に載せる。聖路加国際病院の九例はいずれも刊行物から蒐集したことから、その要約を巻末資料に載せる。

（7）本会は、「精神病者慈善救治会」の名称で設立され、一九二一（大正一〇）年に「精神病者救治会」と改称し、一九三一（昭和六）年に「救治会」と改称、さらに一九四三（昭和一八）年には救治会と日本精神衛生協会、日本精神病院協会を統合して「精神厚生会」を設立した［岡田 二〇〇二］。本書では、第Ⅱ章、第Ⅲ章で同会を取り上げるが、各時代で使用されていた名称で記述する。

# 第Ⅰ章　明治から昭和戦前期の病者の生活と医療福祉制度の変遷

## 1　明治から昭和戦前期の時代背景と貧困問題

### （1）近代化と人びとの生活

幕末、日本は開国し、明治維新を契機に近代化の道を歩み始めた。明治政府は、版籍奉還、廃藩置県、官制改革、徴兵制度の制定、四民平等、地租改正などに次々と着手し、天皇制を中心とした中央集権体制づくりを始めた。その開化政策は地域社会にも漸次波及したが、一般民衆にとっては伝統的生活様式に対する抑圧と、近代的制度への編成替えの強要を意味した。地租改正によっても税負担は減らず、さらに新たな負担が民費として徴収され、戸籍調査や兵役義務、小学校設置にともなう経済的負担への反発により、幕末から維新期は一揆・騒擾型の民衆運動がもっとも激化した時代であった。

日本が「万国対峙」するためには、富国強兵、殖産興業は避けることのできない国策であった。電信、電話、郵便事業が開始され、鉄道が開通し、海運業でも国内航路、外国航路が開設された。また、旧幕府や諸藩の鉱山や工場を官営とし、欧米から最新の機械や設備を輸入し、技術者を迎え入れた。輸出産業として製糸業は重要な位置を占め、官営の富岡製糸場の設置、紡績や綿織物業でも官営模範工場が各地に設立された。明治初期には輸入超過の続いた貿易収支も、一八八〇年代には輸出超過に転じ、一八八〇年代後半には官営事業の民間への払い下げが進み、民間産業の発展につながった。払い下げを受けた三井・三菱などいわゆる政商は、この後、財閥となり日本資本主義の中心的な担い手となった。日清戦争後は賠償金をもとに、軍備の拡張と産業の振興を行い、戦争前から始まっていた産業革命は一挙に進展し、一九〇〇（明治三三）年頃までに繊維産業部門を中心とする資本主義が成立した。一九〇一（明治三四）年には八幡製鉄所が開業し、重工業部門は日露戦争後になって本格的に発展した。

このように急速に資本主義が発展する一方、長時間労働、低賃金など劣悪な労働条件は労働者の健康を蝕み、公害や環境破壊など社会問題を生み出した。劣悪な労働条件を改善するため、一八九七（明治三〇）年には片山潜らにより労働組合期成会が結成され、そのもとに労働組合がつくられ、以後、労働争議がしばしば起こるようになった。これに対し一九〇〇（明治三三）年に治安警察法が公布され、政府は労働運動を取り締まった。他方、労働運動を指導する理論として社会主義思想が紹介され、一九〇一（明治三四）年には、最初の社会主義政党である社会民主党が結成された。これは治安警察法によってただちに禁止されたが、一九〇三（明治三六）年、幸徳秋水、堺利彦らにより平民社が結成され、社会主義の立場から反戦運動を展開し、一九〇六（明治三九）年には日本社会党を結成した。一九〇七（明治四〇）年には足尾銅山、別子銅山などで大規模な暴動が起こった。こうした中で第二次桂太郎内閣は社会主義運動への取り締まりを強化し、一九一〇（明治四三）年の大逆事件では、多くの社会主義者が処罰された。政府は警視庁内に特別高等課（特高）を設置し、社会主義運動を弾圧した。一方で、一九一一（明治四四）年に工場法という労働者の保護に関する法律を制定し、労働者と資本家の対立緩和を図ろうとした。

大正時代に入ると、資本主義の発展や工業化を背景として、都市化と大衆化が進み、明治三〇年代前半にはそれまで三分の二を占めていた第一次産業人口が、大正末期には五〇％程度に減った。こうした中で、労働問題や失業問題、都市交通や住宅問題など、さまざまな社会問題が生じてきた。

第一次世界大戦後の好景気により、工業はさらに発展し、工場労働者が増加、商業・サービス業も発達して、都市へ人口が集中した。農家の収入も増加したが物価も高騰し、庶民の生活は楽ではなかった。一九一七（大正六）年頃から米価は上昇し、一九一八（大正七）年、富山県下の漁村の主婦たちの運動をきっかけに各地で米騒動が起こった。米騒動は四二道府県に及び、約七〇万人が参加する大規模なものとなり、政府は外米の輸入や米の安売りを行い、軍隊を投入して鎮圧した。

同じ頃、社会運動が勃興した。ロシア革命や米騒動の影響を受け、労働運動も活発化し、一九一九（大正八）年には労働争議件数は最高数に達した。一九二〇（大正九）年には日本初のメーデーが行われ、農村では小作争議が頻発した。同年には平塚らいてうや市川房枝らを中心とした新婦人協会が結成され、婦人参政権運動も展開されるなど、女性運動も勃興した。社会主義運動も活発化し、一九二〇年代にはマルクス主義理論に基づく社会科学研究が盛んに行われた。

普選運動は一八九〇年代後半から続けられ、一九二五（大正一四）年に普通選挙法が制定された。同時に、治安維持法も成立した。これは、第一次世界大戦後の全世界的な社会主義運動の激化に対応したもので、普通選挙の実施によって活発化が予想された共産主義活動を取り締まる目的であった。

一九二三（大正一二）年に関東大震災が起こり、関東一帯は未曾有の大被害を受け、死者・行方不明者は一〇万人以上、被災者は三四〇万人以上に達したといわれる。一方で、被災者の救援のために、小住宅供給事業、小資本貸付、職業紹介所、公設食堂など救済活動がさまざまに展開された。

第一次世界大戦後の一九一九（大正八）年には輸入超過に陥り、一九二〇（大正九）年には戦後恐慌が起こった。一九二〇年代には再三恐慌が生じ、一九三〇（昭和五）年一月から政府は金の輸出解禁を断行した。しかし、一九二九（昭和四）年一〇月、ニューヨークの株式市場で株価の大暴落が起こったことから始まる世界恐慌の中での解禁となり、かえって輸出が激減、金の流出が激しくなって、日本経済は大打撃を受け、いわゆる昭和恐慌に陥った。一九三一（昭和六）年には再び金輸出を禁止する方策を取ったが、恐慌の影響は大きく、失業者は街にあふれ、この年にはその数が約二〇〇万人に達した。農村でも深刻な状態となり、各地で小作争議が起こり、東北地方を中心に、欠食児童や婦女子の身売りが大きな社会問題となった。世界恐慌への対応として、日本では赤字国債の発行による軍事費・農村救済費を中心とする財政の膨張と、輸出の振興によって、他の資本主義諸国に先駆けて恐慌を克服し、一九三三（昭和八）年頃には恐慌以前の生産水準を回復するまでになった。とくにこの間、重化学工業が発展し、産業構造が大きく変化した。

一方で、一九三一（昭和六）年に満州事変が勃発、一九三三（昭和八）年には日本は国際連盟を脱退し、軍部、とくに陸軍の政治的発言力が大きくなり、一九三二（昭和七）年の五・一五事件、一九三六（昭和一一）年には二・二六事件が起こり、日本全体が軍国主義化していった。一九三七（昭和一二）年には盧溝橋事件をきっかけに日中戦争が始まり、政府は直接的な経済の国家統制に動いた。一九三八（昭和一三）年に国家総動員法が公布され、国民生活のさまざまな分野において政府が勅令によって直接統制できるようになり、人びとの生活は隅々まで戦時体制下におかれた。日本は「大東亜共栄圏」を建設するという目的を掲げ、一九四一（昭和一六）年ハワイの真珠湾を攻撃し、太平洋戦争が始まった。第二次世界大戦はアジア・太平洋地域、ヨーロッパ地域を戦場とする空前の大戦争となり、膨大な人的物的被害を出した。一九四五（昭和二〇）年八月、日本はポツダム宣言を受諾してようやく戦争は終結した。

### （2）貧困層の形成と増大

明治初期、新政府が行った制度改革により、貧困層が形成された。その一つは、士族階級の没落である。身分制度の改革により、それまでの封建的身分制度を改め、四民平等となったが、士族階級への俸禄の支給は依然続いており、政府の負担は大きかった。そのため、政府は一八七三（明治六）年に秩禄奉還の法を定め、いわゆる秩禄処分に着手した。一八七六（明治九）年には金禄公債証書発行条例を制定して家禄制度を全廃した。一部の士族は、官吏・教員・巡査などになったが、多くの士族は生活が厳しく、政府は士族授産に力を入れたものの、多くは失職し、やがて没落していった。

当時、人口の大多数を占めた農民に目を向けると、一八七三（明治六）年の地租改正条例により、農民は土地を所有できたが、地租そのものは旧地租と変わらない高さにおかれた。重い地租の金納化や経済的変動の中で、多くの零細農民の土地喪失と、一方で地主や富農への土地集中を招き、農民の階層分化が促進した。一八八二（明治一五）年から本格的に始まった緊縮財政は、とりわけ農村に深刻な不況をもたらし、没落した農民は小作農や、工場や鉱山などの労働者になり、恐慌時には浮浪化する者が多数現れるようになった。

困窮化した人びとはしだいに都市に集まり、「貧民窟」を形成した。「貧民窟」は東京では本所区、深川区、浅草区など下町に多く、四谷鮫河橋、下谷萬年町、芝新網は東京の三大貧民窟と呼ばれた。

殖産興業の政策により明治初期に設立された官営工場は、一八八〇年代後半から本格的な形で民間に払い下げが進められ、払い下げを受けた政商が成長して、資本制生産が形成され賃金労働者が増加した。これらの労働者は労働時間の長さと賃金の低さなど、過酷な労働条件のもとで働き、貧困や疾病などの生活問題が顕在化した。内務省は一八九八（明治三一）年、全国各府県の知事に細民調査を指示し、農商務省でも工場法制定のために労働者の実態を調査して、一九〇三（明治三六）年『職工事情』を刊行した。一九一一（明治四四）年に東京で大規模な細民調査が実施され、翌一九一二（明治四五）年には東京と大阪で第二回の細民調査が行われた。その結果、都市下層社会に多数の貧民・細民が存在し、その劣悪な生活実態が明らかになった。

先に述べたように、第一次世界大戦後の好景気により工業は発展したが、まもなく戦後恐慌が起こり、関東大震災も重なったことで大量の失業者が生まれ、下層労働者は一挙に増加した。昭和恐慌の中で、国民諸層の窮乏化と被救護層の数量的拡大化と質的な多様化、深刻化をもたらし［吉田 一九九三：三三二］、都市のスラムは増大する一方で、農村においても深刻な農業恐慌に見舞われた。

満州事変以後の軍国主義化した社会では、すべての面で人びとの生活が戦時体制下におかれ、貧困は国民のあらゆる階層に拡大し、総じて国民の体位は低下した。こうした時代を背景として、日本の医療制度は近代化していくことになる。

## 2　近代医療の始まりと病者との関係

### （1）疾病と医療提供体制

明治時代初期、コレラ、天然痘、赤痢、ペスト、腸チフスなど急性伝染病が猖獗を極めた。これらの病気のうち、唯一、天然痘は予防法として種痘法が江戸中期に中国から伝わり、一八七六（明治九）年「天然痘予防規則」で強制的に種痘を受けることが定められ、その徹底には時間を要したものの、やがて患者数は減少した。コレラは一八一七（文化一四）年から六回にわたって世界的流行が起こり、日本でも一八二二（文政五）年に下関に上陸し、各地に広がって多くの死者を出した。一八七七（明治一〇）年の世界的流行により、政府は「虎列刺病予防法心得」を公布し、一八七九（明治一二）年「虎列刺病予防仮規則」を制定した。これにより、検疫、患者発生の届出と予防法の実施を義務づけた。以来、政府は伝染病の予防法規の必要性を痛感し、一八八〇（明治一三）年「伝染病予防規則」を制定した。そして伝染病をコレラ、腸チフス、赤痢、ジフテリア、発疹チフス、痘瘡の六種類とし、患者発生後の対応などを定めた[1]。

このように明治時代に入ると、国民の保健衛生の向上のための諸施策が漸次導入され、各種の衛生行政制度の基礎が築かれた［厚生省医務局編　一九七六a：一二五］。一八七五（明治八）年に衛生行政は文部省から内務省に移管され、さらに一八七九（明治一二）年のコレラの大流行を契機として「全国衛生事務ニ関スル諸件ヲ審議スル所」として中央衛生会、「地方衛生ノ全体ヲ視察シ、人民ノ健康ヲ保持増進スルノ目的」で各府県に地方衛生会を設置した［厚生省医務局編　一九七六ａ：三〇–一］。

一八七四（明治七）年「医制」七六カ条が公布され、文部省統括のもとに衛生行政を整備すること、西洋医学に基づく医学教育と医師の資格制度、薬剤師と薬事制度などに関する細目が定められた。それまでの医療は漢方が主流であったが、これ以後西洋医学中心へと方向転換を図った。医師になるためには国家試験に合格し、医師免許を取得することが必要となり、いったん医師となれば誰でも開業できる「自由開業医制度」が体系化された。

当時の医療の形態は主として往診による治療であり、入院治療のできる施設は一七二二（享保七）年に貧窮病者のために設置された小石川養生所など、ごくわずかであった。最初の近代的な病院は、一八六一（文久一）年医学教育のために設置された長崎養生所であった。廃藩置県後、公立病院が設立され、一八七七（明治一〇）年頃には各府県に病院が設置された。同年の調査によると、全国の病院数は一〇六、官立七、公立六四、私立三五で、分局、梅毒病院、貧民病院を合算すると総計一五九であった。一八七八（明治一一）年以降、私立病院が増加し、一八八八（明治二一）年には官公立二二五、私立三三九となり、私立病院が公立病院を上回り、この傾向はその後も続いた。公立病院は本来施療を目的として設置されたが、院長等に優れた医師を招聘したため患者が多く集まり、その一方で医学校が普及せず、医師養成機関としての使命も負ったため施療に十分な対応はできず、病院を受診する者の多くは、上流階級の患者や開業医が対応できない患者であった［厚生省医務局編　一九七六ａ：一〇三–四］。

川上［一九八二：七–九］は、病人を規制する以下の四つの条件を挙げている。①医療技術の進歩と表裏一体の関係にある疾病構造、②医療制度・医療保障・医療教育などの医療システムの問題、③社会進歩、とくに明治維新以降の資本主義発達の段階のもつ影響、④社会の人権意識の水準の重要性、である。戦前のように根本的治療法が確立されていない時代は、②の医療システムがどれだけ病人の側に立っているかにより、病人の運命が左右される可能性が大きいこと、病人にとって家庭・社会からの差別・排除の問題は、①〜③以上に苦痛であるとしている。

たとえば、有効な治療法が確立されていなかった当時、伝染病に罹患した患者の状況は悲惨であった。伝染病患者が出ると「病名ヲ書シテ門戸ニ貼付シ要用ノ外他人ト交通ヲ絶タシム」(伝染病予防規則第八条)処置が取られ、患者は避病院へ入院させられた。避病院は患者を「救療スル所」(避病院仮規則第一条)とされたが、その実態は一八九二(明治二五)年三月一〇日の『ベルツの日記』によれば、「冬だというのに、破れた紙障子のバラック!　ひどい!　一体東京市は、病気の市民のために、何をしているというのだ!……貧しい人たちを、せめて大切に飼われている馬ぐらいの程度にでも、収容しておける病院の一つすらない!」[ベルツ、トク編　一九七三：一三一-一二]という有様であった。いったん入院すると、家族と面会することもかなわず、それは治療のための入院ではなく、まさしく隔離・防衛のための措置であった。このような対応について、コレラ予防反対や避病院移送反対などの「コレラ一揆」が各地で起こり、一八七九(明治一二)年のコレラ流行時には、愛知、石川、埼玉などで一年間に二四件の一揆が起こった[立川　一九七一：一九三-五]。

明治後期には、結核、ハンセン病、精神病、トラホームなどの慢性疾患が社会問題となった。これに対して、一九〇七(明治四〇)年に「癩予防ニ関スル法律」、一九一九(大正八)年に「精神病院法」「結核予防法」「トラホーム予防法」、一九二七(昭和二)年に「花柳病予防法」、一九三一(昭和六)年に「寄生虫病予防法」といった各種慢性疾患に対応する法律が制定され、公衆衛生行政は急性伝染病を対象とした防疫中心から、慢性疾患の予防中心へと変化した。

衛生行政に関する中央機構は、大正時代から一九三八（昭和一三）年に厚生省が設置されるまで大きな変化はみられなかったが、一九一六（大正五）年には「保健衛生調査会官制」が制定された。保健衛生調査会は、「国民の健康状態、国民の健康を損う原因及びその除去に必要な事項並びに健康の保持増進に必要な事項を統計的学術的に調査研究するため、各方面の専門家を委嘱して組織」したもので、「伝染病予防を主とする消極的衛生行政」から、「国民の健康増進を目的とする積極行政へと進展して行く端緒をなすもの」であった。同調査会は、当初、調査事項を、①乳児、幼児、学齢児童及び青年、②結核、③花柳病、④癩、⑤精神病、⑥衣食住、⑦農村衛生状態、⑧統計の八つに分けて調査を行った［厚生省医務局編　一九七六a：一九〇−一］。

医療機関の数はしだいに増加したが、医師の地域分布は不均衡で、とくに山間僻地は医療が受けられない状況にあった。病院または診療所のない町村数は一九二三（大正一二）年末の調査で、全国に二九二一、全国町村の約三割に医療施設がなかった。一九二七（昭和二）年の調査では開業医のいない町村が二九〇九、歯科医師のいない村が九〇六四、産婆のいない町村が三六一一であった［佐藤　一九二九］。

戦時体制下になると、兵力・生産力の根源である国民の保健衛生の向上は、総力戦体制の確立上、不可欠なことと認識された。一九三七（昭和一二）年には「保健所法」が制定され、国民への保健衛生指導の方策が示された。一九三八（昭和一三）年に国民体力向上、国民福祉の増進を責務とする「厚生省」が設置され、一九四〇（昭和一五）年には国民体力向上の要請に応え、国民体力の国家管理を内容とする「国民体力法」、国民素質の向上の見地から「国民優生法」が制定された。また、一九四二（昭和一七）年に戦時下の諸情勢に即応するよう従来の医師法、歯科医師法等の各種医事法令により規定されていた制度を一つの体系に統合するため、「国民医療法」を制定した［厚生省医務局編　一九七六ａ：二九四―五］。

## （2）医療専門職

こうした制度の近代化が進む中、医療に従事する専門職はどのように成立したのか。現在のような多職種が医療に携わるようになるのは、戦後のことである。戦前の医療専門職のうち国家資格が制定されていたものは、医師、歯科医師、薬剤師で、看護職（看護婦・保健婦・産婆）、栄養士についてもその免許について法に定められていた。その他、作業療法や病院社会事業などは免許はないものの業務に従事していた。本項では、その中から病院社会事業の実践と関係の深い、医師、看護職について取り上げる。

### 医師

江戸時代は医師の資格要件や業務について何ら国家的な規制は存在せず、医術は誰でも行えたため、医師は家業を継ぐもの以外でも医術を修業すれば自由になれたが、藩によっては開業するために鑑札制度を設けていた。幕府、朝廷の医官を頂点に、大名の医師、旗本の医師、各藩の重臣の医師、町医者や村医者と大別され、その身分は仕官先の身分に準じた［酒井　一九八二：二二四］。医は仁術で、医療を施すことは人道的な行為であり、患者に代金を請求すべきではないと一般に考えられていたため、診察料は形式上薬代として支払われていた。漢方が主流であったが、蘭方も取り入れられていた。

それが、明治になると、「医制」の公布により医師の資格、医学教育について制定され、西洋医学を取り入れる方向へ急速に変化した。医師の免許は、一八八三(明治一六)年の「医師免許規則」により、原則として医術開業試験によると定め、医師免許制度の基礎を確立した。漢方医は急速に西洋化していく中で、漢方医の開業免許を求める運動を起こして抵抗したが、一八九五(明治二八)年の第八回帝国議会で開業試験に漢方を加えようとする「医師免許規則改正法案」が否決されたことにより、漢方復権運動は消滅していった[厚生省医務局編 一九七六a:三四]。

このように漢方を中心とする東洋医学は制度上は排除されたものの、漢方医が生薬を配剤して治療を行う方法から得た知識や、加持祈禱などの習俗も人びとの日常生活には広く生き続けた。医者にかかることが贅沢であった時代に、一般の人びとが接した医療者には国家資格をもつ医師以外の人びとが多く含まれ、国の医療政策がそのまま一般庶民の生活における医療の実態とはいえなかった[杉山 二〇〇六a]。

この頃、医師免許や開業試験の規則に不備を指摘する声があがり、一九〇六(明治三九)年「医師法」「歯科医師法」が制定され、原則として医師は医科大学または医学専門学校卒業者に限られることになった。これにより、医師免許は医制による開業免許から身分免許となり、医師の身分保障が実現した[杉山 二〇〇六b]。

明治後期の医師は大学卒、医学専門学校卒、内務省医術開業試験合格という三つの医師養成経路のほか、明治維新以前から開業していた従来開業医、従来開業医の子弟である開業医子弟、官庁や官公立病院に奉職してきた奉職履歴医、医師が足りない地で診療する限地開業医などの無試験で免許を公布された医師など、多様な医師が存在しており、医療の水準もばらつきがあった(2)。従来開業医(奉職履歴医を含む)は明治期を通して量的には最大であり、一九一六(大正五)年「医術開業試験」が廃止されて以降は、しだいに医学専門学校卒業者や大学卒業者が増加していった[猪狩 二〇一〇:七五-六]。地域で人びとを診療する開業医はいわゆる「下流医」であり、医師の中では下位に位置づけられ収入が少ない部類であるが、それでも料金は庶民の手が届く額ではなかった(3)［杉山 二〇〇六b］。

医師法の規定に基づいて医師会規則が制定され、医師会は職能団体として発展した。一九一六（大正五）年に薬剤師が、それまで有名無実化されていた医薬分業が実質的に行われるように法改正を提起したことにより、医師会は団結して大日本医師会を結成した。一九一九（大正八）年には地方医師会は強制設立・強制加入の団体となり、一九二三（大正一二）年に道府県医師会を会員として日本医師会が発足した。当初の活動は中央の幹部を主体に進められたが、このように医師会は設立時から、自らの利益を守るための団体として機能を発揮したのである［杉山 二〇〇六b］。

### 看護職

看護婦の前身となる女性看病人は、一八六八（慶応四）年の戊辰戦争で政府軍の負傷兵士を看護するために採用されたことから始まった。当時の看病人の仕事は、薬の受け渡し、身のまわりの世話、病室の掃除などであった［看護史研究会 一九八三：四—八］。

近代看護教育は、一八八五（明治一八）年「有志共立東京病院看護婦教育所」、一八八六（明治一九）年「京都看病婦学校」「桜井女学校付属看護婦養成所」、一八八八（明治二一）年「帝国大学医科大学看病法練習科」などが設立され始まった。これらの養成所ではいずれも初めはナイチンゲール方式よる看護婦養成を模倣した教育が行われた［土曜会歴史部会 一九七三：一三三］。応募資格は読み、書き、算数の基礎が必須で、知識・教養のある士族や商家の自立を望む婦人たちが選ぶ職業となった。一八八六（明治一九）年には博愛社病院が創設され

（翌年日本赤十字社病院と改称）、一八九〇（明治二三）年には看護婦教育が開始された。日本赤十字社は戦時救護を目的とし国策に沿っていたため、特別な国家的庇護が与えられ、他の養成所とは一線を画した［看護史研究会 一九八九：七四］。

教育を受けた看護婦は派出看護婦として個人宅や病院に派遣された。その始まりは一八八八（明治二一）年「有志共立東京病院看護婦教育所」の最初の卒業生が、派出依頼のあった愛知病院へ派遣され、海軍軍人の看護にあたったことによる。一八九一（明治二四）年に最初の派出看護婦会として、鈴木まさが「慈善看護婦会」を開設した。ここでは、数名の看護婦と助産婦を常置して家庭や病院に派出した。費用は四等級に分け、支払いのできない患者に対しては無料で看護を行った。その後、日清戦争時の活動により、広く世に知られるようになったこと、急性伝染病の蔓延、病院の増加、派出看護婦を雇う階層の増加により、看護婦の需要は高まった。一八九九（明治三二）年には、東京市内の派出看護婦会は五八で、所属する者は九〇八名となり、東京の看護婦の約八割を占めた［看護史研究会 一九八三：五四］。

こうした需要の拡大により、一九〇〇（明治三三）年に東京府では「看護婦規則」を制定した。看護婦の資格は満二〇歳以上で東京府の看護婦試験に合格した者であること、看護婦会の設立には許可が必要であることなどが主な内容であり、取り締まり的な色彩の強いものであった。しかし、この方法では看護婦の需要に応えきれない恐れがあったため、翌年にはさっそく基準を緩和した(4)［厚生省医務局編 一九七六ａ：九五］。その後、各府県が独自に取り扱いを行った。一九一五（大正四）年には内務省令「看護婦規則」が制定され、全国的に看護婦資格や業務内容が統一された。これにより、看護婦は「公衆ノ需ニ応シ傷病者又ハ褥婦看護ノ業務ヲ為ス女子」と規定され、資格取得年齢は一八歳以上で、資格を取得するには看護婦試験に合格した者か、地方長官の指定した学校または講習所を卒業した者という二つの道を定めた。同時に「私立看護婦学校看護婦講習所指定標準ノ件」を制定し、高等小学校卒業、もしくは高等女学校二年以上の課程を修業した者、もしくはこれと同等以上の学力を有する者に入学資格が与えられた。聖路加国際病院長のルドルフ・トイスラーは、良い医療を提供するためには看護婦の質を高めることが必要であるという考えのもと、一九二〇（大正九）年には高等女学校卒業を入学資格とする看護婦学校を設立した［氏家・福本・依田・阿部 二〇〇八］。

現在の助産師につながる職業としての産婆は江戸時代から存在していたが、資格や養成制度がなく、その技術知識は低いものであったため、一八七四（明治七）年に制定された「医制」により制度的な規定が行われた。しかし、実際は各地方の取締規則に委ねられた形であった［厚生省医務局編 一九七六a：九〇–一］。一八九九（明治三二）年に産婆に関する統一的な法規が「産婆規則」として公布されて、産婆は産婆試験に合格した満二〇歳以上の女子で、産婆名簿に登録した者でなければ営業はできないとされた。同時に「産婆名簿登録規則」「産婆試験規則」が制定され、助産婦制度の基礎が確立された。

訪問看護活動の始まりは、京都看病婦学校で、一八九二（明治二五）年から二年生が伝道活動を兼ねた細民地区への訪問活動を行ったことと考えられているが、この活動は広まらず、大正時代に入って、疾病への看護のみではなく、健康の保持増進のために働きかける看護活動として公衆衛生看護活動が組織的に展開された。一九一四（大正三）年、日本赤十字社京都支部が乳幼児健康相談を開始し、一九二三（大正一二）年に東京市児童相談所を浅草、深川、聖路加病院に設置して、巡回訪問婦を配置した。相談所を中心として来訪児の家庭訪問を行い、保健指導を行った。このような乳幼児に対する保健指導の仕事が発展し、一九三一（昭和六）年に大塚健康相談所(5)では結核患者に対する家庭訪問の仕事を始めた［木下 一九八五］。一九二三（大正一二）年の関東大震災後の救護活動で、恩賜財団済生会は医師、看護婦等による臨時救護班を組織したが、[6] 翌年からは東京市内において巡回看護班を組織して、貧困患者の診療や妊産婦への訪問活動を開始した［東京都済生会中央病院 一九六七：三二－三三］。

学校看護婦は、一九〇五（明治三八）年、明治中期以降急増した学童トラホーム対策のため、岐阜県において初めて採用されたことに端を発する［看護史研究会編 一九八九：九八］。一九二二（大正一一）年には児童の養護面から学校看護婦制度の検討を始め、国民体位の向上をめざす見地から従来の制度の充実を図る一環として、一九二九（昭和四）年には「学校看護婦に関する件」により、学校看護婦の職務等について全国的な統一がなされた［厚生省医務局編 一九七六ａ：二六一－二］。

一九一九（大正八）年に山形県は農村保健婦の教育と設置に着手したが、いわゆる「農村保健婦事業」が始まるのは昭和期に入ってからであった。一九三六（昭和一一）年には東北地方の住民の生活改善を目的として設置された東北更新会が保健婦を配置して、農村保健指導を開始した。農村部ではこのほかにも、朝日社会事業団、恩賜財団母子愛育会、聖路加国際病院などによって進められた。農村における保健婦の設置が全国的な規模で行われるようになったのは一九三九（昭和一四）、一九四〇（昭和一五）年頃であり、健民健兵政策のもと、農村母性と乳幼児死亡率の問題が重視されるようになったこと、産業組合や国民健康保険組合の普及により保健婦の導入が行われたこと、保健婦活動に対する認識が普及したことによる。主な事業は、妊産婦・乳幼児の保護、トラホーム予防、栄養改善、住宅改善等であった［大国 一九九五：九七－一二六］。

産業分野では、一九一六（大正五）年の工場法の施行によって、工場や鉱山に工場看護婦がおかれ、従業員や家族の衛生指導と看護にあたった。第二次世界大戦中は一般の事業所でも保健婦や看護婦をおくところが増加し、職業病や労働災害の発生しやすい職場では予防策を講じた。

このように公衆衛生活動に携わる看護婦は、巡回看護婦、学校看護婦、農村看護婦、工場衛生婦、保健婦、衛生指導員など三〇種類以上のさまざまな名称で活動し、その数は全国で一万八四四七名に及んだ［井上 一九四二：四–五］。戦時体制下、一九三七（昭和一二）年に制定された保健所法による保健所の職員として、保健婦という名称が法文中に初めて使用されたが、国民の健康保持を担うために、一九四一（昭和一六）年「保健婦規則」が制定された。国策を推進するため、結核や乳幼児死亡率の低下に寄与することが期待され、保健所や健康相談所で、また家庭訪問を通して、妊産婦や乳幼児、結核患者への検診や衛生教育、療養指導、栄養指導などを行った。

派出看護婦、助産婦、公衆衛生看護婦といったように、戦前からさまざまな分野で看護婦は業務を行っていた。このうち、公衆衛生にかかわる看護婦の活動の場は地域社会であり、本書で取り上げる済生会病院や東京市療養所、聖路加国際病院の病院社会事業と、同じ病院内のみならず、地域で働く保健婦や訪問看護婦たちは協働する機会が多く、お互いに連携を取り合って業務を行った。

## 3　生活困窮者に対する医療問題への対応

生活困窮者に対する医療は明治初期から問題となっていたが、戦前はその対策としての社会保障制度の制定や医療機関の設置は十分とはいえなかった。また生活困窮者のみならず、医療が資本主義化していく中で、いわゆる中産階級の市民にとっても必ずしも医療は身近なものとはならず、その実現をめざして「医療の社会化」運動が起こった。そこで次に、救療事業と医療の社会化の動きについて論じたい。

### (1) 救療事業

ここでは救療事業を、医療保護制度の動向、施療病院の設置、健康保険制度の制定に分けて検討する。序章で述べたように、本書では「生活困窮者に対する医療面の救済事業」を救療事業とするが、健康保険制度の対象は必ずしも生活困窮者ではない。しかし、健康保険制度は幅広い国民層の医療の機会を保障する重要な制度であることから、本制度の戦前の状況についても検討する。

#### 医療保護制度の動向

一八七四(明治七)年に制定された「恤救規則」は明治政府による初めての国家レベルの救貧法だが、「済貧恤救」は「人民相互の情誼」によるものと考えられ、救済は「無告の窮民」に対する米穀の支給という制限された内容のため、医療を必要とする者がその機会を得るような対策は講じられなかった。また、一八八九(明治二二)年に政府案として議会に提出された「窮民救助法案」、一八九七(明治三〇)年の「恤救法案」はいずれも施療を含んだ内容であったが、廃案となった。明治時代は恤救規則の不備を補うべく、新しい救貧法案がしばしば提案され、なかには施療を含んだ内容もあったが、いずれも成立しなかった。

恤救規則が制限主義に立っていたため、他の特別救済立法によって対応することになり、その傾向は救護法制定後も同様であった[百瀬 一九九七:二四-五]。以下、特殊な領域をみると、一八七五(明治八)年には「悪病流行ノ節貧困ノ者処分方概則」が制定され、伝染病流行時に必要に応じ、医師を派遣して無料で貧民の治療にあたらせた(7)。一八九九(明治三二)年に制定された「北海道旧土人保護法」は、北海道旧土人で自費治療の困難な者に治療または薬価の支給を定めたもので、同年制定の「罹災救助基金法」には罹災救助基金の支出項目として治療費が含まれた。さらに同年「行旅病人及行旅死亡人取扱法」が制定され、行旅中の病人や死亡者に対する救護が規定された。

精神病者に関するものとして、一九〇〇(明治三三)年に「精神病者監護法」が制定されたが、これは精神病者の監護の責任を明らかにしたもので、私宅監置を認め、医療面は極めて不十分であった。一九一九(大正八)年に「精神病院法」が制定され、精神病者で「療養ノ途ナキ者」は精神病院に入院できるとされた。

戦前は一般に死病と恐れられていた結核は、ようやく一九一四(大正三)年「肺結核療養所ノ設置及国庫補助ニ関スル法律」「肺結核療養所国庫補助等ニ関スル件」により、人口三〇万人以上の市に肺結核療養所を設置し、肺結核患者で療養の途がない者を収容することが規定された。一九一九(大正八)年に制定された「結核予防法」では、人口五万人以上の市または、とくに必要と認める地方公共団体に対し、結核療養所の配置を命じること、結核を伝染させるおそれのある患者で、療養の途なき者を療養所に入所させること、従業禁止、命令入所によって生活できなくなる者に対し生活費を補助することなどが規定された。結核予防法は一九三七(昭和一二)年に改正され、結核患者の届出制度が実施されるようになったが、届出患者の範囲が「環境上病毒伝播ノ虞アリト認ムルトキ」(結核予防法第一条)に限定されたこと、一般国民の認識が徹底していないこともあり、施行後一年間の届出患者は二万八千余人にすぎなかった。同年、結核病床三万床計画により、全国の大部分の府県に公立の結核療養所が設置されることになった[厚生省医務局編 一九七六a:一二三六]。

トラホームも蔓延していたため、一九一九（大正八）年「トラホーム予防法」が制定され、経済的に治療を受けられない者に対する治療が規定された。同じく慢性の伝染病であるハンセン病は、一九〇七（明治四〇）年に制定された浮浪らい患者を収容するための法律が、一九三一（昭和六）年「癩予防法」として改正され、らいを伝染させるおそれのある患者を国立または道府県立らい療養所に入所させ、その費用は国または地方自治体の負担とすることが定められた。

恤救規則の不備に対し、ようやく一九二九（昭和四）年に「救護法」が制定され、対象を貧困による生活不能者のうち、六五歳以上の老衰者、一三歳以下の幼者、妊産婦、不具廃疾・疾病・傷痍その他精神または身体の障害により労働不能の者、市町村長が必要と認める場合は一歳以下の幼児を哺育する母親とし、救護の種類は生活扶助・医療・助産・生業扶助であった。国による医療面での救護義務が初めて確認されたものの、対象者は限られ、国民に受給請求権を認めないものであった。一九三七（昭和一二）年制定の「母子保護法」にも扶助の種類として医療が規定された。

一九三二（昭和七）年度から実施された「時局匡救医療救護事業」は大恐慌が農村に及ぼした深刻な影響を受けて、農村の状況に合わせた社会的救済行政の一つであり、内務省衛生局長による「医療救護ニ関スル件」に始まった。天皇より農村における救療を目的として三〇〇万円の下賜があり、政府も三〇〇万円を支出し、さらに各府県が自ら費用を追加して進めた。その内容は、農山漁村を中心に主として開業医による委託診療、無医村の場合は隣接地より医師を出張させるか専任医師の巡回診療、家庭薬の配備などで、三年で打ち切られる予定だったが、関係者の要求が強いため国費と地方費で賄い、一九四〇（昭和一五）年まで続けた。これは当時の農村における医療事情の反映であるとともに、背後に一定の運動の広がりをみることができる。主要なものは後述する産業組合を主体とする医療利用組合の設立であった〔岩美 二〇〇三〕。

救護法や母子保護法における扶助の一つとして医療保護が行われたが、内容は十分ではなく、各種の医療券が存在し、相互の連絡を欠いていた。各県社会課等によるニーズ調査が実施され、救護法だけでは救療問題に対応できないことがわかり、救療法制定を求める声が強く、政府も戦時体制の維持強化策として医療制度全体の見直しの必要に迫られ〔山田 一九九二〕、一九四一（昭和一六）年「医療保護法」が制定された。これにより、結核予防法等、特殊疾病に対する特別法による救療、軍事扶助法、その他軍人援護のための救療、行旅病人及行旅死亡人取扱法による救療、北海道旧土人保護法による救療を除いて、救護法及び母子保護法による医療保護、時局匡救医療救護事業、地方公共団体、恩賜財団済生会、その他民間社会事業団体等による救療事業を広く吸収し、医療保護事業を政府の管理下に統一的に行い、医療保護の普及を図った〔厚生省医務局編 一九七六a：三二四―五〕。保護対象者を「貧困ノ為メ生活困難ニシテ医療又ハ助産ヲ受クルコト能ハザル者」（医療保護法第一条）とし、救護法の「生活不能」に比較して「生活困難」としている点で対象を緩和した。また、医療の範囲及び程度について、救護法や母子保護法よりも引き上げ、各種社会保険制度または共済組合制度に準じて行うこととし、疾病の治癒に必要な医療はすべて行うことを原則とした〔厚生省医務局編 一九七六a：三二六〕。しかし、予算額の少なさなどの問題が多くの社会事業関係者から指摘され、結局、戦時体制の中に吸収された〔山田 一九九二〕。

その一方で、戦争のため召集された兵士やその家族への対応は手厚かった。一九〇四（明治三七）年の日露戦争を機に「下士兵卒家族救助令」が制定され、医療保護も規定された。一九一七（大正六）年に制定された「軍事救護法」は、一九三七（昭和一二）年には「軍事扶助法」に改正され、軍事救護法よりも対象や扶助の内容を広げた。

また、太平洋戦争下の一九四二（昭和一七）年には「戦時災害保護法」が制定され、戦時災害により危害を受けた者とその家族、遺族に対する救助として、医療及び助産の保護も規定された［厚生省医務局編 一九七六a：三二六］。

施療病院の設置

第2節で述べたように、公立病院や各地の医学校はその目的に救療活動を挙げたが、一八七七（明治一〇）年頃を転機として、官公立病院の施療機関としての性格は弱まった［厚生省医務局編 一九七六a：四三、一〇三］。

東京では、貧困患者の増加にともなって、典医の佐藤尚中が病院設立を宮中に願い出て、一八七三（明治六）年宮内省より東京府に病院建設のための一万円が下賜され、翌一八七四（明治七）年に東京府病院が開院した。東京府病院は発足当初より入院料が他の病院に比較して高く、設立目的であった施療活動を主体とするものではなかったが、一八七七（明治一〇）年「東京府施療券及牛痘施療券発行規則」により、東京府は施療事業を開始し、施療券で東京府病院やその支所と区医に指定された医師から治療を受けることができるようになった。しかしこの事業も東京府の財政が悪化したため、一八八一（明治一四）年には廃止となり、同時に東京府病院は閉鎖し、施療事業は形を改めて有志共立東京病院に引き継がれた［酒井 一九八二：五〇〇－一、厚生省医務局編 一九七六a：一〇四］。

東京大学は一八七七（明治一〇）年の発足時に、医学部の付属病院において施療患者の制度も開始した。その趣意書に「貧困にしてその病症学術研究上、殊に須要と認むる者を無料入院せしめ、治療を施すものとす」とあるように、あくまでも医学の研究のための患者を確保することが優先され、この患者は学用患者と呼ばれた。当初定員は四〇名だったが、一八九六（明治二九）年に付属病院は主として施療患者を扱うことと規則を改め、定員を三二八名に増やした。施療患者は入退院や死後の病理解剖などに拘束を受け、その後、この制度は全国の医学教育機関で採用され、非人道的な処置も医学の進歩のため、医師育成のためにやむをえないという風潮を生んだ［酒井 一九八二：五〇二‐四］。

一八八二（明治一五）年高木兼寛が中心となり設立された有志共立東京病院は、施療病院として開設され、医学教育としての役割も担ったが、「貧困ニシテ医薬ヲ得ル資力無キ病者ニ施療スルヲ目的」とした［東京慈恵会医科大学百年史編纂委員会 一九八〇：九六一］。当院が東京大学と違う点は、医学教育のために患者を集めるのではなく、入院加療を必要とする貧困患者は無条件で入院させ、改めて医学教育のために患者に協力を求めたことであった［酒井 一九八二：五〇五］。一八八七（明治二〇）年に東京慈恵医院と改称し、その目的を「皇后陛下ノ慈旨ヲ奉シ貧窮疾病シテ医薬ヲ得ル力ナキ者ヲ施療スル」とした。皇室の資金と融資者からの寄贈醵金により運営することを前提としたもので、毎年のように皇后が病院行啓を行うなど［東京慈恵会医科大学百年史編纂委員会 一九八〇：五五〇‐五］、皇室との結びつきが強い病院であった。

一八七七（明治一〇）年西南戦争の傷病兵の治療を目的として創設された博愛社は、一八八六（明治一九）年、東京に病院と本部を建設し、戦争や内乱時の救護に備えて、医師、看護婦等の養成と訓練を開始し、救護資材の整備や物資の備蓄を始めた。翌一八八七（明治二〇）年に日本赤十字社と改称し、戦時救護機関として発足した。社則によればその目的は、「平時においては傷者病者の救護に適応すべき人員を養成し、物品を蒐集し、務めて戦時の準備を完全ならしむること」、「戦時においては軍医部に附随し，これを幇助して傷者病者の救護に尽力すること」であった［日本赤十字社 一九八〇：三五］が、一九〇四（明治三七）年以降、各府県に支部病院を設立し、平時救護事業として救療事業も行った［厚生省医務局編 一九七六ａ：一〇七］。それは社則第二条の「皇帝陛下皇后陛下の至貴至尊なる保護を受くるもの」とあるように、「皇室の仁慈」により「貧困患者を施療し、かつ一般患者を治療」するものであった［日本赤十字社 一九八〇：三一三］。

一八八七（明治二〇）年以前に設立された民間の救療機関としては、そのほか、一八七九（明治一二）年の同愛社などがある。その後、各地で救療事業が行われるようになり、一八八八（明治二一）年財団法人弘済会救療部大阪慈恵病院、一九〇二（明治三五）年財団法人洪庵記念会緒方病院、一九〇四（明治三七）年財団法人京都施療院協会施薬院、一九〇六（明治三九）年財団法人北海道社会事業協会小樽病院、一九一一（明治四四）年東京市立築地病院など、一部の公共団体においても任意事業として行われるようになった［厚生省医務局編 一九七六ａ：一二四–五］。

一九一一（明治四四）年「施薬救療の詔」という勅語とともに、一五〇万円が下賜されたことを契機として、恩賜財団済生会が発足し、全国各地に救療機関が設置された。済生会については第Ⅳ章で改めて記述する。

日本赤十字社、済生会に共通する特徴として、皇室の仁慈に基づく事業として展開されたこと、全国的な組織をもち、国家権力による強い監督助成のもとに行われたことが挙げられる。皇室中心の家族的国家思想に基づく慈恵的救療制度であるとともに、日清・日露戦争を通じて急激に発展しつつあった日本資本主義社会にとって、社会問題化した貧困の増大により、救療制度を国家社会的な事業として推進せざるをえなかったことを示すものであり、これらの事業が近代的な公的救療制度の代替的役割を果たした［厚生省医務局編 一九七六ａ：一二六］。

こうして各地に救療機関が設置されていったが、一九一九（大正八）から一九二〇（大正九）年の内務省による全国調査によると、施療機関は全国で一五一であった［内務省衛生局＝一九九二］。一九二七（昭和二）年の調査では、①無料診療事業は一九二一、入院患者数の実人員一万一四七二人、延人員四一万二一六五人、外来患者数の実人員四七万六一五六人、延人員二五一万八二〇七人、経費支出額二五九万六六三三円、②軽費診療事業は四二、③無料軽費兼営一一七であった〔佐藤 一九二九〕。①〜③のすべて足しても三五一施設にしかならず、一九三〇（昭和五）年の東京だけでも細民の人数は約二八万人〔菊池 二〇〇三〕とすると、施療病院だけでそのニーズを充たすのは明らかに困難であった。

### 健康保険制度の制定

日本にドイツの労働者保険が紹介され始めたのは明治一〇年代で、一八九八（明治三一）年には、ドイツ留学から戻り内務省衛生局長であった後藤新平が「労働者疾病保険法案」を作成し、総理大臣伊藤博文に意見書とともに提出した。内務省の諮問機関である中央衛生会にも疾病保険法を諮問したが、時期尚早として否認され、その後、後藤も衛生局長より台湾の民政局長に転じたため、疾病保険の動きは影をひそめた〔厚生省医務局編 一九七六a：一二一、吉原・和田 一九九九：一三一四〕。

農商務省では一八九八（明治三一）年より労働者保護立法である工場法を立案していたが、一九一一（明治四四）年になりようやく法案は成立した〔吉原・和田 一九九九：一〇一一一〕。同法は、従業員一五人以上の工場に適用され、年少労働者や女子労働者の就業に制限を設け、業務上の傷病については事業主の責任により療養費や休業扶助を支給するものであったが、業務外の傷病についての定めはなかった。

この間、相互扶助を目的とする共済組合が設立された。一九〇五（明治三八）年の鐘紡共済組合や、官業共済組合も一九〇七（明治四〇）年の帝国鉄道庁現業員共済組合などが設立された。さらに専売、印刷、通信など官業に次々と共済組合が設立され、労働者の業務上の災害による傷病や死亡等の際の給付、年金制度の実施などが行われた［厚生省医務局編 一九七六a：一二一］。

一九二二（大正一一）年、最初の医療保険法として健康保険法が制定された。しかし関東大震災の影響で施行は延期され、一九二六（大正一五）年七月に一部施行、翌一九二七（昭和二）年一月から保険給付が開始された。第一次世界大戦後の緊迫した労使関係の改善策として、政府では一九一九、一九二〇（大正八、九）年頃には内務、農商務等の関係各省が社会保険について検討を行っていたが、一九二〇（大正九）年憲政会が疾病保険法案を提出し、これ自体は審議未了となったが、農商務省公務局に労働課を新設して社会保険の立案にあたった［厚生省医務局編 一九七六a：二二一］。

対象は常時一〇人以上の規模の工場労働者であり、工場法または鉱業法の適用を受ける工場や事業場に使用されている者を強制被保険者としたが、当時大きな比重を占めた零細企業は対象外とされた。また、官業分野は共済保険に健康保険の代行を認めるなど官公吏も対象外となり、商業や金融業などに従事する一般のサラリーマンも対象外であった。保険給付の範囲は、傷病手当金、埋葬料、出産手当金で、被保険者のみの支給で家族給付はなかった。療養費の具体的内容は勅令で定められ、届出や金額的な点でさまざまな制限があった。被保険者の一部負担はなかったが、実施後すぐに濫用が問題となり、一九四二（昭和一七）年から一部負担金を導入した。当時の工場労働者は四〇〇～五〇〇万人であったが、被保険者は約二〇〇万人弱で半分以上が紡績、製糸、織物業などの従業員であった［吉原・和田 一九九九：五八］。

その後、一九三九（昭和一四）年には船員のみを対象とした船員保険法、健康保険法の対象外だったサラリーマン層を対象とする職員健康保険法が制定された。

一方、広く国民を対象とする保険として、一九三八（昭和一三）年に国民健康保険法が制定された。一九三三（昭和八）年頃から、農村の窮乏を救済し、医療費の負担を軽減するための方策として、国は農山漁民などを対象とする保険制度の検討を始めていたが、戦時体制下の国民の体力向上の観点からも必要とされた。

国民健康保険は地域保険であり、市町村が任意で国民健康保険組合を設立し、地域内の世帯主を組合員として、組合員および組合員の世帯に属する者を被保険者とする任意加入であった。法定給付の範囲は療養の給付、任意給付として助産、葬祭の給付、保育上の手当等を行い、保険料は組合員の資力を標準に定めた［厚生省医務局編 一九七六a：三一七–九］。施行にあたり、国は一九四七（昭和二二）年までの一〇年間に六一四〇組合、対象人口の約六割、二五〇〇万人を被保険者とする計画を立てた。一九四二（昭和一七）年には、国民皆保険制度の実現をめざして、任意設立だった国民健康保険組合について、地方長官が強制設立を命ずることができるようにするなどの改正を行い、その結果、一九四一（昭和一六）年度一〇九六であった新設組合数は、一九四二（昭和一七）年には四四四六組合、一九四三（昭和一八）年には三六九九の新設組合数となった［厚生省医務局編 一九七六a：三二三］。

一九四二（昭和一七）年、一九四三（昭和一八）年は、健康保険、国民健康保険ともに組合数も増加したが、一九四四（昭和一九）年頃から本土空襲が激しくなり、被災や疎開で閉鎖される事業所が多くなり、被保険者は激減した。また医師不足や医療品の欠乏で保険診療はままならなくなり、しだいに機能を喪失して［厚生省医務局編 一九七六a：三一七–二三、吉原・和田 一九九九：一〇七–八］、戦後を迎えた。

このように健康保険制度は大正時代に企業保険として始まり、各種の健康保険が創設され、農村の窮乏の救済策として検討したものが、戦時体制下で健兵健民の育成のための手段として、一般国民を対象とした国民健康保険として成立した経緯がある。現在の健康保険制度は「大正から昭和にかけての不況や戦争が生み、育て、そしてのこしたプラスの遺産の一つ」［吉原・和田 一九九九：一〇八］と評されるように、戦前にその形が形成されたが、給付の内容や対象に制限があり、真の意味での全国民を対象とする国民皆保険制度の実現は戦後を待たなければならなかった。

### （2）医療の社会化

「医療の社会化」という言葉は、一九一一（明治四四）年に「実費診療所」を設立した鈴木梅四郎が使用したことから世に流布された。この年、天皇が「施薬救療の大詔」を発したが、この時の大詔を鈴木は救貧ではなく防貧と受け取り、実費診療所を開設したことをきっかけとして、医療の社会化は大正時代末期から広がりをみせた［佐口 一九八二：一一九］。

医療の社会化の定義について、佐口は、言葉は多義にわたって使用されているが理論的な掘り起こし作業はあまりみられていないとし、「国民が医療を必要とするときにすみやかに受診受療の機会が社会的に確保されること」［佐口 一九八二：八］としている。資本主義社会の中に組みこまれた医療への批判、つまり医療が「高価だということで、貧しい多くの人々が医療を受けられないでいるという事実に立って医療をすべての人々に開放するということが、それによって生命の危機に際しては、人がすべて平等になるということが、この運動の本命であった」［篭山 一九六七］。当時の医療の状況からすると、このような認識をもつこと、またそれらを社会問題として認識することが、医療の社会化の運動の始まりであった。

医療の社会化の具体的な動きとしては、「実費診療所」「医療利用組合」「無産者診療所」、産児調整運動、東京帝国大学医学部学生らによって推進された社会医学研究会の活動や、東京帝国大学セツルメントの医療部の活動などが挙げられる。ここでは「受診受療の機会を社会的に確保されること」を直接的に活動としてめざした「実費診療所」「医療利用組合」「無産者診療所」について検討する。

### 実費診療所

実費診療所は、鈴木梅四郎が加藤時次郎とともに京橋区木挽町に設立したことをその嚆矢とする。かつて王子製紙の専務取締役であった鈴木が資金と事業経営上の責任を負い、平民社に所属する医師の加藤が診療上の責任を負った。これまでの慣習では医業経営は医師に限定されていたが、医師ではない者が経営にあたる先例を開き、低廉医療の実施への道を開いた。そして、それは開業医制度に対する批判を意味するものであったが、一方で医業経営の合理化でもあった［佐口 一九八二：一〇］。

実費診療所は一般開業医に比べて四分の一ほどの料金だったため、大勢の患者が来院し、一九一五（大正四）年頃には実費診療所の動きが全国に報道され、各地から支部増設を望む声が強くなった。このような動きに対し、医師会は会員の医師が実費診療所に勤務することを禁止し、内務大臣あてに建議書を提出するなど、政府にも働きかけを行い反発した。その結果、一九一五（大正四）年六月からは実費診療所支部設立には、内務大臣の認可が必要となった。そのため、個人経営の実費診療所開設は事実上認められなくなったが、自治団体の設立を認めたため、地方自治団体で実費診療所を経営するものが続々と現れた。一九二三（大正一二）年には通信省が簡易保険積立金で実費診療事業に低利融資を始めた結果、各種団体が実費診療所を相次いで設立し、一九二九（昭和四）年頃には全国に一五三カ所までに広まった。しかし間もなく融資が中止となり、一九三三（昭和八）

年に診療所取締規則を改め、医師ではない者の開設する診療機関を許可制としたこと、また健康保険法の実施により実費診療の肩代わりをしたことにより、やがて多くの医療機関も実費診療を放棄して健康保険に依存するようになった［川上 一九六五：三三八–四四］。

一九三七（昭和一二）年当時、「実費診療」を行う病院診療所は以下の三種類がみられた［社会事業研究所 一九九六：八四–八八］。

第一に、「実費診療所」という名称だけを掲げている営利診療事業。開業医は医師会の定めた料金以外の金額を勝手に定めて診療をすることはできないが、当時は開業医の受難時代でそれでは成り立たないという事情があったため、患者を集めるための看板として「実費診療」を掲げた。しかし、実際の医療費は必ずしも医師会が定めた料金以下であるとは限らなかった。

第二に、実費診療所として公的認可を受けている診療事業。医師会所定の金額以下に診療費を定め、無料取り扱いは行わない建前で認可を受け事業を行ったもので、社団法人の認可を受けた診療所は鈴木梅四郎の「社団法人実費診療所」が唯一であったが、このほか新聞社が読者のために、保険会社が加入者のために行う実費診療所も、数は多くないが設置されており、これも診療事業からの直接の利益は無視して経営されたものであった。

第三に、社会事業施設の行う実費診療事業。施薬救療施設では極貧者は無料で、極貧までではない細民、あるいは少額収入者のために実費診療事業を行う施設が多かった。一九三六（昭和一一）年の調査では、軽費または施療診療所は五三二施設、軽費または施療病院は一九三施設であった。

このように看板のみでは実態がわからない、いわゆる「実費診療所」も存在するようになっていった一方、社会事業施設等が低廉な料金で医療を提供していた。

## 医療利用組合

明治以降農山漁村での医師の数は減少し、大正期に入ると医師の都市集中化が顕著になったため、農村部の医療事情は劣悪になった。この窮状を救うために産業組合法に基づいた医療利用組合による運動が生じた。それは、一九一九（大正八）年に島根県鹿足郡青原村の無限責任青原村信用販売購買利用組合で、医師と医療機関を確保することを目的とした動きから始まった。大正末期から昭和初期にかけて全国で十数カ所に設置されたが、小規模であったため経営難に陥り、また医師が確保できなかったり、医師会からの反対運動などもあり、大半は閉鎖された［川上 一九六五：四一四-六、佐口 一九八二：七二-三］。

昭和期に入り、広区域を対象とする組合が組織されるようになった。一九二八（昭和三）年青森市を中心とする東青信用購買利用組合が開設した広区域医療利用組合は、医療機関を利用できない多数の貧困者のための医療費の軽減を第一目的としたものであった。当初は小規模で経営困難に陥ったため、大規模な総合病院の設立へ変更した。各地に前後して同様な組織が設立されたが、東青病院の成功はさらに医療利用組合の設立をうながし、都市部にも及び、農民、勤労大衆による自主的な協同組合として発展した［川上 一九六五：四一五-七、佐口 一九八二：一〇-一］。

このような広がりをみせた医療利用組合について農林省は調査を行い、一九三六（昭和一一）年に「医療利用組合の情勢と特色」を発表したが、それによると、一九三五（昭和一〇）年九月の範囲内での統計では、医療利用組合二五七、連合会三、組合・連合会の属する市町村数一二市一七〇町一一七八村、組合員数二八万三三四四人、出資総額七六三万八〇二一円、組合勤務医師三三五人であった。また、その特色は以下の三点であった。①農山漁村において医療文明の恵沢を民衆化する機能を有する受療組織である。②中小産者、無産者のための受療組織にしてさらに区域内居住者の保健衛生上の社会施設たる活動を成しつつある。医療費の分割納や減免や、組合医師を中心とした講演会、新聞雑誌の発行、看護婦の養成、巡回診療、予算額の範囲内での無料施療等の実施のほか、凶作時救護診療班を編成し活動をするなど、組合員でない者に対しても社会奉仕的活動を行っているものも少なくない。③医師の農山漁村における医業生活を経済的に安定させ、医療報酬の支払いを保護する受療組合である。良質な医師を招聘するには、医師自身の経済生活の安定と診療技術を発揮しうる物的設備を完備させることが必要であり、その結果医師の増加をもたらす。これらについて、現行医療制度のもとにおいて解決できない農山漁村、ないしは都市勤労中小産者の医療に対する要求を充足するため、自主協同の受療組織をもって医療機関を設置し、医療の負担を軽減し、組合員相互の消費経済を合理化し、現代医療文明の恵沢を民衆化するため、民間において自ら生まれ出た医業形態である［社会事業研究所 一九九六：九三一一〇五］。

このように、当時の農村医療の中心は、組合病院と、その出先組織としての診療所の設置とともに、保健婦の活動であり[8]、組合病院、診療所、保健婦は農村の保健活動を担う重要な役割を果たしていた［林 一九六九］。

医療利用組合は第(1)項の時局匡救医療救護事業で述べたように、政府による農山漁村経済更生の観点のもと、積極的に推進した活動であり、国民健康保険が制定された際、医療利用組合に国保組合の代行機能を果たすことも例外的に認めた。

しかし、戦時体制に入るとこうした産業組合は解散、農業会に移行させせられた［佐口 一九八二：七七］。

無産者診療所

無産者診療所は、一九二四（大正一三）年に馬島僴が東京に労働者診療所を開設し、一九二五（大正一四）年には大阪で岩井弼次が公衆病院を開設したことに始まる。明確な組織的活動としては、一九三〇（昭和五）年に東京の大崎に、一九三一（昭和六）年には大阪の北区に無産者診療所が開設され、この二つを拠点として各地に開設された［佐口 一九八二：八四-七］。

無産者診療所が組織的に活動を始めたきっかけは、一九二九（昭和四）年治安維持法の改悪を一人で反対した労農党の山本宣治が暗殺されるという事件が起き、解放運動犠牲者救援会等の提唱により、雑誌『戦旗』に「労働者農民の病院を作れ」というアピール文が載ったことによる。この文面は「労働者　農民　無産市民　学生諸君」という呼びかけで始まり、自分の病気を治すために自分たち自身の病院をもとうと、寄付を募ったものであった［佐口 一九八二：八五-七］。

無産者診療所は、東京、大阪、新潟、京都、愛知など、全国的には二三診療所と一病院に及び、そのほかにも準備会組織は二十数道府県で作られた。しかし、絶えず治安当局による弾圧・検挙・診療不能・閉鎖を繰り返し、一九三三（昭和八）年には大崎診療所が閉鎖され、最後に残った新潟県の診療所も一九四一（昭和一六）年に閉鎖された［健和会編 二〇〇一：三二］。無産者診療所の運動は共産党の活動を担っていたため、大衆的な基盤を得られずに弾圧され、閉鎖を余儀なくされていった。

またその特徴として、医師が運動の主体的な担い手となったことが挙げられる。たとえば、大阪で公衆病院を設立した岩井は、医大卒業頃から社会主義に興味をもち、ロシア革命に感動し、「当時の私はまだはっきり階級的立場を自覚してはいなかったが、医師として何かしなければならないことがあるのだ、という衝動にかられていた」。そして、実費診療所に勤務するが、医療の実施方法に不満を感じ、もっと立派な病院をつくりたいという意欲をもち、「医療の社会化」をめざして公衆病院を設立した。のちに「医師会からつねに白眼視されていろんな妨害を受けたが患者からは相当信頼されていたと思う」と述べている。岩井は一九二八（昭和三）年に労農党員となり、診療を続けながら党員としての活動も行い、大阪無産者診療所の開設にもかかわった［岩井一九六九］。このように社会主義思想のもと、使命感に燃えた若い医師たちがその活動の主体であった。

このような活動と並行して、無産者医療運動は、一九三一（昭和六）年全国組織として無産者医療同盟、新興医師連盟を誕生させ、新興医師連盟では、医療知識の普及と無産者医療運動への理解を促進するため『無産者衛生必携』を出版するなどの活動も行った。戦後、無産者医療同盟は民医連（民主医療機関連合会）に、新興医師連盟は新日本医師協会の活動に引き継がれていった［健和会編 二〇〇一：三三］。

無産者診療所の活動は短い期間で終わったが、このように別の形をとりながら戦後に引き継がれていった。

医療の社会化の活動は、いずれも受診受療の機会を社会的に確保するために一定の成果を得た。いずれも戦時体制の中で消滅していったが、姿を変え、戦後に活動を継続するものとなった。

## 小括

本章では、本研究が対象とする明治時代から昭和戦前期の時代背景と、疾病と貧困の密接な関係、医療提供体制と医療専門職、生活困窮者に対する医療問題への対応について概観した。

明治時代に入り、日本は天皇を中心とする中央集権体制づくりを推し進め、大きく近代化の道を歩み始めた。

明治政府の行った制度改革、急速に発展する資本主義社会は貧困や疾病などの生活問題を顕在化させ、都市下層社会には多数の貧民が存在していた。

医療システムの観点からみると、明治時代に入り、衛生行政制度や医師や看護婦の資格や教育などの体制が整備されていった。各地に医療機関が設置されていくが、医療機関の分布は不均衡で、とくに山間僻地は医療施設がない町村も珍しくなかった。また医療もしだいに資本主義化し、その代価を支払える一部の患者のものとなっていった。健康保険制度も不十分であり、多数の国民が受療の機会を得ることが難しい状況があったことから、医療の社会化の動きが生じた。

生活困窮者に対する医療問題は明治初期からすでに政策課題となっていたが、その対策は十分とはいえず、貧困者の医療は特別立法や施療病院での対応がなされていた。こうした中で明治末期、半官半民の恩師財団済生会が設立された。本来ならば国の責任のもと救療制度の制定が必要であったが、この事業が公的救療制度の代替的役割を果たした。各地に民間等の施療病院も設立されていったが、それでも貧困患者の増大は施療病院だけではそのニーズを満たすことは不可能であった。昭和に入り救護法が制定され、医療も救護の種類に入ったが、対象者も内容も限定されたもので、その後、医療保護法が制定され対象の緩和もなされたが、予算額の少なさなどの問題があった。

このように日本が近代化していく中で貧困層が増大し、これらの人びとはひとたび病気にかかっても受療が困難であり、病気を悪化させ、さらに貧困が深刻になっていくという疾病と貧困の悪循環に陥っていた。病院社会事業はこうした社会背景のもとに生じた事業であった。

〈注〉

（1）一八九七（明治三〇）年の伝染病予防法ではさらにペスト・しょう紅熱が加えられた。

（2）詳しくは猪狩［二〇一〇：六九‐八八］が、三系統の養成経路と四つの階層として医師集団について分析している。

（3）医家の等位分類表によれば「上流医」「中流医」「下流医」に分けられ、「下流医」は①内務、文部省試験及第者、元甲種医学校出身者、②奉職履歴、③従来開業、④開業医子弟、⑤限地開業で構成されていた［杉山 二〇〇六b：二五五］。

（4）官立、府県立で三年以上の修業年限を有する看護婦養成所、またはこれと同等以上の学科程度を備えた看護婦養成所の卒業証書を得た者で、看護婦免状を受けようと願い出たものに対し、審査の上試験を行わず免状を与えるよう改正が行われた。

（5）大塚健康相談所については、二一五頁を参照のこと。

（6）恩賜財団済生会の巡回看護については、一七一‐三頁を参照のこと。

（7）伝染病に対しては、さらに一八九七（明治三〇）年に「伝染病予防法」が制定された。

（8）農村部における保健婦活動については、五〇頁および第Ⅱ章の「公衆衛生看護婦の実践」（八七‐九四頁）を参照のこと。

# 第Ⅱ章　戦前における医療ケースワーク論と病者に対するケースワーク実践

## 1　医療ケースワークの理論

### （1）戦前のケースワーク論

日本にケースワークが導入されたのは、一九二〇（大正九）年前後である。一九二四（大正一三）年に三好豊太郎が「『ケース・ウォーク』としての人事相談事業」〔三好　一九二四〕を著して以後、小沢一、福山政一、海野幸徳、竹内愛二などがケースワークについて研究を行った。

戦前の論文を概観すると、いずれもリッチモンドのケースワークによりながら、ケースワークの定義や対象、社会調査、社会診断、社会的処置、記録といったケースワークの方法などを紹介し、また方面委員や児童保護、訪問婦や巡回看護婦の実践についての事例検討も行われていた。さらにケースワーカーの養成に関する実情と問題提起もなされ、日本にケースワークとケースワーカーを積極的に取り入れようとしたことがわかる。大正末期から昭和一〇年代までは、ほぼ毎年のように数本の論文や著書が発表されていた。

戦前のケースワーク論について、岡本は、その展開過程を社会事業の歴史的変遷とのかかわりで三期に区分し、以下のように整理した［岡本 一九七三：六一－一〇一］。

第一期は大正中期から一九二八（昭和三）・一九二九（昭和四）年頃で、ケースワークの概念を導入・紹介した時代である。一部の先覚者は積極的にケースワークの導入を試みたが、前近代性を濃厚に残していた社会事業界にあっては、ケースワークを受け入れるほど諸制度が成熟していなかった。この期のケースワーク理論はリッチモンドの学説を中心とする社会学的志向をもつもので、基本的にはワーカーの側から意識的・一方的に行われる社会調査と、それに基づく社会診断に主眼がおかれ、具体的な社会的治療については極端に常識的論述となり、ときには精神性や道徳性が強調されることもあった。

第二期は一九二九（昭和四）・一九三〇（昭和五）年から一九三六（昭和一一）・一九三七（昭和一二）年頃で、救護法公布前後から再びケースワークが積極的に取り上げられるようになるとともに、内容的にも体系的な紹介、導入がされた時代である。小沢一、竹内愛二、三好豊太郎らの成果が、第一期におけるケースワークの内容を一層深化させ、国内の事例をもって具体的に論述する方向へと発展させていった。

第三期は一九三七（昭和一二）・一九三八（昭和一三）年から第二次大戦終結までで、社会事業が名実ともに全体主義国家の中に再編成され、従属化し、ケースワーク自体もその目的遂行の一環として位置づけられ、動員、活用されていく時代である。第二次大戦開戦とともに、専門雑誌の中からもケースワークに関する論文は姿を消し、終戦までその研究は中断された。一方で、日本で最初の体系的な著書として、竹内愛二が『ケース・ウォークの理論と実際』を著し、三好豊太郎の『社会事業精義』は社会学的な立場から社会事業問題や社会病理現象をとらえて、社会診断を詳細に論じ、本期における収穫であると岡本は評している。

また、すべての時期を通して、ケースワークの応用分野として保健医療の分野が挙げられている。

ケースワークの代表的な論者の中から、ここでは小沢一と竹内愛二について、ケースワークをどのように定義したかを論じる。前述した岡本によれば、小沢はすべての時期にわたりケースワークの主要な論者としてその名前が挙がり、日本におけるケースワーク、その他の社会事業の方法論と実践の開拓者と位置づけられている。また、竹内の活躍した時期は小沢より遅く、戦前から戦後も長くケースワーク方法論の研究に携わり多くの成果を残したが、アメリカに留学していわゆるアメリカケースワークを直接学んできた背景がある。

小沢は、一三年間の養育院勤務、六年間の内務省社会局嘱託、一二年間の浴風園勤務を通して、児童保護や養老事業の研究を行い、「実践的」研究者の姿勢が強く、その理論構成は「実践論」に力点がおかれていた。小沢のケースワーク論は、リッチモンドによりつつも、単なるケースワークの紹介者ではなく、現場体験に裏づけられながら、自分の信ずる仏教的価値によってケースワークをとらえたものであり、価値を国民的伝統におきながらケースワークを研究したのは日本ケースワークの開拓者がもつ特徴の一つであった〔吉田 一九八二〕。

小沢のケースワークに関する著作は、一九二五（大正一四）年の「組織社会事業とその元則――オーガナイズド・チャリチーとケース・メソドの発達」〔小沢 一九二五a〕に始まり、「方面委員制度の社会的機能に就て」〔小沢 一九二五b、一九二五c〕、「社会事件の取扱方法（ケース・ウォークの理論と実際）」〔小沢 一九三一a、一九三一b、一九三一c、一九三一d、一九三一e〕などを発表してから、一九三四（昭和九）年に『救護事業指針』を著したが、これは「小沢の救護事業とケースワークの集大成」［吉田 一九八二］とされている。『救護事業指針』で小沢は、ケースワークの定義について、事件事業家（ケース・ウォーカー）が、要保護者の家族を訪問し、直接彼らの問題、要求等を詳細に調査し、家族を助け、種々の社会事業を統合して家族の快復を図るべき人的機関（方面委員、訪問婦、児童保護員、少年保護司等）であるとし、その仕事を事件事業（ケース・ウォーク）と定義した［小沢 一九八二：一七四‐五］。

事件事業の意義は、生活の調整と正常生活の快復、教育的方法と人格の発達としている。事件事業の中心目的は被救助者を助け、彼らの生活上の困難を除き、生活の快復、保全を図ることで、これを一面からみれば広義の教育的方法によって、被保護者の人格を発達させることである。人は皆、その内部に相応の人格力が潜在しているため、親しく接し、指導することで人格的潜在力を喚起し、その発達を助けるのがケースワークの要点であるとし、人格の発達を促すこと、そのために教育的に接することが有用であることをリッチモンドの『社会診断』から引用して述べている［小沢 一九八二：一七六‐八］。

事件記録（ケース・リコード）については、「社会調査に依つて発見し得た事実、社会診断の結果と社会的処置の計画並に処置の経過、事件の進歩状況等を明細にカード又は帳簿に記載すること」で、「記録した事項と事件の現状を比較し、事件の建設的処置を進める為に必要」であり、「事件取扱上の指針」であると、記録の重要性を指摘している。さらに、記録の発達段階、記録の様式と内容について詳細に記述し、記録に関する実例も掲載して、具体的に提示している［小沢 一九八二：一八八‐九三］。

一方の竹内は、アメリカの大学院で社会事業を学んだのち、日本の大学で教鞭をとり、戦前・戦後を通じて、ソーシャルワーク方法論の研究者として多くの業績を残した。竹内の戦前のケースワークに関する論文は、一九三三（昭和八）年の「個別社会事業」〔竹内 一九三三〕より始まり、「訪問婦事業に於けるケース・ウォークの役割」〔竹内 一九三五a〕、「社会学とケースウォークとの関係の史的考察」〔竹内 一九三五b〕、「ケースウォークの職能と其遂行過程の研究」〔竹内 一九三六〕、「軍事扶助と新しきケース・ウォーク」〔竹内 一九三七〕を発表し、これらは一九三八（昭和一三）年の『ケース・ウォークの理論と実際』〔竹内 一九三八〕につながる。

竹内はケースワークについて、「訪問婦事業に於けるケース・ウォークの役割」で、「近代社会事業の技術的内容の最大部は所謂社会ケース、ウォークである」とし、ケースワークを「種々なる社会的困難に遭遇せる者が之等困難の故に、又は他の何等かの原因に依つて自ら之等を解決し得る能力（専門的用語に於ては之を自己支持力と謂ふ）を失はんとせるか、或ひは又既に部分的に又は全体的に失へる場合に、之等の社会的困難其ものよりも寧ろ彼の自己支持力を回復又は増進しやる事を謂ふ」とした。

また、『ケース・ウォークの理論と実際』は、「ケース・ウォーク」の全体像を体系的に明らかにしようとしたもので、本書では、主としてアメリカにおける先端理論および実践原理が紹介整理されている。アメリカで社会事業の教育を受けた竹内が、その実習や研究の経験と語学力を生かし、広く日本にケースワークを紹介することを目的としたものであった。ここでは、ケースワークを「科学的認識及方法を以て、個人又は家族の直面せる困難を解決し、彼等が社会人として独立して生活し得るように、主観的及客観的資源を用ふる事である」〔竹内 一九三八：三三―四〕とした。

その後も、ケースワークに関する論文は「方面委員事業の技術的再編成」〔竹内 一九四〇〕、「社会事業技術と従事者の養成」〔竹内 一九四一a〕、「教育的個別厚生事業序説」〔竹内 一九四一b〕などがあり、戦時体制下においても積極的にケースワークを論じた。

## （2）リチャード・C・キャボット

リチャード・C・キャボット（Richard Clarke Cabot）が、アメリカで医療ソーシャルワークを導入した人物であることは周知のとおりである。日本における戦前の病院社会事業の理論や実践も、キャボットの病院社会事業から多大な影響を受けている。ここでは、キャボットの医療ソーシャルワーカー論と、医療ソーシャルワーク導入の経緯、日本への影響について検討したい。なお、本書で取り上げる病院へのキャボットからの影響は、第Ⅲ章から第Ⅵ章までの各病院の病院社会事業において論述する。

キャボットは一八六五年にマサチューセッツ州で生まれ、ハーバード大学医学部を卒業し、一八九八年にマサチューセッツ総合病院（以下、ＭＧＨ）の外来医師となった後、一九〇五年にＭＧＨに医療ソーシャルワークを導入した。

キャボットは診療所の医師として働いていたとき、患者の住居、仕事、家族、心配事や栄養などの詳しい情報がないために、十分な診断と治療ができないことに苦痛を感じていた。キャボットは一九〇五年までの一〇年間、児童のための慈善協会の理事として、協会の職員が子どもの性格、気質、経歴、記録、身体状況、遺伝、学校での成績について念入りに調査し、自分たちの専門以外の人びとの知識や資源を上手に用い、子どもの問題に対処していることを知り、このような役割を果たすソーシャルワーカーを病院でも雇うことの必要性を感じて、ＭＧＨに専任のソーシャルワーカーを採用した。ソーシャルワーカーへの期待は、①医師と協力して、患者についての医師の理解を深め、広げ、診断をよりよいものにすること、②患者の経済的、精神的、道徳的欲求をソーシャルワーカーが発見し、または発見され次第、その救済のために地域に組織されているグループの助けを借りて、その欲求を満たすように援助すること、であった［Cabot, Richard C. ＝一九六九：一八–九］。

ソーシャルワークの対象は貧困のみではなく、精神的な問題や医学的無知への対応も任務であった。キャボットがソーシャルワーカーに求めたものは、初歩的な医学知識、公衆衛生の知識や技術、短期間で技術的に実行できる在宅での処置（体温の取り方、脈拍や呼吸数の正確な数え方、一般的な皮膚病の簡単な手当等）、住宅問題や仕事や労働条件に関することも含めた経済的な問題に対する対応であり、また、精神的な問題、疲労や休職についての理解も必要だとした［Cabot, Richard C. ＝一九六九：七–一一］。このようにソーシャルワーカーが家庭訪問をして、患者や家族の状況を把握し、そのニーズを明らかにすることを求めており、そのために、公衆衛生に関する知識や、在宅における基本的なケアを身につけることも、家庭訪問の際の患者のニーズに応えるには必要だと考えていた。

社会診断は、前景（問題の姿）と背景（問題を構成する諸要因）を横断的（現在の事態）と縦断的（発生的歴史的）関連において探求し、現象を深く、広く、全体的にその意味を把握することであるとし、患者の身体的、精神的、経済的ニーズを要約しなければならないとした［Cabot, Richard C. ＝一九六九：一三九–四一］。そして、社会的治療は、与えることと、建設することで、喜び、美、金銭、情報、教育、勇気を与え、おのおのより多くを得るための力をつくることを援助するとした。また、社会事業において一番簡単で有効なことは、傾聴することであるとし、創造的傾聴の有効性を説いている［Cabot, Richard C. ＝一九六九：一四六–五三］。

キャボットは、ソーシャルワーカーは所属機関の機構の一部として明確に承認され、その組織が有効に働くための仕事をし、その組織に対する責任をもつとした。ＭＧＨにおいて、一九〇五年にソーシャルワーカーが病院に導入されてから、一九一九年に病院組織に正式に組み入れられるまで、彼は人件費等の心配をし、また多忙な時間を割き、ソーシャルワーカーのケースの相談にのり、率直に話し合い、医師としての助言を与えた。さらに、事業報告にはソーシャルワーカーの協力により正しい診断と適正な治療が行えたことを記し、また、外に向けても講演会や国際会議などでソーシャルワーカーをアピールし、ソーシャルワーカーの教育のために著書も執筆した［中島 一九六六：四五―五〇、浅賀 一九八〇］。医師であるキャボットが、ソーシャルワークの有用性をアピールすることは周囲に与える影響が大きかったであろう。

このようなキャボットの活動と、ＭＧＨのソーシャルワーカーたちの実践の努力によって、全米ではソーシャルワーカーを配置する病院が増加し、病院組織に取り入れられた割合は、一九二〇年代の五〇％から一九三一年には八九％になった［浅賀 一九八〇］。

アメリカでキャボットが病院社会事業を始めて間もない頃、一九一〇（明治四三）年に泉橋慈善病院の設立者である三井高棟は、慈善事業の調査を目的の一つにして欧米諸国を訪問し、各国の病院の視察を行い、寄付金による病院運営やボランティアの参加などを見学し、外国の進んだ医療福祉制度に感銘を受けた［三井八郎右衛門高棟伝編纂委員会編 一九八八：四五七―八］。また、同じく泉橋慈善病院の理事である船尾栄太郎は、一九一九（大正八）年に欧米諸国の視察を行った際、アメリカの施療病院に設置されている社会事業部や婦人賛助会、イギリスのレディーアルモナー部の働きを見学しており［船尾 一九二〇］、翌一九二〇（大正九）年、さっそく泉橋慈善病院に病人相談所が設立された。さらに済生会病院への社会部の設置に尽力した生江孝之は、一九一九（大正八）年ワシントンでの米国保護事業大会に出席し、キャボットの病院社会事業に出会っている。当時すでにボストンやニューヨークのみならず、多くの大規模な病院では病院社会事業を新設しており、生江はその必要性を痛感して帰国し、内務省や済生会病院で報告した［生江孝之先生自叙伝刊行委員会 一九八八：二一二］。一九二一（大正一〇）年には、一九一九年にアメリカで出版されたキャボットの文献『*Social Work：Essays on the Meeting Ground of Doctor and Social Worker*』が日本でも『医師と社会事業』のタイトルで、内務省衛生局によって翻訳出版されている［Cabot, Richard C. ＝一九二一］。また、東京市療養所で社会部を設置した院長の田沢鐐二も、一九二三（大正一二）年には視察のため渡米しており、帰国して二年後には社会部を設置した。聖路加国際病院の初代相談員である浅賀ふさは、アメリカで社会事業の勉強をした折に直接キャボットと接し、大きな影響を受けている。

このように、日本へ病院社会事業を導入した時期は、キャボットがアメリカで病院社会事業を始め、ソーシャルワーカーが広まった時期と合致しており、いずれも直接その状況を目の当たりにして、日本に積極的に取り入れたものと考えられる。

### （3）その他の病院社会事業理論

戦前の病院社会事業は、それを取り入れた病院の関係者によるもののほか、原泰一、海野幸徳、三好豊太郎などによって論じられた。すでに一九二一（大正一〇）年には、前述したように日本でもキャボットの文献が翻訳出版され、さらに、キャボットのもとでソーシャルワーカーとして仕事をしていたIda M. Cannonの『Social Work in Hospitals』の翻訳も一九二五（大正一四）年に簡易保険局より『病院社会事業』として出版された［Cannon, Ida M. ＝一九二五］。田代は、戦前の日本における病院社会事業、医療社会事業について、生江孝之、海野、甲田良由、小沢一、三好の定義を取り上げて論じており、いずれも意味や内容、性格等を明確に規定した完璧な定義ではなかったが、当時の病院社会事業、医療社会事業の仕事を意味づける貴重な定義であったことは間違いないと評している［田代 一九六九：一七-二三］。

ここでは、病院社会事業を取り入れた病院の関係者と、原、海野、甲田、三好により、病院社会事業がどのように論じられたかを検討したい。

まず、病院社会事業を導入した病院の関係者についてみてみると、イギリスにおける「レディーアルモナー」やアメリカの病院社会事業を紹介し、その有用性について指摘している。

たとえば戦前に病院社会事業を取り入れた泉橋慈善病院理事の船尾栄太郎は、一九一九（大正八）年に米国、英国、蘇格蘭《スコットランド》、仏蘭西《フランス》の一一病院の施療事業を視察し、米国の病院の「社会事業部」や英国の「サマタリアン、ソサイチー」「レディーアルモナー」部の活動や、仏蘭西の「アッシスタンス、ビュブリック」の施療に関する組織について、一九二〇（大正九）年に泉橋慈善病院役員会で報告している［船尾 一九二〇］。これらについては、第Ⅲ章で再度述べる。

同じく泉橋慈善病院の初代院長で、病人相談所を設置した田代義徳も、「北米合衆国などにはソシアルサーヴイス私は病人相談所と訳してゐるが、そういふ機関があつて病院と患者の中間に立つて患者の世話をしてゐるが、日本の救療事業にもさういふ機関が付随しなければならぬと思ふ」とした。そして、相談所の仕事は、家庭療養の注意や転地先や就職先の世話、費用の相談などで、一度世話をしたら名簿を作り、一生涯の相談相手となることとし、各病院にこのような機関があれば連絡を取り合い、また協会を設けたり、組織的にそこから各病院へ職員を派遣してもよい［田代 一九二七a］と事業の組織化についても述べた。

生江孝之も、前述したように視察のため渡米した際にキャボットの病院社会事業を知り、済生会で病院社会事業の導入を主張した。病院社会事業は、「不合理にして行届かざる点を一掃し又病院の目的其物をより広くより高きに進むる運動」であり、「治療其物は病院と社会と相俟つて為さゞれば其目的を達するに困難」であり、「その使命を果す中間機関」という認識であった。また、この事業は婦人によって成立し運動することが多く、心ある婦人の社会事業としてはもっとも相応しき事業と思われるとした［生江 一九二六］。また、一九二八（昭和三）年の「病院社会事業の主張及内容」では、さらに病院社会事業を重要なる連鎖機関とし、仲介者となって病院と一般社会事業との交渉連絡を頻繁にすること、その例として、たとえば扶養者なき退院患者を養育院へ、児童は保育院へ送致すること、職業の紹介などを挙げている。従事者は、一般社会事業に対する広い知識があり、医師、看護婦との諒解連絡が取れ、同時に、堅牢不抜な意志と忍耐力、広き人類愛に燃える犠牲的精神が必要だとした。そしてこれらは養成機関のみで充たされるわけではないが、広くこのような条件を具備する従事員を得るためには理想的養成機関が必要であるとした。これは単なる看護婦のみでは充足せず、一般事務員とは条件資格等において相違があるとした。また、記録作成の重要性も指摘している［生江 一九二八］。

大阪府社会課長の大谷繁次郎は、疾病救済の背後には、「再び労働能力ある社会有力の一員として、之を家庭に復帰せしめんとする」という使命を果たすべく、家庭や退院後の保護について十分な施設を整えることが肝要であるとし、疾病治療にとどまっている現在の救療病院の不十分さを指摘し、病院社会事業の導入を説いた。この事業の先駆はキャボットによる病院社会事業であり、「収容せる患者の家庭保護の方法を講ずると共に更に、退院後の静養就職等につき適当なる保護斡旋の方法を講ずるもの」であり、多くの実勢を挙げているとし、この事業は将来日本の各病院に付設されなければならないとした。現在は多くの経費をまず病床の増設に費やさなければならないだろうが、篤志的先覚者がこの事業に着眼して、設置普及に考慮を払われたいと展望を述べた［大谷 一九二八］。

原泰一は、一九二一（大正一〇）年に「医療事業への三提唱」で、医療の社会化と社会事業の組織化について述べている。原はまず日本における死亡率が高いことを挙げ、治療の機会均等を主張し、医療事業の国営または救療事業の普及徹底によるべきであるとし、このような社会化された病院には、必ず病院社会部を設置しなければならないとした。その使命を、①患者の社会診断をし、患者の処置を決定すること、また入院費用の決定や医師の診断の参考にすること、②入院患者の経費及び留守中の家計について方途を与えることで、これにより患者が安心して療養に専心できるようにするとした。また、患者の社会復帰については、改めて家庭や環境の調査をし、各々の事情に応じて家庭復帰させ、あるいは他の社会事業団体を通じて保養をさせ、職業紹介所と相談して職業を選び与え、漸次回復と共に生計の道を得て、社会に独立自営させるように導くとした。この病院社会部は社会の篤志家を訓練して事業に奉仕させること、また、各病院の経営者の了解のもとに患者交換所を設置して、患者や病気の性質等に応じて適切な病院へ交渉して入院させれば、ベッドが効率よく活用できるだろうとした［原 一九二二］。

海野幸徳は一九三一（昭和六）年、済生会の機関誌である『済生』に五回にわたり「病院社会事業」を論じた［海野 一九三一a、一九三一b、一九三一c、一九三一d、一九三一e］。病院社会事業は、医術の中に入りこみ、その要素となり、医術の一変種としての「社会医術」――この場合、医術と社会事業は二にして一、同身一体なるもの、更に一なるものである――だとした。病院社会事業は総合的なもので、身体的検査のほか、患者の精神、性格、職業、教育、住居、経済状態、生活状態、産業状態などを取り入れ、全体的見地の上から取り扱うものだとした。その方法として、心理調査・経済調査・社会調査といった社会的調査と、医師の指示に対する患者の理解や療養態度の確認、伝染病患者に対する注意や栄養に関する忠言、入院の交渉などの社会的治療を挙げた。そして、施療病院の患者は単なる病者というより、現代の社会環境が生み出す一種の犠牲者であり、現代文化の弊害が疾病の形において現れたもので、多分に社会的側面がある。貧という社会的概念は医学的範囲のものではないため、貧病者を取り扱う施療病院では真っ先に社会事業部を特設する必要があるとした。

甲田良由は、キャボットが国際社会事業大会で報告した「病院並びに診療所に於ける社会事業」を抄訳して、一九三一（昭和六）年に「欧米に於ける病院社会事業の機能（一）～（三）」を『済生』に掲載した［甲田 一九三一a、一九三一b、一九三一c］。一九三二（昭和七）年には、「病院社会事業と其効用」で、未だ病院社会事業における事業形態の概念は完全に把握されていないとして、素描的外廓を一瞥した。ここでは患者のみならず家族も保護の対象とし、単にその病院において患者の慰安や治療上の可及的保護を優先的目的とするのみでなく、調査の結果によって他の社会事業団体と密接協力のうえ、患者と家族に対し、治療や予防、経済的保護等を行うとした。施療病院を背景としてこの事業を行うことになった理由の一つは、当初は困窮する病者に対する慈善的意義が多分に含まれていたが、各種個別保護事業の発達と相まって、施療病院の対象であるカード階級患者に対する保護処置をより完全にするために、肉体的保護のみならず、精神的苦悩（患者自身と家族の精神的焦慮）を除去することにより、速やかに疾病の治癒がなされるところにあるとした。病院社会事業と相関関係にある施療病院の事業能力と、その従事員の社会事業意識の強度によって、多大の消長的影響を受け、取扱地区における一般社会事業施設の質的、量的状況に甚だしく左右される。したがって、これらの問題を考慮するとともに、病院の付随的事業というより、患者を基調とする確固たる個別保護事業（ケースワーク）としての「病院社会事業」の設置が必要であると指摘した［甲田 一九三二］。

三好豊太郎は、一九三九（昭和一四）年発刊の『社会事業精義』において、「医療社会事業」という章を設け、体系的に「医療社会事業」を述べ、医療社会事業の疾病と社会関係との問題についての側面を強調した。個々の疾患を十分に処置するためには、その社会的原因および社会的情勢の光によって観察することが必要で、食料、収容所、職業等についての社会的処置法を講ずることが肝要だとした。医療社会事業の用いる社会的処置法により「疾病を通して生ずる社会関係の中絶、緩慢並びに偏傾」をある程度まで適正に保護し、疾病の治療とともに、再び適当な社会関係を成立させるために有効であるとした［三好 一九三九：五二四―六九］。

## 2　病者へのケースワーク実践と支援活動

日本における病者へのケースワーク実践は、本書の主題である病院社会事業のほか、地域を基盤とした活動として方面委員や、公衆衛生看護婦においてみられた。また、病院内で患者を支援する活動として、病院に設置された賛助婦人団体の活動や患者慰安活動が行われていた。ここでは、病者の支援活動として、方面委員と公衆衛生看護婦の実践、患者慰安活動と賛助婦人団体について検討したい。

### (1)　方面委員の実践

一九一四（大正三）年に始まる第一次世界大戦の戦時景気と、それに続く物価の高騰が米騒動を引き起こし、またたく間に日本中へ飛び火した。社会主義運動の勃興なども相まって不穏な世相に対応するため、現代の民生委員の前身とされる方面委員制度の取り組みが府県知事らの指導によって始まった。一九一七（大正六）年に岡山県における済世顧問制度が、翌一九一八（大正七）年には大阪府で方面委員制度が、また東京府慈善協会に救済委員制度が創設された。

方面委員の活動は他の府県に普及していき、組織形態や名称なども統一されたものではなかったが、一九二八（昭和三）年に福井県に設置されたものを最後に、全国に設置された。この間、施設間の連絡や調整などの必要性から、一九二七（昭和二）年には中央社会事業協会の呼びかけにより、第一回全国方面委員会議と、続けて講習会が開催された。全国組織は、一九二九（昭和四）年の救護法公布後の救護法促進運動の基盤となった。一九三二（昭和七）年には全日本方面委員連盟が結成され、名称もほぼ方面委員で統一して組織的な活動が行われ、同年に救護法が実施された際に、救護委員としてその活動を担うこととなった。

方面委員の具体的な活動は地域ごとに傾向が異なっているが、その対象は貧困層であること、委員に任命された者は地域の実情を調査し、他の機関とも連携をとりながら、適宜必要な援助を行うケースワークの手法を用いた活動を行った。また援助の中で、説諭や訓戒を与えるなどの方法も用いていた。さらに組織として救護法制定、実施に向けて「近代日本社会事業史上、数少ないソーシャル・アクションの成功例」［全国民生委員児童委員協議会編 一九八八：一〇七］として、同法制定後の促進運動も行った。

病と貧困は古来密接なつながりがあることは周知のとおりだが、方面委員が対象としていた貧困世帯にも、世帯員が病気になったために貧困に陥り、日々の生活すら維持することが困難になる例が多く存在した。方面委員の任務の一つとして病者の救護が規定されていたが、このような世帯に対し、方面委員は病者とその家族の生活の援助を行う実践者であった。

筆者は以前、方面委員の病者に対する支援について検討するために、大阪府方面委員の活動について三〇例の事例検討を行った［髙橋　二〇〇四］。事例分析からわかったことは以下のとおりである。対象の抱える問題は、①経済的問題、②受診・受療に関する問題、③職業問題、④情緒・精神的な問題、⑤家族・親戚関係の問題、⑥戸籍に関する問題、⑦葬式に関する問題、⑧縁談に関する問題であった。これらに対し、援助の方法としては、①金品・物品の施与・貸与、②制度の活用（救護法による生活扶助、治療券の交付、生業資金の貸し出し、養護・保育施設への託児）、③授業料の免除、④親戚への援助依頼、⑤近隣の人びとへの援助依頼、⑥職場との交渉、⑦貯金の推進、⑧入院斡旋・受診援助、⑨職業斡旋、⑩慰安・激励・日常的な相談相手、⑪家族・親戚関係の調整、⑫戸籍整理、⑬葬式の援助、⑭他機関・他職種との連携・協働（方面委員同士の連携、警察との連携、医師・病院との連携）といった、多様な方法で援助を行っていた。

三〇例のうち二九例は病気や死亡が経済的な問題をもたらす直接的な契機となったこと、貧困の状況も非常に切迫しており、家族員が多数で子どもが幼い場合も多く、貧困を深化させていた。病気を治すことが最優先の課題だったが、貧困者が入院できる医療機関は不足しており、たとえ入院が必要でも、不衛生で安静や栄養が不十分な自宅で療養するしかないという状況であった。このような状況に対し、救療機関の増設のための働きかけに組織として取り組んだ。

問題解決にあらゆる社会資源を用いたが、フォーマルな資源が乏しい当時、インフォーマルな資源を柔軟に活用していた。これは当事者とともに地域社会の中で生活していた人間であったからこそ、地域の実情に通じており、地域のインフォーマルな資源を把握できたともいえる。そして常日頃から有効に資源を活用できるように、関係者と良好な関係を保っていたであろうことがわかる。また援助の視点は世帯全体であり、援助の方法も多様であった。問題が解決するまで長期間かかわり、時には無給とは考えられないほど、活動には熱意が感じられた。一方ですべての対象者に対して同じ対応を取るわけではなく、方面委員個人の考え方や資力によって対応に差異が生じており、無報酬の名誉職という位置づけの限界もみられた。

## （2）公衆衛生看護婦の実践

第Ⅰ章で論述したとおり、公衆衛生活動に携わる看護婦はさまざまな名称で活動していたが、訪問活動事業は、疾病への看護のみでなく、健康の保持増進のため、患者を含めた家族のみならず地域社会全体を対象とする視点をもった活動であった。

生江は明治末期に日本では巡回看護事業が行われていないことを指摘して、貧困者の救療問題を論ずるには巡回看護事業を考えなければならないとしたが［生江 一九一一］、貧困者を対象とした巡回看護や産婆事業の実践は、大正時代より組織的に広まっていく。一九一七（大正六）年に創設された賛育会での健康相談所では、専任の助産婦をおき、妊産婦の診療・助産、乳児の健康相談、託児事業を行った。また一九二三（大正一二）年、震災後に開始した恩賜財団済生会の巡回看護事業は、賀川豊彦の援助のもとに約二週間の短期講習を受けた後、訪問看護を展開し、貧困患者の診療や妊産婦や乳幼児、老衰者の保護や世話を行った。この活動は、当初は一時的なものであったが、その後、恒常的な活動として発展していった。

一方、当時の日本は乳児死亡率が高く、一九〇〇（明治三三）年の統計では出生一〇〇〇対一五五、一九一六（大正五）年には一七〇・三まで上昇し［厚生省医務局編 一九七六b：五二五］、一九二〇（大正九）年の保健衛生調査会総会で「児童及び妊産婦の保護増進に関する決議」がなされ、貧困者のための産院や育児相談所と、巡回産婆や巡回看護婦などの設置の必要が述べられた。このような流れの中、大阪市立産院、大阪市立乳児院、大阪市立児童相談所などが、乳児保育に関する知識の啓発と指導を目的として、一九二四（大正一三）年より訪問看護婦を設置した。東京市でも、一九二三（大正一二）年、児童相談所を浅草、深川、聖路加病院に設置し、一名ずつ巡回訪問婦を配置した［大国 一九九五：六―七］。

一九二六（大正一五）年、保健衛生調査会の答申を受けて、政府は小児保健所の設置を地方に勧奨、小児保健所は原則として医師、保健婦、看護婦各一名をもって組織することとされた［厚生省公衆衛生局保健所課監修 一九六一：二七、厚生省医務局編 一九七六ａ：二四五］。

一九二七（昭和二）年、大阪において創設された大阪乳幼児保護協会では、社会事業を学んだ日本女子大学校の卒業生である黒須節子、本田ちゑなどに看護教育を施し、「保健婦」として家庭訪問による生活全般の救済を図った。保健婦の活動は多岐にわたるもので、健康相談、保健指導、牛乳や栄養品の無料配給、その資金のための街頭募金など、社会資源の紹介や人間関係の指導なども行ったため、臨床看護だけを学んだ看護婦より幅の広い教育を受けた女子大出身者のほうが適していた。しかし、のちには相当数の看護婦を「保健婦」として採用しており、それは事業の発展につれ、女子大出身者だけで需要を満たすことができなくなったことが大きな理由ではあるが、総合的な乳幼児保健指導には看護技術が無縁ではないことが認識されたためでもあった［大国 一九九五：二二―七］。

また、一九三〇（昭和五）年、大阪朝日新聞社会事業団の資金で、保良せきが創設した「大阪朝日新聞社社会事業団公衆衛生訪問婦協会」は、対象を限定せず、地区全般の保健に関するあらゆる問題と取り組んだ。病者への看護や必要に応じて入院先を紹介して早期治癒と社会復帰を図り、訪問看護を通して衛生教育を行った。妊産婦・乳幼児・成人の一般健康相談をはじめ、精神衛生や性病などの相談をも含めて保健衛生や疾病予防に関することすべてを取り扱った。良乳の配給、母の会、子ども会、料理の会、保育学校など、集団を対象とする集会や催し物、クラブ活動を通して地域全体の保健教育を盛んに行うなど、「民間の社会事業の立場を崩さず、看護セツルメント運動の精神を貫いた」活動［大国 一九九五：四〇］であった。

看護婦によるセツルメント活動は、序章でも触れたように、一九三二（昭和七）年に荒川区尾久町の東京府営小住宅内で社会看護事業連盟が開設した「看護婦セツルメント」にもみることができる。一九三五（昭和一〇）年までの短い活動であったが、日本赤十字社の社会看護婦、済生会の巡回看護婦の有志による、公衆衛生看護婦事業の一環として行われたものであった。

尾久小住宅は関東大震災後、東京府から東京府社会事業協会に委託された小住宅供給事業の一つである。木造二階建ての小住宅に隣接して開設された隣保館を中心に、授産場、公益質舗、済生会診療所などが配置され、入居者は自由労働者や職人などの不安定就労層が多かった［東京都福祉事業協会七十五年史刊行委員会 一九九六：一三五-四一］。

尾久町は「地区の下水溝は地上に露出して夏は蚊の培養地と化してゐる」不衛生で不潔なところで［岩橋 一九三四］、巡回看護婦たちは、日頃の活動では「打棄てをけぬ本会の巡回看護事業の範囲を踰越した種々の事柄に遭遇する」［済生会 一九三四b］が、その対応には限界があったことから、「カード階級の集団地区に於て看護婦事業独自の立場により成し得る凡ゆる奉仕協力にてその人々の生活を幾分なりとも改善し向上せんことを計る」［社会看護事業連盟 発行年不明］ために活動を開始した。セツルメントでの健康相談や体温計や氷枕の貸し出し、巡回診療班への患者の紹介、薬の給与や入院の交渉を行い、また家庭訪問での看護なども行った。一九三二（昭和七）年の開設から翌一九三三（昭和八）年までセツラーとして勤務していた看護婦が病気になっ

看護婦セツルメント中澤主任看護婦と児童たち
（社会看護事業連盟『看護婦セツルメント要覧』）

尾久隣保館の園庭
（東京都福祉事業協会七十五年史刊行委員会
『東京都福祉事業協会七十五年史』東京都福祉事業協会　1996 年）

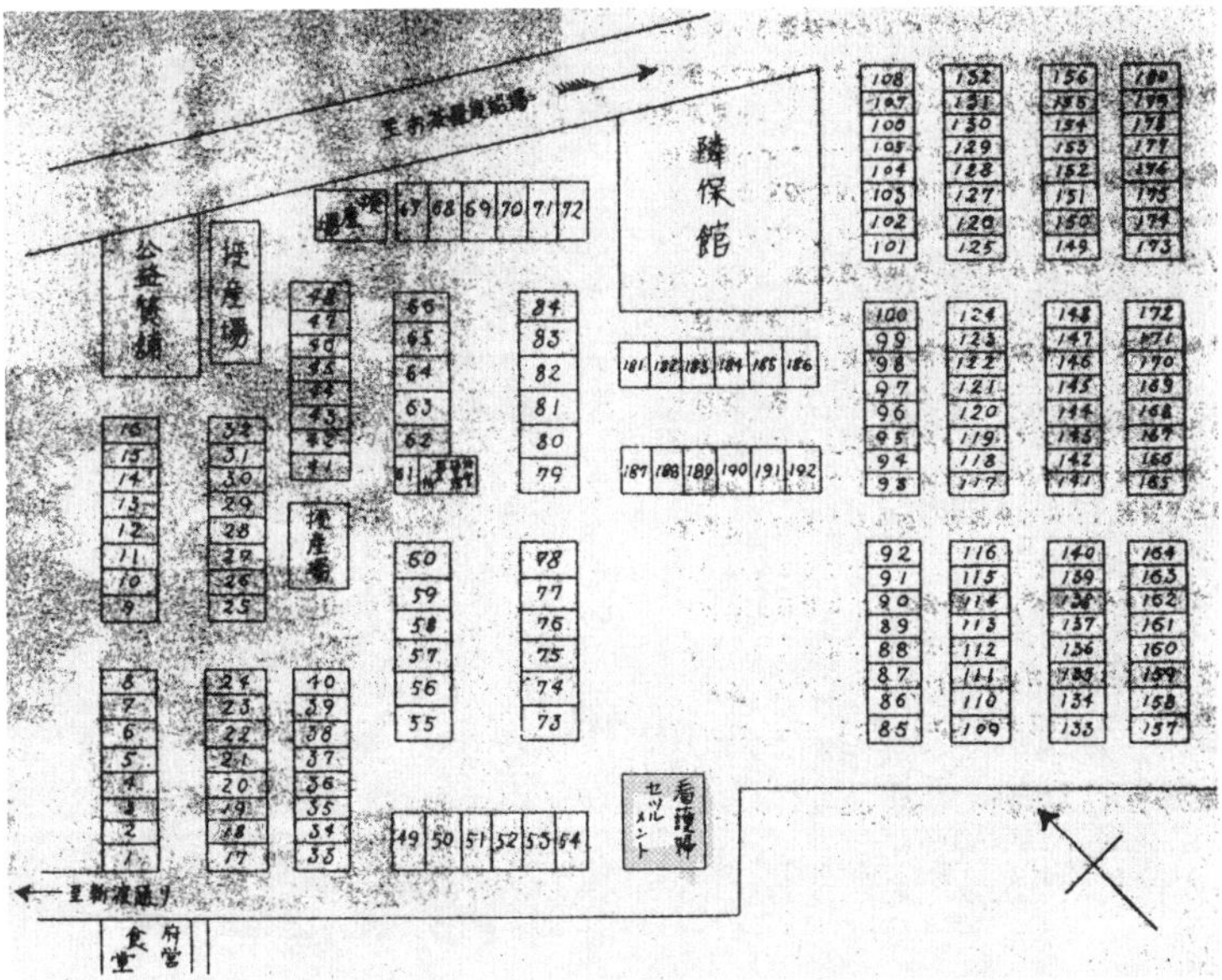


看護婦セツルメント所在地と東京市荒川区尾久町十丁目府営小住宅地区
（社会看護事業連盟『看護婦セツルメント要覧』）

尾久小住宅
（東京都福祉事業協会七十五年史刊行委員会
『東京都福祉事業協会七十五年史』東京都福祉事業協会　1996年）

た後は、週三日、看護婦二名が交代で、各自の職場の勤務を終えた午後六時から八時までのまさしく「純真な奉仕」であった。セツルメントには大勢の患者が待ち受けており、多い時には一日九〇名以上の住民が来集した。そしてそのような住民たちに応えようと、「寒夜の風に吹れて夜店に茶を売て資金を得んと努力した同志の面影が我々の網膜から消へない限りは根を枯してはならない責任」［岩橋 一九三四］という強い使命感をもって行われた活動であった。

さらに、看護婦セツルメントの実践者たちは、当該地区で生活する子どもたちの生活環境、栄養や睡眠がいかに不良であり、富裕な家庭と違うかについて、「此処で問題になるのは『斯の様な不良児を減少させるために、如何にしてその階級の出産率を低下せしめるべきであるか?』と云ふ誤れる優生学的思念でなくして『児童の智能と性格に斯の様な悪影響を及ぼす社会的環境を如何にして改良すべきか?』と云ふ社会学的認識が正しく取り上げられなければならぬ」と述べている［江草 一九三四］。ここから貧困の問題を社会問題としてとらえる視点と、社会改良の意識をもって実践を行っていたことがわかる。

また、明治末期にはもはや蔓延状況になっていた結核への対応として、一九三二（昭和七）年日本放送協会の聴取料金の一定額が内務省に納付されたことをもとに、結核予防施設として健康相談所を開設し、結核患者やその家族に対する予防、医療、看護の指導や、保健婦の巡回による療養や予防の指導、療養所への入所の斡旋、栄養品の補給、予防知識の普及などが実施された［厚生省医務局編 一九七六a：二三五］。このほかにも日本結核予防協会、簡易保険健康相談所、健康保険相談所などでも結核予防事業を開始し、貧困者のみならず全住民を対象とした活動が行われた［大国 一九九五：七三］。

農村部における保健婦活動は第Ⅰ章で論じたとおり、昭和に入ってから本格的に始まるが、無医村の増加する中で、医師や産婆の代替としての保健婦設置の要求が高まり、北海道済生会巡回看護などがその要求に応えるべく活動を行った。また一九三五（昭和一〇）年頃から健民健兵政策のもと、保健婦のニーズが高まり、たとえば東北更新会が設置した保健婦事業は、一九三九（昭和一四）年までに一一〇カ所を指定村とし、二二カ所に保健婦を配置した。保健婦の主な事業として、妊産婦・乳幼児の保護、トラコーマ予防、栄養改善、住宅改善等があった。大国はその職務と特徴について以下のように考察している［大国 一九九五：一一三-四］。その職務は農村のニーズや保健婦の熱意や資質、能力により異なっていた。助産や家庭看護のほか、衣・食・住にわたる環境や生活様式の改善運動、託児所や共同炊事の推進など総合的で多岐にわたる業務を行い、時には各種の会合や調査へ積極的に参加し、農村の関係者と協力し、農民自身の問題から農村の全般的な問題にいたるまでの多方面な活動をした。それが農民の保健問題に関係がある限り、何でも手がけて解決へ努力し、またしばしば熱心な協力者を得て活動した。

恩賜財団母子愛育会は、一九三六（昭和一一）年からいわゆる「愛育運動」を展開した。指定された「愛育村」での愛育運動は、医師・学校教員・宗教家などの協力を得て、村内の中堅婦人層を中心に行われ、技術的指導者として一名の訪問看護婦が配置された。訪問看護婦は班の幹部への教育や班員への家庭訪問などによって、家庭看護や乳幼児沐浴などに技術的指導を与え、健康相談を行い、また各種の調査を行った。中央社会事業協会でも、一九三五（昭和一〇）年から指定村を定めて保健婦事業を開始した。保健衛生思想の向上のほか、乳幼児や妊産婦の保護や栄養食の普及、結核予防にまで進展しうる適策として巡回保健婦を設置した。

このように公衆衛生看護婦は、妊産婦や乳児の医療と健康保持、結核への対処、農村部の無医村地帯の医療的対応のほか、広く衣・食・住にわたる環境や生活全般にかかわる活動を行った。当時の国策に沿ったものともなり、組織的にも広がりをみせた。看護婦としての技術以外にも広い知識を必要とし、患者のみならず、その世帯に注意を払い、まさしく「ケース・ウォーカーとしてのあらゆる条件の具備が必要」［上野 一九三八］な活動であった。しかし川上［二〇一一：二二六］によれば、一九三七年の保健所法制定を契機に保健婦は公的機関に組み入れられ、対象が地域住民すべてに拡大されたこと、また、看護技術を要求されるようになって、社会事業的側面から一定の距離をおくようになり、さらに戦時下の人口政策に関する法律の制定により、社会事業領域から公衆衛生領域へとはっきりと転換を図ったとしている。

### （3）患者慰安活動と賛助婦人団体

慰安とは広辞苑によれば「なぐさめて心を安らかにすること」である［新村編 一九九八：一一二］。戦前の慰安事業は、長期にわたる病院や施設内での生活の際、生活に楽しみを取り入れ、心を癒し、患者等の精神的、宗教的な慰めとなることを目的として、作業や娯楽が取り入れられていた。

たとえば、ハンセン病療養所では、患者の慰安に「最も重きを置いて」、作業、宗教、娯楽の設備を整えていた。作業とは、農業、草花栽培、養鶏、大工、左官、印刷、ミシン、土方、鍛冶屋、髪結等、また軽症患者が重症患者の付添になり看病をするなど、仕事の種類は数十にものぼった。宗教上の慰安とは、療養所内に礼拝堂を設けて自由に参拝できるようにし、時々、僧侶や牧師などの説教が行われ、信仰は患者の自由であった。娯楽の設備として、碁・将棋・ラジオ・その他室内娯楽用の設備や、図書室、テニスコート等が設置され、時々浪花節や義太夫など演芸家や音楽家などを招いたり、活動写真会を開いた［癩予防協会編 一九三一、一九三八］。

一九三五（昭和一〇）年度の癩予防協会の「患者慰安用物品送付調」によれば、各療養所で物品は異なるが、レコード、グローブ、演芸用大太鼓、女形かつら、活動写真映写機など、実にさまざまな物品が給与されていた。一九三六（昭和一一）年度の歳出では、総事業費一二万七〇七四円のうち、患者慰安費は八〇四三円（総事業費のうち約六％）であった［癩予防協会編 一九三七、一九三八：一九］。

当時結核は、療養所での生活が長期に及び、死とも向き合わなければならない病気であった。東京市立の療養所である東京市療養所では、「結核患者ノ経過ハ非常ニ精神状態ノ影響ヲ受ケルモノデ、治癒スル患者トセヌ患者トハ、一ツハ其精神状態ニ依ツテ区別ガツク程」であるため、慰安や娯楽も必要［東京市療養所編 一九二三：三］であると考えられ、当初より精神的慰安は重要な治療項目の一つとされていた。慰安室を設置して、蓄音機や将棋、オルガンや新聞、図書、映画等を備え、自由に閲覧できるようにした。そのほかにも演芸や浪花節、義太夫等の催しや、院内の医師や宗教家等による精神講話、患者の趣味の展覧会も開催していた［東京市療養所編 一九三〇：一一〇―一二］。草花を病室に飾り、また外庭園は「力を尽せる慰安施設」であり、患者が花や自然を愛でられるよう環境に配慮した。さらに栄養は当時の結核の三大治療方法の一つであるが、栄養食は慰安も兼ねており、時々給与した特別食は患者を慰安するためにも必要であると考えられていた［東京市療養所編 一九二六：八八］。

結核の公立療養所では、いずれも東京市療養所と同様に慰安活動に力を入れ、また私立の療養所では個々に特色をもちつつ、慰安に関して配慮されていた［加賀谷 二〇〇三：三五―六］。

このように長期に隔離された療養生活や、死と向き合うことの精神的な苦痛をなぐさめ、病の悪化を防ぎ、治療の一環としても考えられた作業活動や宗教活動、娯楽活動、精神講話、草花や庭園などの自然を取り入れた環境整備などが、慰安活動として患者の療養生活の中に取り入れられていた。

序章第1節で挙げた「病院社会事業」を掲載している社会事業施設一覧によると、その分類は、一九二八（昭和三）年から一九三三（昭和八）年までは「患者慰安」で、一九三四（昭和九）年以降は「病院社会事業」と変更になっている。表序-1（一七頁）の一二施設のうち、専任の相談員をおいて、明らかに組織的、継続的に相談業務を行った施設は「泉橋慈善病院」と「済生社会部」のみであり、序章で述べたとおり、この二施設と看護婦セツルメントを除いた他の施設は、いわゆる「患者慰安」が主たる活動であったと考えられる。

それでは、泉橋慈善病院の賛助婦人会病人相談所や、済生社会部は「慰安」を行わなかったかといえば、両施設とも行っていた。泉橋慈善病院の賛助婦人会病人相談所は第Ⅲ章で詳述するが、一九二二（大正一一）年から一九三三（昭和八）年まで、業務統計上、「入院患者慰問」の相談件数は多数を占め、病人相談所が自発的に積極的に行った業務の一つであった。たとえば第Ⅲ章第4節の事例1（一三一頁）では、慰問したことから、その家族の「困りごと」を把握し、問題解決の援助を行ったように、慰問はそのものが目的でもあり、患者や家族の「困りごと」[1]を把握するためのきっかけともなる一つの方法でもあったと考えられる。

済生社会部は第Ⅳ章で論ずるが、相談業務以外にも多用な業務を行い、その一つに「患者慰安事業」があり、患者や家族のために精神講話、演芸の夕や映画の集いなどを催した。

このように慰安と病院社会事業の関係としては、病院社会事業の中には慰安も含み、相談業務も含んでいたのではないか。さらに言えば、「相談」には慰安の要素が含まれるということである。相談が患者の不安や困難に対処する活動であれば、患者の不安を聴き、ほかに何もなす術がないとき、患者を慰め、癒し、励まし、話を聴くことで、少しでも患者が精神的な苦痛を和らげることができるならば、それを積極的に行ったであろうことが想定できる。現在では、相談は面接の技法を用いることが一般的に知られており、「安易な励まし」は効果的ではないとされている。しかしこのような面接の技法が一般的に広まっていない当時、人の話を聴き、慰め、励ますことで、相手との関係を深め、精神的な苦痛を和らげる対応を取り、それが相談か慰安かと言われれば明確な区分はできないものと考えられる。

このような慰安活動は機関の取り組みとしてもなされていたが、明治期からの流行だった慈善救済事業関係の病院後援の婦人会〔吉田 一九九〇：八六〕も熱心に取り組んでいた。

初期の頃の団体としては、序章でも述べたが一九〇二（明治三五）年設立の「精神病者慈善救治会」がある。日本の精神科医療に多大な功績を残した呉秀三の発案によるもので、妻の呉皆子の主唱により設立された。呉秀三は、オーストリア、ドイツに留学中に各地の精神科病院の婦人による外郭団体、精神病者救助会（Irrenhirfs-verein）を見聞したこと、さらに帰国後、私立大日本婦人衛生会で講演した際に、この組織にも影響を受けたことが設立のきっかけとなった〔岡田 二〇〇二、二〇〇三〕。

精神病者慈善救治会は、医科大学教授や著名医の妻を中心とした上流階級の婦人が会員で、初代会長は大隈綾子（大隈重信の妻）であった。当時は「世ノ文明ニ趣クニ従ヒ慈善ノ方法大ニ発達セシモ未ダ精神病者ヲ顧ル者稀ナリシ」〔岡田 二〇〇二〕時代で、東京府立の精神病院である巣鴨病院では、公費患者は暖房もない中、一、二枚の衣類だけで冬を過ごすなど〔岡田 一九八六〕、精神病患者のおかれた状況は厳しいものであった。会の目的は、「不遇ナル精神病者ノ治療、保護、慰安、其他精神衛生ニ関スル社会事業」とし、貧困患者には、食費や薬価、衣服などの費用の給付や、公私立の精神病院へ衣類、慰楽品、慰楽会等の寄付、入院中の患者の作業療法の援助、無縁病没者の慰霊祭の寄付、精神衛生に関する講演会の催しを行った。また本会では、一九二四（大正一三）年に精神病者相談所を開設し、治療上、看護上、法律上の相談を受け付けた［救治会 一九三二］。

救治会が影響を受けた私立大日本婦人衛生会とは、一八八七（明治二〇）年設立の女性による団体である。もともと衛生思想の普及については、一八八三（明治一六）年に大日本私立衛生会の創立があるが、婦人衛生会を設立した主旨は以下のとおりである。衛生思想の普及にあたり、女性は教育の度が男性と差があるために知識に懸隔があり、男性向演説は婦人には了解し難い面が多々ある。また、衛生上の働きには男女自ら差異があり、婦人には自己の衛生と家内衛生（料理や育児）に主として関係があるので、婦人のための会を設立したというものであった。毎月一回集会を開き、熟練の学士を聘して、衣服の洗浄、食物の調理、住家の洒掃、看病育児の方法等を研究し、講話を筆記、編集して会員に配布するというものであった［私立大日本婦人衛生会編 一八八八：一、一八］。

吉沢［一九八六］によれば、明治初期、自由民権運動の盛行と衰退や欧化主義の影響によって、婦人による集団活動や団体活動が盛んに行われたが、それら多数の集団は宗教的・政治的・趣味的・社交的等のものが多い中で、衛生思想の啓蒙を目的に持ち活動した私立大日本婦人衛生会は注目すべき団体であった(2)。

これらの団体から少なからず影響を受けたであろう団体が、第Ⅲ章で論述する泉橋慈善病院の後援団体「泉橋慈善病院賛助婦人会」や、第Ⅳ章の済生会病院の後援団体「なでしこの会」である。いずれも上流階級の婦人によって構成され、会員の会費や寄付金、観劇や音楽会などの開催による収益金により、病院事業を帮助していた団体で、泉橋慈善病院賛助婦人会は病院社会事業の母体団体であり、なでしこの会も済生社会部の活動を資金面で支援していた。

## 小括

本章では、戦前のケースワーク論と、病院社会事業論について、また病者へのケースワーク実践について論じた。病院社会事業は戦前のケースワークの数少ない実践の場とされているが、まず、実践に影響を与えたであろうケースワーク論、病院社会事業論について概観した。

日本にケースワークが導入されたのは、一九二〇（大正九）年前後であるが、戦前の論文を概観すると、いずれもリッチモンドのケースワークによりながら、ケースワークの定義、対象やケースワークの方法などを紹介し、実践の事例検討が行われていた。さらにケースワーカーの養成に関する実情と問題提起もなされ、日本にケースワークとケースワーカーを積極的に取り入れようとしたことがわかる。

一方、日本における病院社会事業論をケースワーク論と比較すると、病院に設置される、ないしは病院と患者の中間に立って、患者と家族への治療や予防や経済的保護、社会復帰を助けることであり、それは「病院の目的そのものをより広くより高きに進むる運動」であること、したがって医師や看護婦と常に諒解連絡が取れ、他の社会事業団体との連絡が欠かせないこととされた。また、施療病院の患者は社会環境が生み出す一種の犠牲者であり、病者であるのみではなく、現代文化の弊害が疾病の形において現れたものであり、貧への対応という視点から医療の範囲では対応しきれないため、社会事業部が必要であるとした。病院社会事業は従事者の社会事業意識の強度と一般社会事業施設の質的、量的状況にも左右される。従事者は、堅牢不抜な意志と忍耐力、広き人類愛に燃える犠牲的精神をもつ者で、医療者や地域の他の社会事業施設との連絡や交渉ができることと考えられていた。

同時に、一九〇五年にキャボットがマサチューセッツ総合病院に医療ソーシャルワークを導入して、全米の病院でソーシャルワーカーが広まり始めた頃、泉橋慈善病院や済生会の関係者が、直接欧米で、病院社会事業や婦人賛助会の活動などを視察しており、その後、病院社会事業を創設していった。東京市療養所でも社会部開設前に院長が視察のため渡米しており、聖路加国際病院の初代の相談員となった浅賀ふさは、アメリカで社会事業の勉強をした折に、直接キャボットと接し、大きな影響を受けていた。

このように日本における病院社会事業は欧米の実践から学んで、それを積極的に取り入れていったものと考えられる。日本が近代化していく時代に、病院社会事業も諸外国の知識やシステムを取り入れていこうとした現れであったともいえよう。内発性という観点からみると、外来の知識や技術、制度などを照合しつつ、それを自らの社会に適合するように融合させていこうとしたものであることがわかる。

さらに、病院社会事業以外の病者へのケースワーク活動、ないしは支援活動として、方面委員、公衆衛生看護婦の実践、患者慰安活動と賛助婦人団体について論じた。これらの実践のうち、方面委員と公衆衛生看護婦は地域社会における活動が主で、患者慰安活動と賛助婦人団体は病院における活動が主であった。方面委員、公衆衛生看護婦は、病院社会事業と同様に貧困層が主たる対象であり、いずれも病院社会事業とも連携を取りながら、または病院社会事業の活動を幇助しながら、病者への支援を行っていた。

〈注〉

（1）本書において「困りごと」とは、「困難」と自覚するほど「苦しみ悩む」ことのみではなく、患者や家族が困ることを広く全般に含んだ言葉として使用する。

（2）しかしながら、吉沢によれば、母体となった大日本私立衛生会は半官半民の団体で、富国強兵の政策に沿った国策と国民を結ぶ環的性格をもっていたこともあり、この会から独立した私立大日本婦人衛生会の性格もこの会の性格以上のものとはなりえなかったという限界があった。

# 第Ⅲ章　泉橋慈善病院における病院社会事業

## 1　泉橋慈善病院の開設経緯とその事業内容

### （1）病院開設の経緯と当時の状況

日露戦争後の日本は、欧米列強に伍して帝国主義への道を歩んでいた時代であり、三井家のような財閥が形成される一方で、資本主義社会の弊害がさまざまな社会問題を噴出させた。都市部には人口が集中してスラムが形成され、都市労働者や農民の生活は厳しく、疾病と貧困の悪循環が人びとの生活を圧迫した。医療は資本主義社会の中でしだいに営利化していき、医療保険制度が存在しない当時、代価を支払える一部の裕福な階層のものとなり、多くの貧しい人びとにとって医療を受けることはしばしば困難であった。

このような社会状況の中、一九〇三（明治三六）年、東京市長尾崎行雄が施療病院の設立を計画した。三井家は事業の拡大・発展にともないその富を社会に還元することが要請されるようになり、明治初期から社会事業や教育、学術、宗教などの分野へ寄付を行うようになっていた。そのため、尾崎の計画にも賛同し、設立資金の一部として一〇万円を寄付した。しかしその計画はすぐには実現しなかったため、一九〇六（明治三九）年に三井家独自に慈善病院を設立することを決意し、三井家同族会事務局管理部副部長益田孝を委員長とし、東京帝国大学医科大学の土肥慶蔵、岡田和一郎、入沢達吉のほか、管理部理事朝吹英二を委員とする設立委員会を設けた。同年一〇月に三井家総代三井八郎右衛門高棟（以下、八郎右衛門は略す）が「財団法人三井慈善病院」の設立許可を得て、翌一九〇七（明治四〇）年、神田区和泉町にあった東京帝国大学医科大学第二医院の跡地に建設工事を着工し、一九〇九（明治四二）年三月に病院を開院した［三井八郎右衛門高棟伝編纂委員会編 一九八八：四五五–六[1]］。

## （2）病院経営と事業の内容

病院の運営は三井財団理事会があたり、患者の診療は東京帝国大学医科大学に依頼し、初代院長には同大学整形外科学講座教授の田代義徳がついた。三井家は本院の設立のため一〇〇万円を寄付し、その後も一九一一（明治四四）年、一九一二（明治四五）年と寄付を続け、一九一九（大正八）年基金が三〇〇万円となった［三井文庫 一九八〇：二三七–四〇］。当初、診療は純施療で、外来、入院とも一切の費用は徴収しなかった。経営は維持基本金の利子と雑収入で行われたが、期末における経費の不足額は三井家からの補助金で賄われ、設立当初から経営は厳しかった。一九一六（大正五）年には宮内省から下賜金が下り、これを元に慈恵資金を創設し、以後毎年の宮内省からの下賜金、内務省からの奨励金、その他の篤志寄付金を加えて一九三九（昭和一四）年には総額四万一七〇〇円余りとなり、その利息を運用していた［泉橋慈善病院 一九三九b：四八］。

財団法人泉橋慈善病院全景
(『泉橋慈善病院第弐拾九回報告』
昭和 11 年 1 月 1 日～ 12 月 31 日
三井文庫所蔵)

診療科は当初、内科、外科、眼科、耳鼻咽喉科、皮膚科の五科で、その後小児科、産婦人科、病理科、放射線科を追加した。外来患者は開院時には実人員が年間約一万人、入院患者は約六〇〇人であったが、年々増加し、一九三五（昭和一〇）年には外来が約七万人、入院は三三〇〇人となった［泉橋慈善病院 一九三九b：二一－二四］。一九三九（昭和一四）年には、「救療者は逐年増加の傾向を辿るも経営上」外来患者は一日平均六二五人とし、入院患者は一日平均一〇〇人に賛助婦人会寄贈の褥婦床七を加えて一〇七［泉橋慈善病院 一九三九b：二五］とした。このように増加する患者に対して、経営上、やむをえず人数制限を行わなければならなかった。

病院事業は通常業務のほか、風水害や大震災の際は特別診療を行った。また教育に関しては、医師の補習教育として日本人以外にも中国人医師を受け入れ、一九二一（大正一〇）年には産婆看護婦養成所を設置して産婆看護婦の養成も行っている。また、役員や職員の海外視察も行われていた［泉橋慈善病院 一九三九b：四四－六］。

## （3）対象者と対象地域

病院の所在地は神田区内にあったが、患者数をみると、第一回病院報告［三井慈善病院 一九〇九：七五－六］によれば、浅草区住民（八七三名）がもっとも多く、本所区（五七〇名）、下谷区（五三九名）、神田区（四九五名）、深川区（四四三名）の順に多い。この後の傾向も同様で、五区の患者は他区の患者と比べると桁違いに多い。また、第一七回病院報告［泉橋慈善病院 一九二五：五七］では、東京府下郡部が全体の約半数を占めている。第二二回病院報告［泉橋慈善病院 一九三〇a：六五－六］では、第一位の北豊島郡（一万三三四六名）と第二位の南葛飾郡（八四八八名）で全体（四万六四〇二名）の約半数を占めており、その後に本所区、浅草区、下谷区、神田区と続く。患者数の多い地区は細民が多数居住している地域と一致している。その一方で、東京全域から患

門前（午前6時30分）
（三井慈善病院
『三井慈善病院第五回報告』
明治45年1月1日～大正元年12月31日
三井文庫所蔵）

薬局前
(三井慈善病院
『三井慈善病院第五回報告』
明治45年1月1日〜大正元年12月31日
三井文庫所蔵)

内科診察室
（三井慈善病院
『三井慈善病院第五回報告』
明治45年1月1日～大正元年12月31日
三井文庫所蔵）

者が来院していたこともわかる。

当時、施療病院を受診するためには貧困証明書が必要であった。しかし当院は「老練なる受付」を置いて、「家賃、職業又は家族関係に就て二、三問答の間に貧困者なりや否やを鑑識し、兼て其衣服及風彩態度に依て、果して本院の治療を受くべき身分に属する患者なりや否やを決定」〔田代 一九二七b〕したのみで、自由に診療を受けることができた。(2) この受付の方法は、病院事務長の船尾栄太郎が視察したロンドンの「セント、トウマス」病院における「レデー、アーモナー」部の働きと類似しており〔船尾 一九二〇〕、海外の実践から学んだものと考えられるが、このような受療のしやすさは開院当初からの患者数の増加の大きな要因にもなったと考えられる。

## 2 泉橋慈善病院賛助婦人会と病人相談所の設置

### (1) 泉橋慈善病院賛助婦人会

賛助婦人会は、一九一九（大正八）年に「財団法人泉橋慈善病院設立ノ趣旨ヲ翼賛シ其事業ヲ幇助スルヲ目的」として設立され、翌一九二〇（大正九）年四月七日に発会式が行われた〔泉橋慈善病院 一九三九b：五六〕。

泉橋慈善病院賛助婦人会規約によれば、事務所を病院内におき、会員は、三井家の婦人たちや上流階級の婦人たちで、一口一二円の会費を一口から数口納めて会員となった。男性で会の趣旨に賛同するものは、会費を納めて賛成員となった。会長や副会長、幹事は会員の中から選任され、顧問には病院評議員、理事、監事、病院長、副院長、各科部長がなり、重要な事案の協議に参与した［泉橋慈善病院　一九二三］。

同会は、会員約一〇〇名の会費とその利子、寄付金と、一九三〇（昭和五）年度からは東京府からの助成金、一九三九（昭和一四）年度からは厚生省からの補助金も受けて運営され、入院患者救療費や日用品の寄付、病人相談所の設置、乳厨を設置し栄養不良者への給与、妊産婦で産後の退院者が静養するための褥婦室の設置、看護婦の夏期転地保養費の補助などを行った。また、総会や例会の際には、会員たちは入院患者を慰問し、学識経験者を招いて救療事業や社会事業についての講義を聴講した［泉橋慈善病院　一九二三：五–九、一九三一：一–三、一九四〇：三］。

賛助婦人会設立の背景として考えられることの一つは欧米からの影響である。病院設立者である三井高棟は病院運営に日頃から深い関心を寄せており、一九一〇（明治四三）年の欧米諸国歴訪の際にも、慈善事業の調査をその目的の一つに挙げ、各国の病院視察を行った。そこで寄付金による病院運営やボランティアの参加などを見学し、外国の進んだ医療福祉制度に感銘を受けている。この視察旅行には賛助婦人会の副会長となった夫人の苞《もと》子も同行した［三井八郎右衛門高棟伝編纂委員会編　一九八八：四五七–八］。

病院事務長の船尾も一九一九（大正八）年に欧米諸国の視察を行い、アメリカの施療病院に設置されている「社会事業部」や「婦人賛助会」、イギリスの「サマタリアン、ソサイチー」や「レデー、アーモナー」部の活動、スコットランド、フランスを合わせて一一の病院を見学し、帰国後、報告を行った［船尾　一九二〇］。

たとえばシカゴ最大の「クックカウンチー、ホスピタル」では、院内に「社会事業部」があり、「病院に関連して種々様々の社会事業を盛に実行」していること。具体的には、社会事業部の「役員は皆未婚の婦人で」病院の記録整理や統計づくり、患者と接して救療の手続きを行い、一方「役員以外に特志の婦人」が「黒奴の女のお産」の手助け等を行っている。このほか、社会事業の仕事は、出産部、身上部（自殺企図者の善後策を考えるもの）、職業部（全快後に新たに職業を得なければならない患者に職業を教えるもの）の仕事が著しいとしている。また、ユダヤ人が経営している「マウント、サイナイ」病院の「婦人賛助会」は、有志の婦人が集まって特別の醵金をして、シーツやタオル、寝衣類を購入し、各病室に供給している。さらに、ロンドンの大病院では必ず、「サマタリアン、ソサイチー」という会があり、たとえば「ロンドン、ホスピタル」のこの会では、義手、義足、義眼、松葉杖、衣服や牛乳などを給与したり、回復室の設置や患者の運送の経費負担などの金銭的な援助のほか、「入院患者身元扶助」という部では、「入院患者が其後の家庭の困難や窮状を想察して、煩悶焦慮する為め治療が著しく遅れると言ふ実情を察して」、家庭訪問をして実情を把握し、家族の仕事を見つけ、子どもの通学の便宜を図り、「出来る丈けの扶助をして病人の全快を促進する事を考へる」ことなどを行っていると報告している。ロンドンの「セント、トウマス」病院では、米国での社会事業部にあたる「レデー、アーモナー」部があり、施療券をもたずとも診察と投薬を受けることができるが、部員たちが外来患者の身元を調べて、施療を受ける資格のある者かどうかを見極め、他の機関へ送ったり、救貧法の補助を受けるべき者とみて断るなどの対応を行っていることなど報告している。

このような実践は、泉橋慈善病院の賛助婦人会、病人相談所の実践と類似していることから、欧米の施療病院から深く影響を受けたことが考えられる。

また、第Ⅱ章第2節で検討したように、明治初期、婦人による集団活動や団体活動が盛んに行われ、その流れの中で結成された私立大日本婦人衛生会や精神病者慈善救治会といった、女性による団体活動の影響を受けたこ

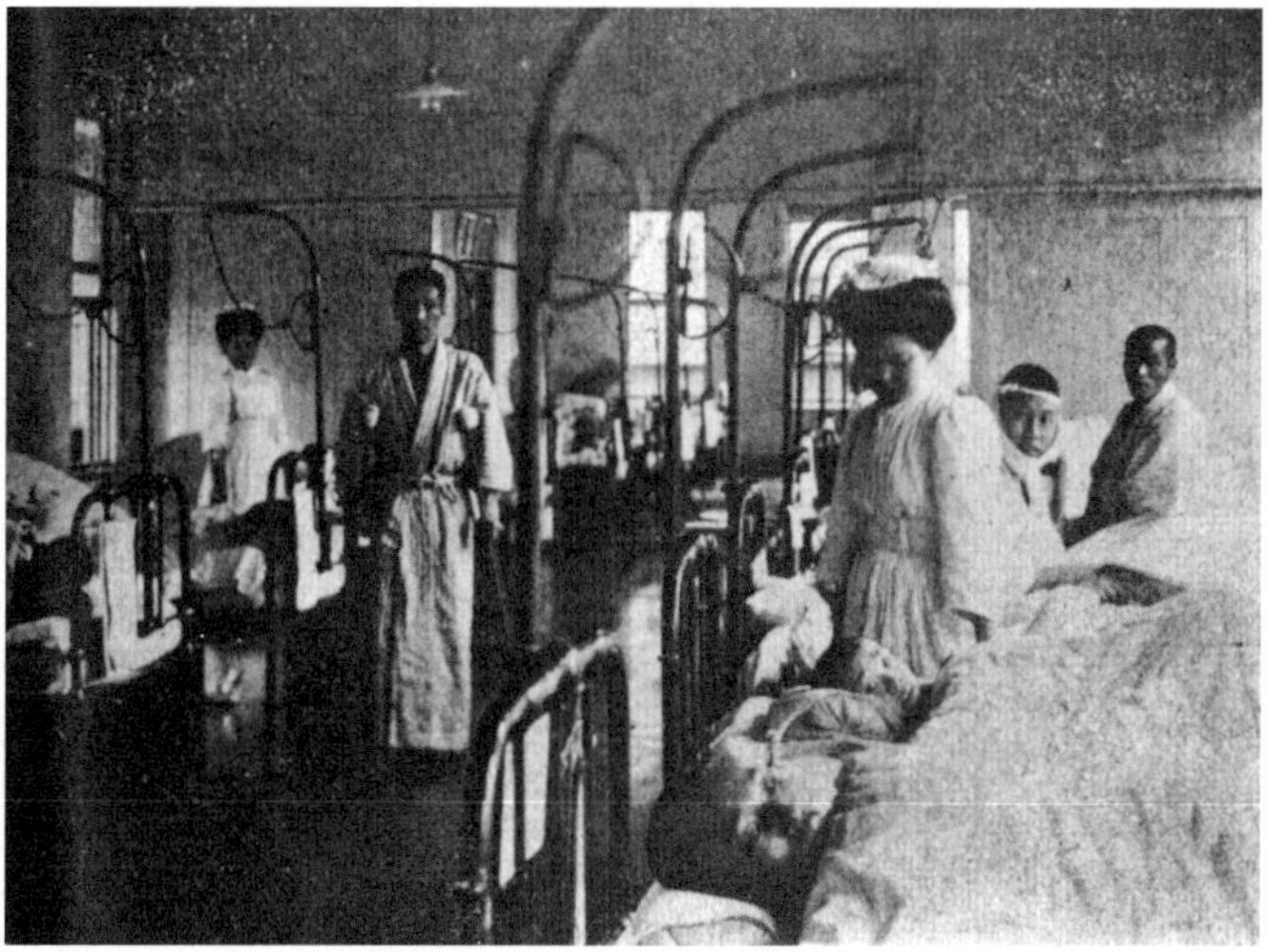

男子病室
（三井慈善病院
『三井慈善病院第五回報告』
明治45年1月1日～大正元年12月31日
三井文庫所蔵）

とが考えられる。とくに、三井苞子はじめ三井家の夫人たちは、賛助婦人会結成前から精神病者慈善救治会の会員であった［岡田 二〇〇二：六二］ことや、開院当初から、三井家の夫人たちの組織である桐和会よりその会員が入院患者を慰問し、患者や看護婦たちに金品を恵与する活動を行っていた［三井慈善病院 一九〇九：二二］ことからも、その影響は明らかであろう。

### （2）病人相談所の設置

賛助婦人会は団体の設立と同時に病人相談所を設置している。賛助婦人会は本院設立の趣旨を翼賛し、その事業を幇助することを目的としたが、それは、入院患者の救療費や日用品の寄付を行うことと同時に、「病人相談所ヲ設ケ外来患者ニ煩悶解決、病気快復後ノ就職口ノ紹介斡旋其他諸般ノ相談相手トナリ又ハ入院患者慰問等」を行う［泉橋慈善病院 一九三九b：五六］ことにより達成されるものと考えられたからであろう。

病人相談所の主たる業務は相談業務であり、患者は何でも相談できたが、趣旨書によると、主なものは「診療打切り後困る人」「入院が許可されても保証人がないので困る人」「子供に牛乳を飲ませろと医員からいいつけれて困る人」「退院が許されても帰るべき家がなくて困る人」「友人または親類に手紙が出したくても出せなくて困る人」「診察がすんで家に戻る時病気が重くて歩いてかえるのに困る人」「眼鏡、杖其の他の小器械の使用を医員からいいつけられて困る人」「お産をしても子供に着せる着物が無いので困る人」「産婦が亡くなってあとに残った子供の仕末に困る人」などである。また、自発的積極的に行った業務として、「入院患者ならびにその家族の慰問」「入院患者の家庭訪問」などがあった［東京大学医学部創立百年記念会、東京大学医学部百年史編集委員会編 一九六七：六二五］。そのほかに吸入器の貸与、小児の人工栄養用の滋養糖の廉売なども行った［泉橋慈善病院

病人相談所
中央に「泉橋慈善病院賛助婦人会病人相談所」という看板がかかっており、写真右手に「ここでパンをうります」という看板がかかっている。
（泉橋慈善病院「泉橋慈善病院賛助婦人会報告　第 3」『泉橋慈善病院第拾五回報告』1923 年　国立国会図書館所蔵）

一九二三：五、一九三一：四-五]。

病人相談所の職員の職名は「書記」であり、給料は賛助婦人会から支給された。

病人相談所の設置の特徴は、相談所が外部組織であり、病院を幇助する団体である賛助婦人会によって設置・運営されたことである。その理由として、当院は前述したとおり経営的に厳しく、病院が相談所を経営する余裕はなかったことが考えられる。また当時の医療や病院の組織において、医療を「医療チーム」で行うという考え方が一般にはないため[3]、相談員が病院の職員として医療機関の中に位置づけられるという認識もまだなかった。院長の田代は、救療事業の補助機関として病人相談所を設備し、各病院で相互に打ち合わせたり、独立機関として病院に付属させ、相互に連絡をとるための協会を設けてはどうかと述べているが[田代 一九二七a]、これは、田代がかかわっていた東京府社会事業協会と救済委員制度のあり方や、キャボットが病院社会事業を導入した際のソーシャルワーカーはCOS（慈善組織協会）からの派遣だったことを考慮していたからではないだろうか。

いずれにしても、賛助婦人団体という母体組織に位置づけられたことにより、相談業務を行ううえで安定した財政基盤が築かれた。

## （3）病人相談所の支援者

初代院長　田代義徳

田代は、一九〇六（明治三九）年、日本で初めて整形外科講座を東京帝国大学医科大学に開講し、整形外科の礎を築いた人物として著名であるが、当院では、一九〇九（明治四二）年から一九二一（大正一〇）年まで初代院長を、一九三一（昭和六）年から一九三三（昭和八）年まで三代目院長を務め、同時に病院評議員、理事、付属産婆看護婦養成所長を兼ねて病院の発展に寄与した。したがって、病人相談所設立時における院長でもある。田代が社会事業にかかわるようになったのは、院長に就任してからで、「大学の教授をして居る間は慈善事業とか、社会事業とかいふことには縁が遠いので、殆ど関係しなかつた」が、事務長船尾の影響によるものが大きかったと述べている［泉橋慈善病院　一九三〇b：一三］。田代は東京府慈善協会の会員としても、熱心に社会事業に取り組んだ(4)。

病人相談所について、「北米合衆国などにはソシアルサーヴイス私は病人相談所と訳してゐるが、そういふ機関があつて病院と患者の中間に立つて患者の世話をしてゐるが、日本の救療事業にもさういふ機関が付随しなければならぬ」と主張している。そして、病人相談所の仕事について以下のように述べている［田代　一九二七a］。

病人相談所の仕事は、例之患者が結核病なれば家庭を訪問して種々の注意を与へ少しよくなれば転地先の世話をし、働けるやうになれば就職口をさがしてやる、相談所に一度世話をした者の名簿を備へて置いて時々訪問し一生涯の相談相手となるのである。救療事業も此処まで徹底しなければ真実完成したものとは云はれぬのである。

外科手術で足を失つたものがあるとすれば、当然義足が必要だ、其の代価を百円と仮定するに患者には三十円の金しか無い、病人相談所にやつてくる、病人相談所ではその相談を聴いて必要だと思へば三十円の金を出してやり残りの金は慈善家を説いて、その個人の為めに寄付させる、病人相談所はこんな仕事もするのである。

田代義徳
（泉橋慈善病院
『財団法人泉橋慈善病院
三十年略誌』より
1939年　三井文庫所蔵）

船尾栄太郎
（泉橋慈善病院『泉橋慈善病院理事
故船尾榮太郎氏追悼会記事』
1930年　三井文庫所蔵）

つまり、「救療事業の補助機関として病人相談所が設備され、病人が治つて少なくとも職業を得るまで徹底的に世話をする」ことで「救療事業は始めて完成の域に達する」と考えていた。その他、各病院にこのような機関があれば相互に打ち合わせたり、協会を設置するなどのシステムづくりについても述べている［田代 一九二七a］。

理事 船尾栄太郎

船尾は、慶應義塾大学卒業後三井銀行、大日本製糖を経て三井物産で社員として勤務していたが、キリスト教の信者として本人の宗教上の信念もあり、病院設立とともに自ら進んで病院に異動した。当初は病院書記であったが、事実上は事務長としての仕事を行い、三年後の一九一二（明治四五）年には名実ともに事務長となり、一九二〇（大正九）年に退職するまで約一一年間勤めた。一九一七（大正六）年からは理事を兼ね、厳しい病院経営のため相当な苦労を重ねて病院の発展のために尽くした。賛助婦人会では設置時から専務顧問であった。事務長退職後は三井合名に入り、一九二四（大正一三）年に三井信託が創立される際に副社長となった。なお病院の理事や賛助婦人会の専務顧問は逝去するまでその任にあった［泉橋慈善病院 一九三〇b：一一三］。

船尾も東京府慈善協会創立時からの理事で、その後、評議員も兼ねながら社会事業についての見識を深めた。

船尾の追悼会で、病人相談所の書記であった内田駒太郎は、その人柄について以下のように述べている。「よく下情に通じて居る人」「親切な人」で、それを「実行する人」「聞いた話を反古にせぬ方」であった。病人相談所に内田が入職する際、船尾から「此の病院へ来る人は金がなくて困つて居る上に、病気で色々心配して心が小さくなつて居る人でありますから、親切に取扱ひ面倒を見て遣つて下さい、成る丈大きな声を出さぬこと、若し大きな声を出すとしかられたと誤解するから、そして亦怒らぬ事、如何なる事があつても腹を立てぬことを注意」された。内田が患者の家族宅を訪問した際の様子を報告したところ、「気の毒な家と認めた時は一円でも二円でも金を与へ」るようにと金銭を渡されたという。このように船尾は、口先だけではなく、行動がともなっていると内田は評している〔泉橋慈善病院　一九三〇b：三〇―三〕。

田代や船尾のように社会事業に理解や関心をもち、病人相談所の必要性を積極的に説く人物が病院経営の中核に存在したことは、病人相談所の活動が病院全体から認められたことを示しており、活動が定着していくうえにおいて、重要な要素の一つと考えられる。

また、相談業務について田代や船尾が考えたことは、相談に来る人は困っている人であり、そのような人に対しては親切に接すること、家庭訪問をして療養の指導をしたり、転地先や就職先を探すこと、一度世話をした者にはその後も気にかけて訪問し、一生涯の相談相手になるといった、「徹底的に世話をすること」を強調した。そして気の毒だと認めれば、または必要だと判断すれば、金銭的な恵与も行い、慈善家に寄付を募ることも相談所の仕事だという考えの持ち主であった。

## 3　病人相談所の相談員

### (1) 相談員と待遇

「泉橋慈善病院賛助婦人会報告」(以下「報告」と略す)第三(一九二二:大正一一年度)~第二三(一九四二:昭和一七年度)[泉橋慈善病院 一九二三~一九四三][5]の内容とその他の関連史料から、担当者の性別や背景、専門性について以下のようなことがわかった。相談員の氏名と手当、人数については表Ⅲ-1にまとめた。

病人相談所の相談員は時期によって異なるが、一人~三人体制で、複数体制の場合は女性と男性で担当した。一九二二(大正一一)年度は相談員の氏名や人数が「報告」に記載がないが、翌年度の「書記手当」を参考にすると二名と考えられる。一九二三(大正一二)年度から一九二六(大正一五)年度までは三名、一九二七(昭和二)年度~一九三七(昭和一二)年度までは二名、一九三八(昭和一三)年度からは一名体制であることが、「書記手当」「会計摘要」「人事項目」等から判明した。また、一九二三(大正一二)年度から一九四二(昭和一七)年度までに病人相談所で相談業務を行ったのは、徳本みよ、小泉マサ、西島[6]、内田駒太郎、長島秋子、伊藤重蔵の六名である。

相談員の待遇については、当時の時代状況から勘案すると、一九二三(大正一二)年度の月給八〇円は男性である西島、七〇円と五五円は女性の徳本と小泉のいずれかの給与と考えられる。一九二五(大正一四)年度の

表Ⅲ-1 泉橋慈善病院 賛助婦人会 病人相談所 相談員

| 年度 | 相談員手当（円） | 手当、異動等 | 備考 | 相談員氏名 | 相談員人数 |
|---|---|---|---|---|---|
| 一九二二（大一一） | 一五三九・一 | | | 不明 | 二人 |
| 一九二三（大一二） | 二三六〇 | 月給八〇円一人、七〇円一人、五五円一人 | 「泉橋慈善病院賛助婦人会報告大正一二年一一月」に三書記名あり | 徳本、小泉、西島 | 三人 |
| 一九二四（大一三） | 二二六七・六七 | 月給七〇円一人、五五円一人 | 「病人相談所取扱件数」の「死亡患者を読経回向」の項目は大正一三年も件数が挙がっていることから僧侶である西島は一三年も勤務していたことがわかるが、いつの時点で退職したのかは不明 | 徳本、小泉、西島か内田 | 三人 |
| 一九二五（大一四） | 二四六〇 | 月給八五円一人、七〇円一人、五五円一人 | | 徳本、小泉、内田 | 三人 |
| 一九二六（大一五・昭一） | 二〇九〇・三二 | 小泉マサ辞職 | | 徳本、小泉、内田 | 三人→二人 |
| 一九二七（昭二） | 一七四〇 | | 「泉橋慈善病院入院患者家庭訪問調査成績」に内田に調査を行わせたとあり、大正一四年からの調査を掲載 | 徳本、内田 | 二人 |
| 一九二八（昭三） | 一六二六・七七 | 四月三〇日徳本みよ辞職→六月一日長島秋子採用 | | 徳本→長島、内田 | 二人→一人→二人 |
| 一九二九（昭四） | 一六二〇 | | | 長島、内田 | 二人 |
| 一九三〇（昭五） | 一六二〇 | | | 長島、内田 | 二人 |

| | | | | | |
|---|---|---|---|---|---|
| 一九三一（昭六） | 一六二〇 | | | 長島、内田 | 二人 |
| 一九三二（昭七） | 一六五六 | | | 長島、内田 | 二人 |
| 一九三三（昭八） | 一五二六 | 七月一五日内田駒太郎辞職→一〇月一日伊藤重蔵採用 | | 長島、内田→伊藤 | 二人→一人→二人 |
| 一九三四（昭九） | 一四八二 | | | 長島、伊藤 | 二人 |
| 一九三五（昭一〇） | 一五四二 | | | 長島、伊藤 | 二人 |
| 一九三六（昭一一） | 一五七二 | | | 長島、伊藤 | 二人 |
| 一九三七（昭一二） | 一五三三 | 三月中旬書記一名減員につき剰余 | | 長島、伊藤 | 二人→一人 |
| 一九三八（昭一三） | 七八四 | | | 長島 | 一人 |
| 一九三九（昭一四） | 八二四 | 四月七日十年勤続記念品贈呈　長島秋子 | | 長島 | 一人 |
| 一九四〇（昭一五） | 八八七 | | | 長島 | 一人 |
| 一九四一（昭一六） | 九〇四・七〇 | | | 長島 | 一人 |
| 一九四二（昭一七） | 一〇六三・一〇 | | | 長島 | 一人 |

（注1）「賛助婦人会報告」には一九二二（大一一）～一九三八（昭一三）は「書記手当」、一九三九（昭一四）からは「病人相談所係手当」と記載されている。
（注2）一九二四（大一三）の会計摘要欄には二名分の手当のみの記載だが、合計金額から判断すると三名分の手当が支払われており、前年度どおりの八〇円一人分の記載漏れと考えられる。
（注3）相談員氏名は名字のみ載せた。氏名は、徳本みよ・小泉マサ・西島（名は不明）・内田駒太郎・長島秋子・伊藤重蔵。
（注4）泉橋慈善病院（一九二三）「泉橋慈善病院賛助婦人会報告大正一一年」～泉橋慈善病院（一九四三）「泉橋慈善病院賛助婦人会報告昭和一七年」、田代（一九二七b）「泉橋慈善病院入院患者家庭訪問調査成績」より筆者作成。

八五円は男性である内田の給与と考えられる。この給与を他の職種と比較すると、たとえば一九二五（大正一四）年の東京市における各区の書記の平均年額が一〇三三円であり、一カ月約八六・〇八円、高等小学校専科教員の一九二三（大正一二）年度の平均が八三・五三円で、ほぼこれらと同等である。女性の七〇円の給与は一九二三（大正一二）年度の高等小学校専科正教員が七一・九〇円［東京市役所編 一九二七：三一五、一一八二］とほぼ同等である。このことから、相談員の給与はいわゆる専門職としての評価に相当する金額であり、賛助婦人会では相談所の相談員を専門職として評価し、相応の給与を支払っていたことがわかる。

田代国次郎は、担当者については不明であるが、「たぶん看護婦等の経験をもっていた人」で、賛助婦人会規約の中に講師から慈善救済に関する講話を聴くという事業内容があり、そこから「かなり社会事業の知識をもった人が担当していたものと思われる」とみている［田代 一九六九：六〇］。しかしこの講話は、賛助婦人会の年一回の総会と月一〜二回の例会時に賛助婦人会会員に対して行われたものであり、相談員を対象にしたものではない。その内容も社会事業に関するものはわずかに三回のみであり、専門的な内容ではなく、社会事業に関する教養を身につける程度であった。したがってこのことを根拠として社会事業の知識をもった人が担当していたとはいえないが、以下に述べるように内田は神道家で社会事業の経験者でもあった。そのほか、病人相談所の相談員六名のうち、西島はのちに示す事例にあるように、患者が亡くなった際に戒名を与え、読経し、埋葬するまでの間の遺骨を知己の北品川善福寺へ預けたという援助をしており、僧侶であった。伊藤は一九三三（昭和八）年度の「報告」によれば法学士であった。

### （2）相談員　内田駒太郎

内田は、一九二四（大正一三）年頃から一九三三（昭和八）年七月一五日まで相談員として勤めた。一八六一（文久一）年土佐生まれで、一八九六（明治二九）年に上京して神道大成教の神職となった後、一九〇一（明治三四）年から一九〇六（明治三九）年まで東京監獄の教誨師となった。この間一九〇三（明治三六）年、小石川区の大成教教務構内で私立素山学校創設に尽力し(7)、近くに住む百間長屋の貧民の不就学児童のために教育を行った。当時周辺の貧民街では多くの学齢児童が貧しさのために不就学であり、内田はこれを憂いて、東京監獄典獄藤沢正啓、国会議員平山威信らとともに設立したものである［成瀬・土屋編＝一九九四：一〇、一三二‐三］、真宗本願寺派本願寺・真宗大谷派本願寺一九二七：二九一］。学校が設立されると、内田は百間長屋や近くの氷川田圃の各家庭を訪れ、教育の必要性を説き、救世軍に依頼して路傍演説をしてもらうなどの努力を重ね、ようやく学校に通う子どもの数も増えて、一九一一（明治四四）年には同校の校長となった［和歌森・西山・萩原ほか一九八一：八二六‐七］。一九一八（大正七）年には東京府慈善協会の救済委員に選任され、小石川方面専任委員を務め、受持区域において「調査」「相談」「救済」を行った［東京府慈善協会一九一八：二二、東京府社会事業協会一九二七］。

このように内田は神職であり、社会事業に関する知識や経験もあった。泉橋慈善病院では、その知識や経験、ネットワークを生かし、病人相談所の相談員として働いたのである。入職後さっそく、院長の田代が入院患者の家庭訪問調査を行わせており［田代一九二七b］、内田はそれまでの経験を十分に生かして、この調査にあたった。

## 4 病人相談所の実践

相談業務について、「報告」の中の「事業報告」より、一九二二（大正一一）年度から一九四二（昭和一七）年度までの二一年間の取扱件数と相談内容を表Ⅲ-2にまとめ、第(1)項で相談内容と取扱件数について検討する。

また蒐集できた事例は、「報告（取扱事項）」一九二四（大正一三）年四月から一一例、田代義徳の論文から四例［田代 一九二七a］の一五例であり、全文を巻末資料に掲載し、一覧を表Ⅲ-3にまとめる。表Ⅲ-3の項目は、事例番号、事例のタイトル、名字、年齢・性別、病名、具体的な援助の方法とし、第(2)項で援助の方法について検討する。[8]

### (1) 相談内容と取扱件数

相談内容は全期間を通すと四四項目と多岐にわたっている。とくに一九二二（大正一一）年度は二〇項目、一九二三（大正一二）年度は二八項目、一九二四（大正一三）年度は一九項目と初期の頃は多いが、年を経るに従い項目は少なくなり、一九三四（昭和九）年度を境に「入院患者家計調査」（一九三七〔昭和一二〕年度八月より中止）「治療法について」「身の上相談」「入院希望について」「肺病患者の処置に就いて」「慈恵資金給与（分与）の世話」「手紙の代筆」の七項目に整理されている。これらは当初からほぼ毎年相談があった項目である。例年多数の相談件数を数えた「入院患者の慰問」は、「入院患者の家族訪問」とともに病人相談所が自発的、積極的に行った業務である〔東京大学医学部創立百年記念会、東京大学医学部百年史編集委員会編 一九六七：六二五〕が、項目から削除され、新たに「入院患者家計調査」が加わり、「治療法について」「入院希望について」の相談数が大きく増加している。一九三三（昭和八）年に内田が退職、伊藤が新たに採用されたが、おそらくこれを機に相談内容の見直しが行われたものと考えられる。

相談総数をみると一万件を超える相談内容が三項目（「治療法について」「入院患者の慰問」「入院希望について」）、その他に一〇〇〇件を超えるものは四項目（「入院患者の家族訪問」「入院患者家計調査」「肺病患者の処置に就いて」「身の上相談」）ある一方で、一件だけというものまで、相談件数にはばらつきが大きい。

一九二三（大正一二）年度は相談の総件数も一九二二（大正一一）年度の約四倍の二八五六、相談項目も統計上最多の二八項目に及んでいる。これは関東大震災後の特殊な状況を反映したもので、当該年度のみ、「皇后より下賜の衣服分配の世話」「死者の納骨を寺院に依頼」「区役所の依頼により罹災者を調査」「入院罹災者患者の安否を家族へ知らせた」「入院患者の避難実況調べ」「罹災患者退院に帯下駄傘等給与の世話」「迷子の処置」の業務が生じ、「死亡患者を読経回向」の件数も五八と多数にのぼっている。このように患者の状況に合わせて相談内容は変化し、ニーズに応じた援助活動を行っていたことがわかる。

（2）援助の方法

ここでは蒐集した事例一五例からわかる特徴的な援助の方法を、①生活全般へのかかわりと社会資源の最大限の活用、②慰問、家族（家庭）訪問[9]、調査と問題の把握、③問題解決の主体である相談員、④家族の代行という

人会　病人相談所　取扱件数

| 1929（昭4） | 1930（昭5） | 1931（昭6） | 1932（昭7） | 1933（昭8） | 1934（昭9） | 1935（昭10） | 1936（昭11） | 1937（昭12） | 1938（昭13） | 1939（昭14） | 1940（昭15） | 1941（昭16） | 1942（昭17） | 合計 |
|---|---|---|---|---|---|---|---|---|---|---|---|---|---|---|
| 732 | 1,163 | 1,345 | 1,604 | 1,505 | | | | | | | | | | 11,400 |
| 427 | 469 | 495 | 538 | 1,162 | | | | | | | | | | 6,231 |
| | | | | | 1,490 | 974 | 416 | 482 | | | | | | 3,362 |
| 3 | | | | | | | | | | | | | | 12 |
| | | | | | | | | | | | | | | 40 |
| | | | | | | | | | | | | | | 8 |
| 369 | 239 | 319 | 472 | 795 | 1,269 | 1,407 | 658 | 1,264 | 1,194 | 1,320 | 1,091 | 923 | 752 | 12,496 |
| | | | | | | | | | | | | | | 25 |
| | | | | | | | | | | | | | | 31 |
| | | | | | | | | | | | | | | 11 |
| | | | | | | | | | | | | | | 1 |
| | | | | | | | | | | | | | | 1 |
| 94 | 41 | 58 | 85 | 96 | 114 | 200 | 50 | 100 | 102 | 90 | 60 | 50 | 40 | 1,328 |
| 282 | 317 | 334 | 415 | 483 | 954 | 1,133 | 528 | 1,030 | 1,065 | 1,111 | 953 | 704 | 600 | 11,287 |
| 51 | 53 | 50 | 57 | 59 | 71 | 145 | 50 | 71 | 61 | 53 | 60 | 71 | 50 | 1,490 |
| 1 | 1 | | | | | | | | | | | | | 22 |
| | | | | | | | | | | | | | | 19 |
| | | | | | | | | | | | | | | 1 |
| 14 | 8 | | | | | | | | | | | | | 693 |
| 6 | 12 | 60 | 47 | 10 | 21 | 10 | 6 | 15 | 21 | 22 | 6 | 6 | 3 | 385 |
| 3 | 4 | 5 | 6 | 10 | 19 | 8 | 15 | 11 | 20 | 15 | 16 | 20 | 9 | 487 |
| | | | | | | | | | | | | | | 9 |
| | | | | | | | | | | | | | | 2 |
| | | | | | | | | | | | | | | 103 |
| | | | | | | | | | | | | | | 1 |
| | | | | | | | | | | | | | | 1 |
| | | | | | | | | | | | | | | 74 |
| | | | | | | | | | | | | | | 12 |
| | | | | | | | | | | | | | | 1 |
| | | | | | | | | | | | | | | 9 |
| | | | | | | | | | | | | | | 7 |
| | | | | | | | | | | | | | | 11 |
| | | | | | | | | | | | | | | 13 |
| | | | | | | | | | | | | | | 1 |
| | | | | | | | | | | | | | | 5 |
| 3 | 4 | 2 | | | | | | | | | | | | 11 |
| | | | | | | | | | | | | | | 4 |
| | | | | | | | | | | | | | | 2 |
| | | | | | | | | | | | | | | 208 |
| | | | | | | | | | | | | | | 5 |
| | | | | | | | | | | | | | | 9 |
| | | | | | | | | | | | | | | 140 |
| | | | | | | | | | | | | | | 134 |
| | | | | | | | | | | | | | | 2 |
| 1,985 | 2,311 | 2,668 | 3,224 | 3,224 | 3,837 | 3,877 | 1,723 | 2,974 | 2,463 | 2,611 | 2,186 | 1,774 | 1,455 | 49,100 |

(1943)「泉橋慈善病院賛助婦人会報告昭和 17 年」より筆者作成。

項目を足したものと数字があわないが、「報告」よりそのまま転記し、総計は転記した合計を

表Ⅲ-2　泉橋慈善病院　賛助婦

| | 1922<br>(大11) | 1923<br>(大12) | 1924<br>(大13) | 1925<br>(大14) | 1926<br>(大15・昭1) | 1927<br>(昭2) | 1928<br>(昭3) |
|---|---|---|---|---|---|---|---|
| 入院患者の慰問 | 59 | 1,136 | 1,217 | 1,008 | 614 | 534 | 483 |
| 入院患者の家族訪問 | 20 | 368 | 788 | 636 | 457 | 488 | 383 |
| 入院患者家計調査 | | | | | | | |
| 養育院へ入院 | | 2 | 5 | 1 | 1 | | |
| 他の病院へ依頼入院 | | 5 | 16 | 19 | | | |
| 病者救護を他の機関へ世話 | | 8 | | | | | |
| 治療法について（服薬法について：T11） | 5 | | 30 | 27 | 25 | 98 | 239 |
| 養生法について | 25 | | | | | | |
| 職業紹介（職業について：T11） | 5 | 11 | 4 | 7 | 3 | | 1 |
| 物品を給与 | | | 6 | 5 | | | |
| コルセット費用を与えた | 1 | | | | | | |
| 入院患者に金子を与えた | 1 | | | | | | |
| 身の上相談 | 12 | 11 | 13 | 8 | 6 | 16 | 82 |
| 入院希望について | 220 | 145 | 133 | 249 | 174 | 213 | 244 |
| 肺病患者の処置に就いて | 91 | 59 | 76 | 102 | 54 | 87 | 119 |
| 子供の処置に就いて（乳児保育について：T12） | 9 | 2 | 3 | 2 | 3 | 1 | |
| 退院者の処置に就いて | 4 | | 10 | 5 | | | |
| 退院者を宿泊所に依頼 | | 1 | | | | | |
| 産婦退院の折乗車の世話 | 160 | 119 | 68 | 246 | 39 | 19 | 20 |
| 慈恵資金給与（分与）の世話 | 17 | 34 | 13 | 39 | 19 | 11 | 7 |
| 手紙の代筆（入院患者の代筆：T.11） | 29 | 265 | 20 | | | 2 | 10 |
| 代筆 | 9 | | | | | | |
| 町役場より救助米を受ける世話 | | | 2 | | | | |
| 皇后より下賜の衣服分配の世話 | | 103 | | | | | |
| 結婚の媒介 | | | 1 | | | | |
| 異常児の処置 | | | 1 | | | | |
| 死亡患者を読経回向（葬祭料を与えた：T11） | 2 | 58 | 14 | | | | |
| 死者の納骨を寺院に依頼 | | 12 | | | | | |
| 外来で死亡した患者の処置 | 1 | | | | | | |
| 入院患者の引受人 | 1 | 4 | | 2 | 2 | | |
| 入院患者の身元引受人に交渉 | | 7 | | | | | |
| 地方より来院したものの処置 | 11 | | | | | | |
| 患者家庭の妻女に内職を教えた | | | | 13 | | | |
| 方面委員と交渉して救助 | | | | | 1 | | |
| 祝餅の代を与えた | | | | | | 2 | 3 |
| 精神病者の処置 | | 2 | | | | | |
| 養老院へ入院 | | 4 | | | | | |
| 福田会育児院へ収容 | | 2 | | | | | |
| 区役所の依頼により罹災者を調査 | | 208 | | | | | |
| 入院罹災者患者の安否を家族へ知らせた | | 5 | | | | | |
| 入院患者の使い | | 9 | | | | | |
| 入院患者の避難実況調べ | | 140 | | | | | |
| 罹災患者退院に帯下駄傘等給与の世話 | | 134 | | | | | |
| 迷子の処置 | | 2 | | | | | |
| 合計 | 682 | 2,856 | 2,421 | 2,369 | 1,398 | 1,471 | 1,591 |

（注1）当該年度の報告に項目そのものが挙げられていないものは空欄とした。

（注2）泉橋慈善病院（1923）「泉橋慈善病院賛助婦人会報告大正11年」〜泉橋慈善病院

（注3）1924（大13）、1933（昭8）、1934（昭9）、1937（昭12）、1942（昭17）の合計は、各足した数字とした。

表Ⅲ-3　泉橋慈善病院　賛助婦人会　病人相談所　事例

| 番号 | 事例のタイトル、名字、年齢・性別、病名 | 具体的な援助の方法 |
|---|---|---|
| 1 | 「死亡患者ヲ読経回向ス」故西野、3歳・女、中毒症 | 慰問、戒名の授与、回向、社会資源の活用 |
| 2 | 「家庭の状態気の毒と見て救助金を与ふ」名字不明、1歳・性別不明、病名不明 | 家族訪問、金銭恵与 |
| 3 | 「身上相談ニ関シテ」町田、18歳・女、眼病 | 社会資源の活用 |
| 4 | 「孤児院収容ニ関シテ」浅水、2歳・男、健常乳児 | 社会資源の活用 |
| 5 | 「家族救護ニ就テ」山田、31歳・女、出産後 | 家族調査、社会資源の活用 |
| 6 | 「養育院へ収容サセル迄」川原、43歳・男、脊髄麻痺 | 社会資源の活用 |
| 7 | 「身ヲ寄スルニ家無キ退院者ノ処置ニ就テ」竹原、63歳・男、心臓病、腎臓病 | 社会資源の活用、説諭、社会資源の活用 |
| 8 | 「身元引受トナル」長島、29歳・性別不明、喘息 | 代行（身元引受人） |
| 9 | 「仮引受人となりたる件」名字不明、51歳・性別不明、病名不明 | 代行（身元引受人） |
| 10 | 「納骨ニ関スル取扱」春日、年齢不明・男、病名不明 | 回向、社会資源の活用 |
| 11 | 「求職ニ関シテ」中里、24歳・性別不明、肋膜炎 | 社会資源の活用 |
| 12 | 「養老院ニ収容サセ迄」高柳、66歳・男、神経痛 | 社会資源の活用 |
| 13 | 「肺結核患者ノ処置ニ就テ」布施、24歳・男、慢性咽頭結核 | 社会資源の活用 |
| 14 | 「東京市より救助を得せしむるやう斡旋したる件」名字不明、38歳・性別不明、病名不明 | 社会資源の活用 |
| 15 | 「慈恵資金を分与し養育院に送りしもの」名字不明、34歳・性別不明、病名不明 | 社会資源の活用、金銭恵与 |

四点にまとめ、それぞれ典型的な事例を挙げて考察する。

①生活全般へのかかわりと社会資源の最大限の活用

すべての事例から読み取れる援助の方法は、家族、親族、他の機関や制度、相談員の私的な関係者を動員し、最大限に社会資源を活用しながら「困りごと」を解決していく方法である。

事例1では、患者死亡後の弔いに困っていた家族のために、西島が読経回向を行って霊を弔い、法名を授与し、四十九日の回向も行い、遺骨を知人の寺に預けている。西島は僧侶として自身のもつ「技能」と、知己の寺という「私的なネットワーク」を用いて、困りごとの解決に最大限の努力を行った。「生活全般へのかかわり」「社会資源の最大限の活用」は、現在のソーシャルワークの援助でも欠かせない援助の方法や視点であるが、本事例で特徴的なことは、相談員が僧侶ならば僧侶としての技能やネットワークも用いるという、「属人的な」援助の方法がみられることである。

---

事例1　「死亡患者ヲ読経回向ス」故西野、三歳・女、中毒症

中毒症ニテ本院ニ入院セシガ不幸ニシテ死亡シタリ。

病人相談所ニテハ西島書記ガ院内遺族室ニ父親ヲ訪ヒ慰問セシガ、其後家族訪問ニ行キシトコロ、遺骨ヲ菩提寺ニ埋葬セントセシカド住持ハ災後未ダ墓地ノ整理サレザルニ付埋葬ヲ許サズ、且読経ニモ来ラザレバ両親ハ愛子ヲ喪ヒシ悲哀ト、菩提所ニ対スル怨恨に胸塞ガリ居タリ。依テ西島書記ハ正善童女ノ法名ヲ授与シ、懇ニ読経シテ小サキ霊ヲ浄土ニ引導シタリ。

両親ハ非常ニ喜ビタリ。其後初七日ト四十九日ノ回向ヲ頼ミニ来リシ故、請ハル、マ、ニ出張シテ追善回向ヲナシタリ。同家ノ郷里ハ福井県ニシテ時期ヲ見テ遺骨ヲ郷里ニ埋葬スルコトニ決シタリ。其ノ時マデ西島書記ノ知己ナル北品川善福寺へ預ケルコト、ナレリ。

事例2は母親が入院中の乳児に付き添っているので、相談員が残された家族の様子をみるために家庭訪問したところ、父親は仕事に出て、残された子どもの中には障害をもった者がおり、その様子が「気の毒」であったため、一円を恵与した事例である。このように援助の視点は「生活全般」であり、個人ではなく、家族を対象としている。母親が乳児とともに病院にいれば、自宅に残された子どもたちの世話も考える必要があり、取扱件数のうち相当数あった「入院患者の家族訪問」の一例であろう。

また、「気の毒な家と認めた時は一円でも二円でも金を与え」と船尾が話したように、相談員は「気の毒」と思い、金銭を与えている。このように金銭の給与を行う事例はほかにもみられるが、田代や船尾が述べるように「困っている人のために徹底的に世話をする」という相談員のあり方につながるものであり、慈恵的な援助の方法と考えられる。

事例2　「家庭の状態気の毒と見て救助金を与ふ」名字不明、一歳・性別不明、病名不明

右父は馬力にして子供十一歳、八歳、七歳、一歳の四人に夫婦と六人生活なり。十一歳の子は学校に通ふ、八歳の子は足腰起たず、七歳の子と三人を置きて父は仕事に出る、母は一歳の子に附添ひて病院に居る。其家庭に臨む。三人の子は顔の色青し、特に不具の子あり、気の毒な家なり。隣家の人に聞く、私が

面倒を見て居ります。父は子供を置きて仕事に出る、生活の状態は実に気の毒なりと聞く、依て隣家の人に托して金壱円を恵与す。

事例3は、本人が眼病で通院を希望するが雇い主から許可されないばかりか、働いた分の給与も支払われず、命令に反するならば解雇するという不当な扱いをされている事例である。相談員は雇い主に通院できるように依頼したり調整するのではなく、他の社会資源を見つけようと検討する。そして、本人が偶然見つけた雇い先と確実に結びつくように、援助を申し出た家まで訪問して、事の真偽を確かめたうえで本人の就職を依頼し、調整を行っている。このように必要とあれば、相談員が間に入り、徹底的に世話をする。

事例3 「身上相談ニ関シテ」町田、一八歳・女、眼病

本人ハ幼少ノ折両親ト死別シ（中略）、某運送店ノ女中ニ月手当六円ノ約束ニテ住込ミタリ。然ルニ今年ニ至リ固疾ノ眼病重クナリタレバ本院ノ外来患者トナリ、施療ヲ受ケ居タリ。主人ハ本人ガ本院ニ通フ様ニナリ、万事ノ用ニ差支ヒヲ生ジ来リシカバ、役立タザルヲ理由トシテ本人ニ手当ヲ支払ハズ剰へ十二月ハ用事多端ノ折柄ナル故、療治ニ通フコトヲ禁ジタリ。本人ハ漸次重リ行ク眼疾ヲ憂ヒ、是非通ハセテ貰ヒタシト、只管主人ニ願ヒシカド主人ハキカズ、若シ主命ニ反シナバ解雇スル旨ヲ宣告シタリ。本人ハ詮方ナク本院ニ入院ノ上療治セントテ来院シ、相談所ニ入院方ヲ依頼シタリ。

（中略）本人ガ通フニ便宜ナル主人ニ仕ヘサセント講究シタルガ、ハシナクモ本人ガ当日来院ノ途次、日本橋横山町金物商ノ妻女ト道連レトナリ、其ノ方ニ己ガ身上ヲ物語シ所、非常ニ同情シテ自宅ノ女中ニ

雇ヒ、通院ノ便宜ヲ与ヘヤラント申セシ由ヲ本人ガ語リタレバ、兎ニ角相談所ヨリ其ノ家ヲ訪ネテ真偽ヲ確メ、然ル後、本人来院スル由ナレバ其際報告セント申含メテ◯《不明》シタリ。

相談所係員ハ横山町ヲ訪ネ、妻女ニ面会シテ事ノ真偽ヲ確メタルニ、本人ノ申セシコトノ相違セザリシカバ、本人ヲ雇ヒテ貰ヒタシト頼ミシトコロ、妻ノ妹ノ家（官吏）ニテ女中ヲ捜シ居レバ、妹ニ交渉シ其諾否ハ来院シテ回答スベシト約シタリ。其後二人ハ来院シ本人モ亦来リ、相互ニ会見談合ノ上本人ハ雇ハル、コト、ナレリ。本人ハ喜ビテ、其日前主人ニ暇モ貰ヒ横山町ニ女中トナリ、引続キ来院療治ヲ受ケツ、アリ。

---

### ②慰問、家族（家庭）訪問、調査と問題の把握

相談員が家族を訪問し、病院外に出て活動を行うことが事例では多いが、統計的にも、「入院患者の慰問」「入院患者の家族訪問」の二つは、一九二二（大正一一）年から一九三三（昭和八）年までの取扱件数の中では圧倒的に数が多い。病院長の田代は「家庭訪問」の目的は、①入院患者の容態を家族に伝え、家族の状況を入院患者に伝えること。そのため、入院患者が家の主人である場合はとくに家庭訪問を行う、②自殺の目的で負傷入院した者の家庭の事情を調査して、救済の道を考究すること、③身分上当院の患者として適当ではないのではないかという疑いのある場合、④分娩した褥婦と新生児の安否を知らせるため［田代 一九二七b：六五］としている。

たとえば、事例4では、家族が乳児の引き取りに来ないため、病院側は困り、相談員が引き取りの交渉に出向いた例である。そこで、バラック住まい、子沢山で働くこともできずに困り果てている父親の様子を知り、今後

の乳児の養育について父親とその兄と相談し、「福田会育児院」へ入所する方向性に決めている。このように必要があれば直接家庭に出向き、その生活の実態を把握したうえで、問題解決に努めた。

事例4 「孤児院収容ニ関シテ」 浅水、二《(ママ)》歳・男、健常乳児

浅水ノ妻女ハ昨年九月下旬ニ産婦トシテ本院ニ入院シ男児ヲ分娩セシガ、産後ノ経過悪ク終ニ死亡シタリ。(中略) 半月余リ経過スレ共未ダ親元ヨリ引取ニ来ラズ、院内ニテハ非常ニ困リタリ。依テ相談所ヨリ係員ガ浅水家へ乳児ノ引取方ノ交渉ニ出張シタリ。

浅水ハ元古本ノ露店商ヲ営ミ居タルガ震災後失業シ、前記実兄ノバラツクノ一隅ヲ借リテ住ミ居タリ。浅水ニハ産児ノ外、九ツ、八ツ、五ツ、三ツノ四人ノ子供アリ。(中略) 浅水ハ何等カノ職ニ就キテ生計費ヲ得ザルベカラズ。手足纏ヒノ三女ト産児アリテハ仕事ニ出ラレズ途方ニ暮レ居タリ。

依テ相談所ノ係員ハ浅水ト実兄ト鳩首相談ノ上、或ル時期マデ二児ヲ孤児院ニ収容スルコトニ話マトマリタレバ、係員ハ直チニ東京府社会課へ行キ、福田会育児院入院ノ手続ヲ了シ浅水ヲシテ本院ヨリ産児ヲ引取ラシメ、三女ト共ニ同育児院ニ収容セシメタリ。

「家族訪問」という点からみると、事例1は、遺族を慰問した後、「家族訪問」を行い、亡くなった後の弔いに関することの援助を行っており、事例2も「家族訪問」を行い、生活状況を知り、困り具合を放っておけず、金銭の恵与を行っている。

また事例1のように慰問という方法は、患者や家族を慰め、癒すことそのものが目的でもあるが、慰問という

形で訪問することが患者や家族の「困りごと」を把握するためのきっかけにもなっていたことがわかる。

事例5も調査のために家を訪問するが、そこには悲惨な状況の家族がおり、本人の話に間違いがないことを確認している。そして、婦長に報告して理解を得て、生活物品の恵与が行われている。また乳児の養育方法としては、保育所の乳児は死亡率が高いため、ある時期までは家庭育児ができるように、居宅救助について東京府社会課と相談、交渉を行っている。

---

事例5　「家族救護ニ就テ」山田、三一歳・女、出産後

山田ハ元蒲団製造業ヲ営ミ相当ニ暮シ居タルガ、昨年ノ五月頃ヨリ早発性痴呆症トナリタリ。（中略）現在ハ焼跡ニ一坪バカリノ焼亜鉛板造ノ小屋ヲ建テ、煉瓦ノ下敷ノ上ニ古蓆ヲ敷キテ住ミ居レリ。（中略）妻ハ災後下谷区義弟ノ所ニ行キテ蒲団ノ製造ヲ手伝ヒ、日給八十銭ヲ貰ヒテ一家ノ糊口ノ資トナシ来リタルガ、今回ノ乳児ヲ抱ヘル身トナリシ故、働クコト能ハザレバ乳児ヲ孤児院ニ収容方ヲ相談所へ依頼シタリ。

相談所係員ハ同家へ調査ニ出張セシトコロ、夫ト二人ノ子供ハ、一枚ノ煎餅蒲団ニクルマリ寒サニ慄へ居ル有様ニテ、産婦ノ申告ト相違セザリケレバ、此ノ旨ヲ綿谷婦長ニ話セシトコロ大ニ同情シテ蒲団其他ノ衣類数点ヲ恵与サレタリ。相談所ニテハ更ニ東京府社会課ニ出頭シ乳児保護係主任ニ図リシトコロ、保育所ノ乳児保育ハ死亡率多キニ鑑ミ、或ル時迄妻ノ日給八十銭ヲ一ヶ月ニ計美シテ、月額二十四円ヲ居宅救助トシテ下附スルコト、ナレリ。猶ヨク病夫ノ世話ヲナシ乳児ヲ育テ居レリ。

### ③問題解決の主体である相談員

今日のソーシャルワークでは問題解決の主体は当事者であり、その支援をソーシャルワーカーが行うが、当時の事例をみると、困って相談に来た人の問題解決は相談員が主体となって行っていることがわかる。前述した田代の論文でも「数々の注意を与え」、「転地先を世話し」、「就職口をさがしてやる」と表現されているように、困った人の世話を相談員がしてあげるという姿勢であったことがわかる。

事例6では、退院先について、本人たちは養育院への入院を依頼してきたが、そのまま受け入れるのではなく、相談員は「夫婦関係ヲ割カザル様ニ処遇セント」「種々ノ方法ヲ攻究」する。しかし、やはり方法がなく、本人たちの希望どおり養育院入院の方向で進めたものの妻や親戚がいるため入院がスムーズにいかず、相談員が調整している間に妻が行方不明となったため、最終的には方面委員と協力して養育院入院となった事例である。ここでは必ずしも相談に来た人たちが希望することをそのままかなえるのではなく、相談員としての夫婦関係を割かないように処遇するという考えや判断のもとに援助していることがわかる。また、警察と区役所への出頭、救済機関への相談、方面委員との調整といった社会資源の活用に関する動きはすべて相談員が行っている。

事例6　「養育院へ収容サセル迄」川原、四三歳・男、脊髄麻痺

本人ハ四年前ヨリ脊髄麻痺トナリ、身体ノ自由ヲ失ヒ居タリ。（中略）病勢次第ニ進ミ行クバカリナルヲ以テ、昨年五月下旬本院ニ来リ、医員ノ厚意ニヨリテ入院スルコトヲ得タリ。

爾来二百数十日ヲ経過シタレ共、容体ハ良好ナラズ、退院スルノ止ムナキニ到リタリ。本人ノ引受人ハ妻ノ姉婿ニ当ル牛込区星野某ナルガ、言葉ヲ左右シテ引取ラズ。本人ノ弟一家ハ震災後何レヘ立退キシカ

消息不明ナリ。妻は雇ハレノ身ナレバ、カヽル重病人ヲ引取ルコト能ハズ。途方ニ暮レシ結果、夫婦合議ノ上相談所へ来談、養育院入院方ヲ依頼シタリ。

相談所ニ於テハ、夫婦関係ヲ割カザル様ニ処遇セントテ、実際ニ当リ種々ノ方法ヲ攻究シタル結果、詮方ナク養育院収容ノ手続キヲ履ムコトニ決シタリ。先以テ警察署及ビ区役所へ出頭シ事情ヲ訴ヘテ、本人ノ収容方ヲ願ヒ出シガ、妻アリ親戚アル身ナレバ容易ニ許サレズ。二、三ノ救済機関ヲ訪ヒテ之レガ救護法ヲ講究中、本人ノ妻ハ主家ヨリ暇ヲ貰ヒテ何処ヘカ姿ヲ隠シタリ。依テ京橋区月島市方面委員長稲垣氏、同嘱託塩澤氏ニ事情ヲ明シ、本人ヲ本院ヨリ腕車ニテ月島ノ渡マデ送リ、両氏ノ助力ニテ月島署ニ行路病人トシテノ入院手続キヲ了シ、終ニ収容サレタリ。

---

事例7では、本人は「養老院」へ入院を希望したが、相談員は適当な仕事に就いて自活することができると判断して、就職先を斡旋し、それまでの生活態度について「懇々ト」「誡メ」仕事に就かせている。関係機関と連携し、社会資源の導入を行い、道徳的に本人を戒め、問題解決を図るのは相談員であった。

---

事例7　「身ヲ寄スルニ家無キ退院者ノ処置ニ就テ」竹原、六三歳・男、心臓病、腎臓病

本人ハ二十年前妻ト死別シテヨリ自暴自棄トナリ、大酒ト放蕩ノ為ニ家財ヲ蕩尽シタリ。（中略）木賃宿カラ木賃宿ヘト転々流浪シ来リシガ、大酒ガ禍シテ心臓及ビ腎臓ヲ患ヒ、今年一月初旬本院ニ入院シタリ。

本人ハ病気癒エ退院スルコト、ナリタレド、最早老年ナレバ再ビ労働者トシテ立ツコト能ハズ。身ヲ寄

スル家トテ無ク、前途ヲ悲観シテ来談。養老院入院方ヲ依頼シタリ。
本人ハ養老院ニ収容サル、程ノ無能力者ニアラザレバ、適当ナル仕事ニ就カシムル必要アルヲ認メ、三月十日本院退院ノ翌日、懇々ト飲酒ヲ誡メシ上、汽車賃ヲ与ヘテ、神奈川県藤沢町藤沢中学校へ出頭セシメ、同中学ノ小使トシテ月手当十円ニテ住ミ込マセタリ。

ここでは、「懇々ト飲酒ヲ誡メ」るといった、いわば道徳的観念を本人に呼び起こさせ、道徳心を醸成させるような「説諭」の方法を用いているが、方面委員の「介入」が「説得」と実際においてはほとんど同一であるように［全国民生委員児童委員協議会編 一九八八：一一七］、ここでも援助の方法に「説諭」を用いていた。

事例6、7ともに相談に来た人が希望していることをそのままかなえるのではなく、相談員の一定の判断のもとに援助が展開されていることがわかる。

④家族の代行

入院時、身元引受人は本来は本人の家族や親戚等が行うが、身元引受人がいない場合、その役割を相談所が代行することがあった。このように相談員は、問題を解決するために、本人や家族に代わってその役割を果たすこともあった。

事例8、事例9は、独身で縁者がなく雇用主も身元引き受けは承諾せず、困って相談に来所したため、相談所が身元引受人となって入院できた事例である。

事例8　「身元引受トナル」長島、二九歳・性別不明、喘息

本人ハ震災後（中略）前記ノ所ノ雇人ニ住込ミタリ。本人ハ其後感冒ニ罹リ、固疾ノ喘息再発シテ本院ニ通ヒ居タルガ入院スルコト、ナリタリ。本人ハ独身者ニシテ親戚モナク泉養軒ニテハ身元引受ヲ承諾セズ。途方ニ暮レシ末相談所ニ依頼シ来レリ。依テ相談所ニテ本人ノ身元引受トナリ本人ハ入院スルコトヲ得タリ。病気全快シテ退院シ王子町ノ印刷工場ノ職工トナリタリ。

---

事例9　「仮引受人となりたる件」名字不明、五一歳・性別不明、病名不明

右は元料理人なりしが、不景気の為め解雇せられ人夫となり木賃宿に泊る。病気となりて、当病院に来りし処、入院を許可されたり。然るに市川に兄弟居り、大井町に叔母あると雖も番地不明にて、引受人は栗原某に頼むと云ふ事なれば、相談せしも本人は私方へ一夜泊りの客にて身元の引受は出来ずとのことにて、本人は非常に困りたり。依て当相談所にて引受人となり、入院治療を受くること丶なりたり。

---

## 小括

泉橋慈善病院に病人相談所が設置された時期は、地域における相談業務である救済委員制度が創設された時期と重なっている。院長の田代義徳や理事の船尾栄太郎が東京府社会事業協会の活動にかかわっていたため、病人

相談所の業務はこれらの組織や実践から影響を受けていたと考えられる。また、設立者である三井高棟が各国の病院視察を行い、理事の船尾がイギリスやアメリカの病院社会事業や婦人賛助会などを視察し、院長もこのような欧米における活動を把握していた。以上から、病院運営の中心的な立場にあった人物が、その構想を具体化し病人相談所が設置された可能性が高いことがわかる。これが当院の病人相談所の特徴である。

また、当院の病人相談所の特徴は、病院内部の組織ではなく、病院を幇助する団体である賛助婦人会に設置されたことにもある。こうして病人相談所は業務を行ううえで安定した財政上の基盤を確保することができたのであった。

病院運営の中核をなす院長や理事の支援のもと、相談員は専門職としての評価を受けて有給で雇用された。このように病院社会事業が組織の中に位置づけられ、実践が継続するためには、組織の中で影響力のある人物からその必要性を認められること、事業を継続展開するために経済的に安定した基盤が必要であることが挙げられる。さらに、相談員の資質や熱意を含めた実践を行う能力も重要な要素として挙げられる。相談員は熱心に相談にあたり、内田のように社会事業の経験や知識をもったうえでの実践が行われていた。

相談業務は、相談員自身のもつ「技能」を用い、「私的なネットワーク」も含めてあらゆる社会資源を導入して問題解決にあたり、援助の対象は患者とその家族も含めたもので、病から生じるさまざまな「困りごと」に対応した。援助の視点は「生活全般」であり、個人ではなく、家族を対象としていた。「入院患者の慰問」「入院患者の家族訪問」は統計的にも多数にのぼり、病人相談所で自発的積極的に行う業務であった。

慰問という方法は、患者や家族を慰め、励まし、話を聴くことで精神的な苦痛を和らげることができるが、慰問することで患者や家族の「困りごと」を把握するきっかけにもなっていた。しかしそこで患者や家族の「困りごと」が把握できるかどうかは、相談員の資質によるものであり、個人差があったと考えられる。また、その際おそらく患者や家族が相談員に心を開くかどうかということも影響していたであろう。したがって船尾が指摘したように、「親切に取り扱いなるだけ大声を出さない」「いかなる場合も腹を立てない」など、ケースワークで欠かせない相談者との信頼関係を築くための基本的な姿勢で対応していた。

「家族（家庭）訪問」では、病院から調査のために行う場合や、家族と交渉するためなど、こちらから出向き、家族の実情を把握し、必要な援助を行った。家庭訪問はキャボットがソーシャルワーカーに求めたことであり、患者や家族の生活状況を把握するために必要な方法と考えられていた。田代や船尾がキャボットの病院社会事業から学んでいたことは明らかであり、このような方法論についてもキャボットの影響を受けていたであろうことが十分に推測される。

困っていることで相談に来た患者や家族の問題解決をする主体は相談員であった。相談に来た患者や家族の希望を聴いて、希望どおりに援助をするのではなく、そこには相談員の判断があった。たとえば「夫婦関係を割かないような処遇をする」という方針、本人は「無能力者にあらず」という判断があり、それに沿って援助を展開している。このような判断や方針は、まず患者や家族から話を聴き、その状況を把握したうえでのことで、これは素朴ながらケースワークでいうところの「社会診断」にあたるのではないだろうか。

援助の際に貫かれた姿勢は、徹底的に世話をするという姿勢である。これは田代や船尾が考えていた援助のあり方の実践であるが、気の毒と認めた場合は金銭の恵与も行った。「徹底的な世話」の一つとして金銭を恵与することや、慰問、説諭、代行という方法は、慈恵的な援助の方法、前近代的な実践としてくくられてしまい、軽視されるが、援助を受ける側からすれば、一〇円、二〇円を受けてその日の露命がつながることや、義足の代金を援助してもらい義足が使用できること、また懇々と戒められることが、その後の社会復帰や生活の立て直しにつながることもしばしばあったと考えられる。当時の時代的、思想的な限界を考慮すれば、これは原初的な援助のあり方であるとはいえ、たとえば小沢の述べた事件事業（ケース・ウォーク）の目的であるところの被救助者を助け、彼らの生活上の困難を除き、生活の回復、保全を図ることで、被保護者の人格を発達させることにもつながる実践であると判断される。

〈注〉

（1）こののち、病院の名称は、一九一九（大正八）年「財団法人泉橋慈善病院」、一九四三（昭和一八）年「財団法人三井厚生病院」に改称し、一九四五（昭和二〇）年三月の東京大空襲により全焼したものの、仮診療所を設置し外来診療を続けた。戦後、一九五二（昭和二七）年には社会福祉法人となり、一九七〇（昭和四五）年「三井記念病院」と改称し、現在に至る。本書では、病人相談所を設置した際の「泉橋慈善病院」の呼称で統一する。

（2）田代は、有資力者が患者としていないかどうかを病院相談所の相談員が家庭訪問の際に調査したところ、だいたいにおいて問題がないことがわかったと述べ、形式を重んじて無益な手続きを費やすことに警告を発している。

（3）医療チームの考え方が一般に普及するのは戦後の医療改革の後である。

（4）社会事業関係では、「柏学園」（肢体不自由児施設）顧問、市立光明学校（養護学校）や市立整形外科相談所の設立等にかかわった。東京府慈善協会では一九一七（大正六）年に部会制を敷いたが、田代は、施療救療、経費診療、精神病、結核、癩療養、性病、相談、病院社会事業、巡回看護等を含む第三部会の初代会長に就任し、協会理事、評議員を兼ねた。協会付属の亀戸病院院長として病院が東京市へ委譲するまでの間、終始病院の維持経営にも尽力した［東京大学医学部整形外科教室開講七〇周年記念会編 一九七五：八八九、東京都福祉事業協会七十五年史刊行委員会 一九九六：一八六‐七］。

(5) 毎年度の病院報告の中に賛助婦人会報告がある。病院報告は第一回(明治三九年一〇月~四二年六月)報告から作成されているが、第六回(大正二年度)~第一四回報告(大正一〇年度)は所在不明か焼失したもので入手できなかった。

(6) 西島の名については記載がなく把握できなかった。

(7) 素山学校は分類上は小学校に類する各種学校である。

(8) 本事例は震災後の特殊な状況下における実践ではあるが、事例が掲載されていたものは本年度のみであることと、平常時における実践も相談員の用いる方法や視点は大きく変わりはないものと考えられるため、本事例を用いて分析を行う。事例掲載にあたってはプライバシー配慮のため、住所は区名、氏名は名字のみ掲載した。また事例中、読点がないものは筆者が挿入し、内容により改行し段落に分けた。

(9) 「家庭訪問」「家族訪問」について、統計上は「入院患者の家族訪問」、田代の論文では「家庭訪問」の目的とあり、論文名も「泉橋慈善病院入院患者家庭訪問調査成績」であるため、ここでは、「家族(家庭)訪問」とする。

# 第Ⅳ章　済生会病院における病院社会事業

## 1　済生会成立の背景とその事業内容

### (1) 施薬救療の勅語

日本は、日清、日露戦争を経て、帝国主義国家の建設へと進む。近代資本主義が発達し、重工業を中心に産業が発展して都市労働者数は増加した。一九〇七（明治四〇）年、一九〇八（明治四一年）には経済恐慌に見舞われ、深刻な不況に陥って、労働争議や農村騒擾が各地で多発した。国家による経済力と軍事力の支配を推し進める必要があった政府は、一九一〇（明治四三）年の大逆事件を契機に社会主義運動を弾圧する一方で、翌一九一一（明治四四）年に工場法を公布して労働者の保護を行い、施薬救療を目的とする済生会を設立するという、いわゆるアメとムチの政策を執った。済生会は、明治天皇が「施薬救療、以テ済生ノ道ヲ弘メムトス」という勅語とともに、一五〇万円を下付したことを契機として発足した組織である。

済生会成立にあたっては、宮内大臣渡辺千秋、首相桂太郎、内務大臣平田東助がそれぞれ講話を発表した。それは下賜金を基本に財団法人を組織し、各地方に施薬院のようなものを設置するとともに、山間地帯にも施薬救療の方法を講じること、貴族富豪有志から醵金を得て官民協力し、聖恩の宣揚普及を期待するというものであった［済生会 一九八二：六］。資金募集については、高等官吏からは強制的に給料より徴収し、資産家や大華族からも半ば強制的に募金を集め、地方長官に依頼通牒を発するなど［済生会 一九八二：八－一五］、寄付という名目で多方面から強制的に出資金が集められた。

勅語を発布した三カ月後の一九一一（明治四四）年五月三〇日に、財団法人組織として済生会が正式に発足した。済生会は事務所を内務省内に設置し[1]、事業を各地方庁に委嘱したが、政府は一九一四（大正三）年に勅令第一八号「行政庁ヲシテ委嘱ニ依リ恩賜財団済生会ノ事業ヲ施行セシムルノ件」を発令し、これを規定した［済生会 一九八二：二一－五］。

総裁は皇族より伏見宮貞愛親王、会長は桂太郎、副会長二名中一名は平田東助、他の一名は内務大臣とし[2]、顧問には山県有朋、大山巌、松方正義、井上馨、西園寺公望、徳川家達、大隈重信、板垣退助、渡辺千秋、渋沢栄一が就き、官界、財界、華族、社会事業経験者から嘱託を得た［済生会 一九八二：三〇－一］。

このように財団法人という組織でありながら、政府の介入により強制的な資金集めを行い、勅令を発令して事務を行政が取り扱い、総裁や会長や顧問といった要職は皇族や政府関係者で占められていたことからみて、形式上は民間団体ではあるが、半ば公的な組織であったといえよう。このような組織のあり方を、小笠原は、「顕在化しつつあった都市貧困層の、特に医療問題に対処すべき『官』と上流階級を代表する『民』が一体となって、公的責任を曖昧にしたまま救療に取り組むために天皇の名の下に組織された団体」［小笠原 二〇〇三］としている。また池田は、「新しい現代の社会問題形成のなかで、これまでの散発的な天皇の慈恵に対し、国民の上層部に依拠しながら新しい社会的ひろがりをもった慈恵の構想」をしたもの［池田 一九九二］と指摘している。

貧困層の増大により、救済に国家が介入しなければならない状況になったという認識を政府はもっていたが、その対応として国家責任による扶助ではなく、「天皇制イデオロギー政策を再編強化」［中西 一九九三］する方策を採用した、典型的な感化救済事業であった。

## （2）済生会の事業内容と経営

済生会の事業は、「東京其他全国適当ノ地ニ漸次、療病院ヲ創設シ、之ヲ経営スルコト」、「全国ニ渉リ、施薬救療ノ普及ヲ計ルコト」［済生会 一九八二：二六］であった。

済生会発足の翌年、一九一二（明治四五）年四月に全国救療方針を決定し、順次各府県において「救療規程」を制定した。全国モデルの意味をもって、七月には「済生会東京市内診療規程」「済生会東京市診療所規則」を決定し、八月には本所・深川に診療所を設置、九月にも浅草・下谷・小石川に診療所を開設した。地方では、一九一三（大正二）年に大阪市今宮と和歌山市に診療所を設置し、その後全国各地に診療所を設置した［済生会 一九八二：五四-七］。

病院は資金や敷地等の問題があり、大正年間で設立したものはわずかに五カ所で、一九一三（大正二）年に神奈川県病院、一九一五（大正四）年に東京の済生会病院、一九一六（大正五）年に大阪府病院、一九一九（大正八）年に開設した兵庫県と福岡県の診療所が一九二一（大正一〇）年に、それぞれ兵庫県病院、福岡県病院と改称したものだけである。終戦までに設置した病院は、診療所から病院へ増床や改築等で移行したものを含めて、全国で二一カ所であった［済生会 一九八二：四一七―八六五］。このほか、乳児院、産院、助産院、結核療養所、巡回診療、巡回看護、巡回産婆、夜間診療、看護婦の養成、訪問看護員（保健婦）の養成、災害臨時救護活動などを行った。これらのうち治療券の頒布、巡回診療・巡回看護は、各地の済生会診療所や病院を拠点に活動を展開した［済生会 一九八二：五七―七九］。

事業経費は、主として下賜金と、首相の桂太郎が地方長官会議の席上で「官民協力して聖旨に副うべきこと」と述べ［済生会 一九八二：八］、政府が半ば強制的に集めた基金から賄っていた。創立時の資産は下賜金一五〇万円とその利子一万二三六〇円、翌一九一二（明治四五）年には寄付金の申し込みは二五八五万円に達したが、年月賦寄付者のうちには経済的に困難な状況や物故者となった場合もあり、一〇年の年賦期限の一九二二（大正一一）年になっても納付金は二二〇〇万円で、その多くは公債の寄付納入であった［済生会 一九八二：四五］。一九二八（昭和三）年、一九三二（昭和七）年に救療事業普及助成に関する国庫補助申請を行い、一九二九（昭和四）年には二五万円の予算が交付され、一九三二（昭和七）年には三〇〇万円の下賜が行われた。政府も一九三二（昭和七）年以降三年間、救療事業費として三〇〇万円を国庫から支出し、「恩賜医療」と称した。しかし当時救療が必要であった病者は七〇万人を超え、一年平均一〇〇万円の財源では不足であることは明らかな状況であった。その後も経済不況により厳しい運営となり、一九三四（昭和九）年には全国的に新規寄付一〇〇〇万円の募金計画を立て、全国の済生会支部では専任職員を配置して募金を募ったが、募金成績は芳しくないうちに、一九三七（昭和一二）年に日中戦争開戦、その後第二次世界大戦に突入し、事業存亡の危機に直面しながら終戦を迎えた［済生会 一九八二：四五―五三］。

済生会病院　1937 年頃
（済生会編『恩賜財団済生会志』
1937 年）

## （3）済生会病院[3]の事業内容と経営

これまでみたように、済生会は施薬救療のために設置された組織であり、病院、診療所、巡回診療や巡回看護はその中心となる事業であった。まず東京にモデルとなる診療所や病院を設置した後、全国へ普及・拡大する方法を取った。

戦前、済生社会部を設置したのは、東京の済生会病院、大阪府病院、京都府病院の三カ所のみであった［済生会 一九八二：一〇五-一一］。このうち本章では、一九二六（大正一五）年に設置された東京の済生社会部についての検討を目的とするため、以下、東京の済生会病院の事業内容と経営について述べることとしたい。

東京市内では、一九一二（大正一）年より細民街に済生会の診療所を開設したが、入院治療を必要とする患者の収容ができなかったため、一九一四（大正三）年の済生会第四回評議会において、交通が便利で広範な療養に適する場所への病院建設を決定した。一九一五（大正四）年、芝区赤羽町の大蔵省所管の旧海軍工廠跡、約一万九五五坪を無償で借り受け、総工費一九万円で木造二階建ての病院を開設した。初代院長は北里柴三郎、当初の診療科は内科、小児科、外科、産婦人科、皮膚科、泌尿器科、耳鼻咽喉科、眼科であり、のちにレントゲン科等も漸次増設した。病床数は二〇〇床であったが、救療費用の関係のため一〇〇床をまず開いた［東京都済生会中央病院 一九六七：三-五］。

一九二三（大正一二）年の関東大震災で大きな被害を受けたが、東京市内の罹災患者収容のために建物を拡張し、翌一九二四（大正一三）年六月末までの間、従来の一八〇床に三二九床を加え五〇九床に増床して、これを臨時赤羽病院と呼んだ。また震災による被害を受けた妊産婦と乳児を収容するために、赤羽病院と臨時赤羽乳児病院へ入院させたが、この臨時赤羽乳児病院を端緒として乳児院を建設した。その後乳児院は、経営や病院の機構改変等により、小児科や産科を合併した時期、病院の付属になった時期、独立した時期を繰り返し、名称もその都度変更したが、継続して運営は行った［東京都済生会中央病院　一九六七：六、七〇］。

病院は一九三五（昭和一〇）年から二年間かけて改築工事を行ったが、一九四五（昭和二〇）年五月二五日の東京への大規模な空襲により、本館を含めて病院建築の三分の二を焼失し、約三〇〇床あった病室も五〇床程度となり、終戦を迎えた［東京都済生会中央病院　一九六七：一三－八］。

済生会は病院における医療活動以外に、巡回診療や巡回看護、災害時には災害救助活動を行った。東京市内の巡回診療班は一九一四（大正三）年一月に組織され、当初は四班と応援診療班一班で、巡回区域は、深川区、本所区、浅草区、下谷区、小石川区、牛込区、四谷区、麹町区、神田区、本郷区、京橋区、日本橋区、芝区、麻布区、赤坂区であったが、その後、診療班は拡充していった。巡回診療は「新患者の発見や早期治療には至便」だったが、「旧患者には医師の居所不定のために不安の念を起さすことも多く、後に患者側の懇請に基ずき、出先患者の居宅の一間など、適当の場所に根拠を定めて、付近の患者を集めて診療を行う」形をとった。また、関東地方の無医地区への巡回診療も行った［済生会　一九六四：一四七－八］。

巡回看護は、関東大震災の罹災者救護のため、被災後すぐに臨時救療部を設置し、医師、看護婦等による臨時救護班を組織して医療活動を行った後、賀川豊彦の援助のもとに約二週間の短期講習を受け、一九二四（大正一三）年一月から、臨時巡回看護班を組織して訪問したものを、七月以降は常設とした。済生会病院が主体となり、看護婦三名を一組として深川、本所、浅草、下谷の四診療所に配属した。職務の範囲は幅広く、病人に対する手当や療養上の指導、衛生指導のほか、身の上相談や、職業紹介のために他機関と連絡をとることなども含まれていた［東京都済生会中央病院 一九六七：三二―三二］。

災害救助活動では、天災人災の際に、非常救護班を編成して現地に派遣するとともに、臨時救療費の支出などを行った。救護班の派遣は東京市と近郊以外にも、遠く東北地方や北海道まで行った［東京都済生会中央病院 一九六七：四五―五六］。

これらの事業に対し、病院の総経費は一九一八（大正七）年度は九万一七四七円であったが、年々増加し、一九二六（大正一五）年度は一九万七九九円となった［済生会 一九二八a：六九］。

当初はすべて施療であったが、関東大震災後、東京市における診療機関が極度に不足し、かつ罹災者は細民に限らなかったことから、普通一般の家庭でも施設に余力のある範囲で希望者を診療することとしたが、済生会創立の趣旨によりその診療に応ずる範囲を一九二四（大正一三）年六月に「恩賜財団済生会直営診療機関ニ於ケル有償診療徴収規程」で定め、有償診療の制度を設けた［済生会編 一九三七：一〇八］。有償診療の対象は、「大体月収一〇〇円以下ノ範囲ノ者トス。但シ家族ノ多寡其他ノ関係ヲ考慮シテ、実情ヲ査察シ、之ヲ決定」した。入院料は一日一円五〇銭、ないしは二円五〇銭であった［東京都済生会中央病院 一九六七：三〇］。

さらに、治療券（後述）利用の患者が増加し、その中には若干の薬価等を支出できる者もいると考えられたことから、一九三一（昭和六）年五月には「本会診療患者中全然無料ヲ必要トセサル患者ニハ薬価等少額自弁ト為スノ件」を定め、患者を二種に分け、第一種は無料、第二種は少額自弁とした。それでも通常の開業医に比べては、低額であった。第一種は「一世帯（三人）ノ日収一円四〇銭（月四〇円程度）、借家賃日掛二五銭、月七円以下ノ家屋ニ居住スルモノ」で、第二種は「一世帯（三人）ノ日収一円七〇銭（月五〇円程度）、借家賃日掛三五銭、月一〇円以下ノ家屋ニ居住スルモノ」とおおよその区分をしたが、実際は方面委員などの治療券の「取扱者ノ認定ニ委ス」ものとした。第二種患者の入院費は一日五〇銭であった〔東京都済生会中央病院 一九六七：三〇―一〕。

このように一九二四（大正一三）年以降、有償診療が行われるようになったが、その背景には「一には患者の責任感を涵養し、一には枯渇せんとする事業資金の一部を補ひ」、「救護法による以外の救療事業は、要救療者に於てその可能範囲に於ける少額負担を為すを以て、当然の責務とするとの協同的自主的精神を、本事業に注入せんとする」〔済生会編 一九三七：一一一―二〕という考えがあった。

## （4）対象者と対象地域

済生会病院の患者数は、一九一五（大正四）年度の外来実人員が五四九二名、入院は四二三名で始まり、その後も外来人員は四～五千名、入院は一千名前後で推移したが、一九二三（大正一二）年関東大震災が起こった年度の外来は二万五七六八名、入院実人員は三三二〇名と急激に増大した。さらに、救護法が公布された一九二九（昭和四）年度には、外来患者は一万四六〇名と一万人を超え、入院も二三四六名となっていた（表Ⅳ―1）。

患者が多い地域は、一九三〇（昭和五）年度の調査によると、一位は病院所在地の芝区で、外来は四四〇七名、入院は六六七名、二位は都市計画区域内[4]で外来は二七二五名、入院は四二五名、三位は麻布区で外来は二二七五名、入院は二九八名であった。このことから病院近辺の患者が比較的多く利用していたことがわかる。

済生会を利用するには「治療券」の交付を受ける必要であったが、「恩賜財団済生会東京市内受救療者標準」によれば、「鰥寡孤独又ハ廃疾ニシテ、適当ノ扶養義務者ナキモノ」、「一世帯ノ日収一円七〇銭以下ニシテ、賃

表Ⅳ-1　済生会診療患者数（1915〔大正 4〕年～1941〔昭和 16〕年）　（外来）

| 年 | 1915（大 4） | 1916（大 5） | 1917（大 6） | 1918（大 7） | 1919（大 8） | 1920（大 9） | 1921（大 10） |
|---|---|---|---|---|---|---|---|
| 実人員 | 5,492 | 4,318 | 4,002 | 4,225 | 4,539 | 4,660 | 5,053 |
| 延人員 | 208,301 | 231,124 | 209,505 | 257,045 | 281,570 | 226,646 | 240,212 |

| 年 | 1922（大 11） | 1923（大 12） | 1924（大 13） | 1925（大 14） | 1926（大15・昭1） | 1927（昭 2） | 1928（昭 3） |
|---|---|---|---|---|---|---|---|
| 実人員 | 5,375 | 25,768 | 7,598 | 6,234 | 6,696 | 7,471 | 9,438 |
| 延人員 | 283,431 | 670,026 | 426,467 | 352,025 | 372,030 | 473,437 | 627,382 |

| 年 | 1929（昭 4） | 1930（昭 5） | 1931（昭 6） | 1932（昭 7） | 1933（昭 8） | 1934（昭 9） | 1935（昭 10） |
|---|---|---|---|---|---|---|---|
| 実人員 | 10,460 | 11,589 | 11,845 | 11,906 | 11,189 | 14,940 | 15,455 |
| 延人員 | 705,198 | 665,269 | 629,551 | 558,885 | 493,112 | 712,261 | 766,684 |

| 年 | 1936（昭 11） | 1937（昭 12） | 1938（昭 13） | 1939（昭 14） | 1940（昭 15） | 1941（昭 16） | 総数 |
|---|---|---|---|---|---|---|---|
| 実人員 | 15,895 | 15,679 | 11,527 | 19,448 | 17,319 | 19,760 | 287,881 |
| 延人員 | 851,739 | 844,771 | 764,905 | 858,863 | 814,934 | 608,264 | 14,133,727 |

（出典）東京都済生会中央病院（1967）『東京都済生会中央病院 50 年史』231 頁より引用。

（注 1）なお、実人員と延人員について「備考」によれば、「往時の延人員の計算のとりかたは、投薬日数を延人員としていた」とある。

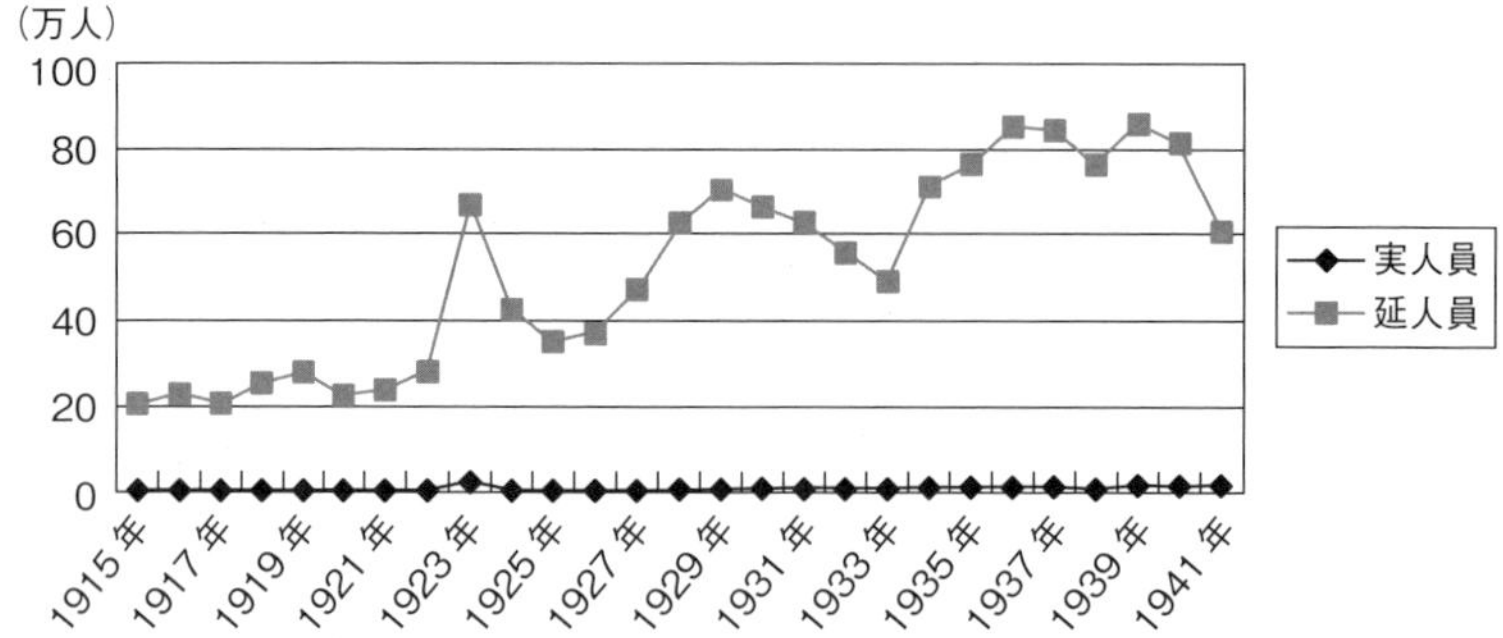


図Ⅳ-1　済生会診療患者数

借料日割約三五銭以下ノ家屋ニ居住スル者」で、他に救療の途がない者が対象であった。治療券は、東京市内の方面委員、警察署、区役所が交付を行ったが、乱発を防ぐために「恩賜財団済生会治療券各警察署区役所取扱手続」を定めた［東京都済生会中央病院 一九六七：二八‐九］。「治療券及巡回治療票一枚ノ治療期間ハ二十日」で「引続キ治療ヲ要スル患者ニ対シテハ、病院、診療所又ハ診療班ニ於テ継続治療券ヲ交付、又ハ継続巡回治療票ノ作成ヲナス」ことができた。薬の処方については処方箋を交付し、委託している薬剤師から投薬を受けた［済生会 一九八二：五五］。

## 2 済生社会部の設立

### (1) 創設の目的と組織・経営

済生会病院に病院社会事業を導入することを主張したのは生江孝之であった。第Ⅱ章でも述べたように、生江は一九一九（大正八）年に米国でキャボットの病院社会事業を知り、その必要性を痛感して帰朝後、内務省と済生会病院で報告した。しかし、経費を必要とするためなかなか実現に至らなかったが［生江孝之先生自叙伝刊行委員会 一九八八：二一二］、ようやく一九二六（大正一五）年一〇月、参事生江孝之、嘱託原泰一、中央社会事業協会宮島幹之助、病院長大谷彬亮等の主唱により、また理事長二条厚基の斡旋によって、済生社会部が設立された［済生会 一九六四：三三二］。その目的は、済生会の患者は「たゞに病苦に悩んで居るの外、その生活上にも最も不運な人達」であり、「その診療に際して幾多看過すべからざる悲惨事に遭遇する」が、済生会は施療施薬の機関であり、施療施薬以外のことでこれらの人びとを援助することはできない。「それでは、恩賜財団済生会本来の目的を、充分に達成するのに困難な場合が多々ある」ためで、とくに、関東大震災直後に巡回看護婦を新設して患者宅の訪問を開始してから、ますますその必要性を痛感していた［済生社会部編 一九三八：一‐三］。

また、「済生社会部規程要項」ではその目的を「済生会ノ事業ヲ幇助シ、患者ノ苦痛軽減ヲ図ル」こととし、具体的には資金の準備が出来次第、順次、①患者の身元生計調査、②患者の相談、入院中と退院後の世話、③患者の家族の世話、これに関して他の社会事業との連絡、④患者職員等に便宜を与える目的の病院内売店事業を行うとした［済生会 一九六四：三三三‐四］。

事務所を済生会病院内においたが、組織としては病院外の独立した組織であった。当時の病人相談所は、泉橋慈善病院や松沢病院のように篤志団体によるものと、病院経営によるものがあったが、生江は、海外で見聞したものは病院外の施設として経営するものが多かったので、済生会でも病院外の施設として設置したとしている［生江孝之先生自叙伝刊行委員会 一九八八：二一五］。しかし、病院外の組織にした現実的な理由は経費の問題で、前述したようにそのためになかなか実現しなかったと生江も述べているが、「本会の事業は年々多額の経費を要し到底他を顧る余力がない、それに財界の沈衰、一般社会の不景気の今日では、現在の事業を継続する所要経費を得るすら困難になつて来て居る、斯様な本会の現状なるが故に救療以上の保護事業などに手を染める余力を見出せない、それ等の関係から、本会の事業と離れて何んとかその保護を行ひたいと云ふ本会関係者の間に久しく苦心研究された」［済生会 一九二八b］結果、ようやく設立したという経緯からも明らかであった。

以上のように、組織としては独立した形をとったが、理事長の生江孝之以下、理事には大谷彬亮、原泰一、紀本参次郎、大畑彦三、石田耕造、監事は岩城竹治、陸壮三郎、矢田増次郎など済生会関係者で占められ、病院からも経費の補助があり、現実的には「済生会の仕事といっても過言ではなかった」［生江孝之先生自叙伝刊行委員会 一九八八：二一五］。なかでも救療部長の紀本参次郎は、たびたび機関誌『済生』等で社会部の記事を執筆し、部の運営に尽力した。

済生社会部の経費は、寄付金、売店利益金、雑収入をもって支弁することとした。まずは活動資金を得るため、他から五〇〇円を借りて売店営業を開始し、設立一年後の一九二七（昭和二）年一〇月、売店の利益金と篤志者の寄付金が八五八円（売店六八二円、寄付金一七六円）に達したところで、ようやく本来の救済事業を開始した［紀本 一九二八］。

一九二八（昭和三）年六月から一九二九（昭和四）年六月までの収入をみると五一三一円二三銭で、内訳は多い順に、寄付金の二一一四円二七銭、売店の売り上げと興行収益金の一五〇〇円、雑収入の五六八円三二銭、前期繰越当座預金の五三二円一七銭、付添料の三八六円四〇銭、預金利子二四円四二銭、前期繰越現金五円六五銭であった［済生会 一九二九］。寄付について、当初は「なでしこの会」[5]などの篤志の寄付金に頼るのみで、計画どおりの活動が十分にできずにいたため、一九二九（昭和四）年には、社会部も独自に「映画と舞踊の夕」「日本民謡の夕」などの演芸会やバザーの開催、含嗽液などの販売を行い、収益を活動に充当した［済生会 一九六四：三三五–九、村上 一九三六］。

助成金としては、一九二九（昭和四）年度に東京府から五〇円、東京市から四〇円が支給され、その後も毎年支給された。一九二九（昭和四）年一二月「済生社会部助成ニ付御願」として、助成願書を宮内大臣一木喜徳郎あてに提出し、一九三二（昭和七）年に皇室から社会部へ事業補助として三〇〇〇円、一九四一（昭和一六）年

表Ⅳ-2　済生社会部　奨励金助成金一覧

| 年度 | 宮内省 | 内務省 | 東京府 | 東京市 | 三菱 | 三井 | 原田 | 計 |
|---|---|---|---|---|---|---|---|---|
| 1929（昭4） | | | 50 | 40 | | | | 90 |
| 1930（昭5） | | | 50 | 50 | | | | 100 |
| 1931（昭6） | | | 50 | 50 | | | | 100 |
| 1932（昭7） | | | 50 | 50 | | | | 100 |
| 1933（昭8） | 100 | 300 | 50 | 100 | 400 | | | 950 |
| 1934（昭9） | 100 | 300 | 100 | 100 | 400 | 500 | | 1,500 |
| 1935（昭10） | 100 | 300 | 100 | 100 | 300 | | | 900 |
| 1936（昭11） | 100 | 300 | 100 | 100 | 300 | | 500 | 1,400 |
| 1937（昭12） | 300 | 300 | 100 | 100 | 300 | | | 1,100 |
| 計 | 700 | 1,500 | 650 | 690 | 1,700 | 500 | 500 | 6,240 |

（出典）済生社会部編（1938）『済生社会部の仕事（附規程）』より抜粋。
（注1）宮内省：宮内省御奨励金、内務省：内務省奨励金、東京府：東京府助成金、東京市：東京市助成金、三菱：三菱社会事業助成金、三井：三井報恩会助成金、原田：原田積善会助成金を表す。
（注2）単位は円。

にも三〇〇〇円の下賜金があった。この頃から毎年二月一一日の紀元節に、皇室から全国優良社会事業団体に事業奨励のため、金一封が下賜されるようになり、済生社会部にも下賜された。このほか、内務省、原田積善会、三井報恩会等からの助成もあり（表Ⅳ-2）、資産が増えるに従い事業も順次拡大していった［済生会 一九六四：三三九-四四、済生社会部編 一九三八］。

## （2）生江孝之と済生社会部

生江は社会部創設時から理事長となり、二〇年間その職にあった。生江は当時、内務省地方局の嘱託であり、欧米の社会事業を視察して政策への助言や提言を行っていた。また中央慈善協会の設立にも参画し、雑誌『慈善』の編集に携わっていた。済生会には設立時より参事として関与し、その後も永く済生会にかかわった。生江によれば、済生会は「多大の興味と熱意をもって従事した事業」であり、年一

生江孝之
（一番ヶ瀬康子編
『社会福祉古典叢書 4
生江孝之集』
1983 年　鳳書院）

回の評議員会には、「万障を排して出席に務め」、「年々出席し得た事は私の生涯に於ける最も大なる栄誉の一つ」としている。また『済生』には特別寄稿者としてしばしば投稿し、済生会の看護婦養成所の講師として社会事業、心理学、社会学などを担当した〔生江孝之先生自叙伝刊行委員会 一九八八：二〇八―一二〕。

生江の病院社会事業論は第Ⅱ章第1節で述べたが、リチャード・キャボットの影響を強く受けている。生江は、キャボットの病院社会事業を、すでに当時実施されていた、類似した以下の四つの事業の総合化あるいは合理化であるとした。すなわち、①精神病者保護協会の病院と連絡を保ちつつ行う事業、②ロンドン慈善協会チャールズ・ロックによる患者の物質的救助と家庭に対する保護、③訪問看護事業による家庭訪問で治療に適当な注意と保護を与えることと、さらにこれらの保護のみではなく必要とする物質的保護救助が必要であること、④ジョンズホプキンス大学学生が学生慈善協会を組織し、患者や貧民の家庭生活を研究する会を起こしたこと、そして治療上の目的を遂げるためには彼らの物質的精神的保護も重要であると理解したこと。そして治療は「病院と社会と相俟つて為さゞれば其目的を達するに困難」であり、「その使命を果す中間機関」が病院社会事業であるとしている〔生江 一九二六〕。

さらに生江は、病院内に社会事業を設置する目的を「病者が病院に入院して治療を受けつゝあるの際、時に不安に襲はれ、時に憂愁に沈み、之がため或は其の恢復を遅延せしめ或は却て病勢を昂進せしむることあるは、主として其の家庭の安否、恢復後の保養方法若くは就職の如何等に関する憂慮に依るのである。故に是等の不安と憂苦とを除去し安んじて一身を療養に委ね、若くは退院後の生活に希望を有たしむるの方法を講ずることは甚だ肝要である」〔生江 一九二三：九五―六〕と述べている。

のちに生江は、済生社会部全体の事業について、一つは「病人に対する今日の所謂ケースワークの如きもの」

で、病人の生活状態、家庭の状態、それに関連する社会状態等を調査してそれを病院に報告することだとしている。病院では従来患者を治療するのみで、患者という人間を全面的に調査しなかったが、人間が病気に罹ったのだからその人の全生活を調査して最後の診断をなし、これに治療を施すべきとし、いわゆる全人的医療の必要性を提唱している。そのほか、済生会では一時保育所の設置を行ったが、これは日本のみの特殊事情に基づくもので、健康な児童が病気の母親にともなって病院に出入りするという日本の習慣をなんとかして防止しようとして、一時保育所を設置したとしている。また年数回、患者の慰安会を設け、売店を設置し物品の廉売を行ったことを挙げ、いずれも日本では済生会が最初に行った取り組みであったとしている［生江孝之先生自叙伝刊行委員会一九八八：二一三―六］。

相談員について、生江は、事務員とは異なり、「内にあつては医師及病院行政部たる事務所との関係や、外に向つては一般社会事業との連絡、交渉、更に各患者と其家族に対しては正確緻密なる調査研究等極めて多方面に亘つて関係を有するもの」であると、その専門性を指摘している。また相談員は「一般社会事業に対する広き智識と医師看護婦との諒解連絡が必要であると同時に、従事員自身が堅牢不抜な意志と忍耐力と且つ広き人類愛に燃ゆる犠牲的精神が必要」で、そのためには専門の養成機関が必要であると述べている［生江 一九二八］。

このように生江は、相談員に、社会事業に対する広い知識をもち、他職種や他機関と連携を取り、社会資源を活用し、患者や家族への調査研究を行う専門性と、堅牢不抜な意志と忍耐力、人類愛に燃える犠牲的精神という態度や姿勢を求めた。

### （3）済生社会部の事業内容

一九二七（昭和二）年一〇月に開始した済生社会部の当初の事業内容は、「済生社会部事業」によれば以下のとおりであった［紀本 一九二八］。

一、入院患者死亡ニ際シ屍体引取ナキカ又ハ引取人アルモ屍体ノ処置に困窮スル場合ニ於テ済生社会部ニ於テ埋火葬儀ニ要スル費用ヲ（一人ニ付十円以内）支弁シ之ヲ処置スルコト

二、入院患者退院ニ際シ衣服ナキ場合ニ於テハ万止ヲ得サルモノニ限リ社会部ヨリ給与シ退院ニ便ナラシムルコト

同患者退院スルモ市内ニ留マルコト能ハス郷里ニ帰省セムトスルモノ等旅費ナキ為メ退院ヲ躊躇スル患者ニ対シテハ汽車賃ヲ立替又ハ給与スルコト市内居住者ニシテ電車賃ナキ場合亦同ジ

三、診療所ノ患者ニシテ出産、病気加療ニ際シ万々止ヲ得サルモノニ限リ衣服（古着物ニテ）及出産用品ヲ給与スルコト

さらに入院患者で保証人がない場合は、「社会部カ保証人トナル」ことであった。

このように、当初の事業は、主として困っている患者に物品や金品を給与、もしくは貸与する「救済事業」であった。

済生社会部一時託児所
（済生会『済生』10-3
1933年）

表Ⅳ-3　済生社会部　外来患者一時託児所託児数成績表
（1933〔昭和8〕年3月1日～1937〔昭和12〕年3月31日）

| 年度 | 1歳 | 2歳 | 3歳 | 4歳 | 5歳 | 6歳 | 7歳 | 8歳 | その他 | 計 | 日数 |
|---|---|---|---|---|---|---|---|---|---|---|---|
| 1933（昭8） | 407 | 877 | 848 | 874 | 756 | 758 | 734 | 229 | 550 | 6,033 | 286 |
| | 332 | 754 | 886 | 860 | 1,123 | 933 | 1,081 | 466 | 669 | 7,104 | |
| 1934（昭9） | 330 | 917 | 1,096 | 948 | 985 | 847 | 868 | 456 | 805 | 7,252 | 297 |
| | 177 | 910 | 1,308 | 1,180 | 975 | 1,076 | 874 | 427 | 675 | 7,602 | |
| 1935（昭10） | 434 | 872 | 1,014 | 908 | 923 | 829 | 717 | 392 | 506 | 6,595 | 300 |
| | 457 | 888 | 1,018 | 1,037 | 973 | 828 | 764 | 413 | 684 | 7,062 | |
| 1936（昭11） | 257 | 838 | 793 | 795 | 745 | 742 | 639 | 339 | 462 | 5,610 | 300 |
| | 260 | 885 | 781 | 803 | 771 | 705 | 680 | 435 | 590 | 5,910 | |
| 1937（昭12） | 207 | 668 | 663 | 632 | 595 | 632 | 508 | 262 | 422 | 4,589 | 300 |
| | 251 | 728 | 711 | 632 | 637 | 610 | 542 | 302 | 458 | 4,871 | |
| 累計 | 1,635 | 4,172 | 4,414 | 4,157 | 4,004 | 3,808 | 3,466 | 1,678 | 2,745 | 30,079 | 1,483 |
| | 1,477 | 4,165 | 4,704 | 4,512 | 4,479 | 4,152 | 3,941 | 2,043 | 3,076 | 32,549 | |

（出典）済生社会部編（1938）『済生社会部の仕事（附規程）』より抜粋。
（注1）上段＝男児、下段＝女児。
（注2）日数は託児日数、単位は日。

一九二八（昭和三）年八月には、社会部の「一切の事業を徹底活動させる為」、患者相談所を設置し「相談事業」を開始した。これにより「諸種の相談は勿論、或は指導方面に、或は教化方面にも活動するに至り、その内容外観共に漸く整ふを見たのである」〔村上 一九三六〕。

さらに、一九三二（昭和七）年に受けた下賜金三〇〇〇円をもとに、翌一九三三（昭和八）年二月、外来患者の子どもを一時的に預かるための託児所を、病院正面左側の建物を改築して設置した[6]〔済生会 一九六四：三四二〕。託児所設置の理由は、外来患者の中には、一人で二、三人の子どもを連れてくる患者もおり、診察の妨げになり、また子どもの健康面からも好ましくないため、託児所を設置したものである。託児所には保母を配置して、短時間ただ預るだけではなく、「毎日短時間の連続に依て彼等を如何に教化し且つ彼等の持つ家庭に如何に精神的に働きかけて行くか」を考え、「手の空いた時は折紙も教へ書き方も覚えさせ歌を唱はせ踊らせる」教育を行った［長峯　一九三三］。後述する相談員の清水も、貧困の一大要因は無知であり、将来のある子どもたちへの教育が社会事業のもっとも大切なことだと述べているが、このように託児所は、単に預かるのみではなく、明確な意志と考えをもって保育を行っていた。

一九三三（昭和八）年三月から一九三七（昭和一二）年三月までの受託児童数を表Ⅳ-3にまとめたが、平均で一日約四二人、一歳から八歳までの子どもたちを預かり、なかでも二歳から五歳までの児童数が多かったことがわかる［済生社会部編　一九三八］。

一九三六（昭和一一）年の「事業現況」によると、社会部の事業内容は、①救済事業、②教化事業、③患者慰安事業、④相談事業、⑤各種施設との連絡、⑥調査、⑦売店事業、⑧託児事業、⑨月報発行、⑩その他必要なる諸事業の一〇項目に分かれていた。その内容について要約すると以下のとおりである［村上　一九三六］。

①救済事業

a．滋養品給与

外来患者（空床がなくやむなく自宅療養中の患者が多く含まれる）でとくに窮乏のため、必要な滋養品を得ることができない人びとに、牛乳その他の滋養品を給与し、他面、ベッドの不足を補おうとしている。

b．被服その他の給与

入院患者が退院の時、衣服の用意ができない場合、また診療所の患者で煎餅布団一枚しかない場合、産衣も調えられず出産を控えているという事情の人びとに対して、必要の被服、出産用品を給与する。

c．旅費給与または貸与

退院に際し、市内に家がなく頼る所もなく、帰郷するに旅費がなく却って退院を躊躇するという場合、船車賃の立替または給与をするが、市内居住者で入退院に車賃がない場合も同様に援助する。

d．無料付き添い

重態で付き添いを必要としても天涯孤独で何の身寄りもなく、あるいは家人が付き添っては商いもできなくなり生活に困るというような場合、社会部所属の付添婦、その他を無料で付き添い斡旋する。

e．家人の付き添いに対する食費給与

夫が慢性の疾病であったりすれば、入院までにめぼしい家具家財の大抵は人手に渡っている。家人が付き添う場合で、もはや食費の負担にも耐えない場合、付添い人に食費（一日二七銭）を給与する。

f．埋葬料補助

入院患者が死亡した場合、引取人がいなかったり、引取人があっても遺体の処置に窮するような時、埋火葬に要する費用を一人一〇円以内で補助する。

g．生活費補助

世帯主または家計を支えつつある者が病に侵され、家族が生活に窮する場合は、何等かの公的救助の手が差し伸べられるまで応急に一週間、次の標準で家族に生活費を補助する。大人は一人一日三〇銭（一人増すごとに二〇銭）、子どもは一人一日一五銭。

以上のほか、なお必要なる救済のため、各診療所にいくばくかの金品を前渡しし、臨機迅速なる処置が行われるように図っている。

②教化事業

a．人生の途上、生活につまずいて心を傷め、身を病んで悩む患者に、精神的慰安と向上を得るように、諸名士の宗教精神講話を聞かせ、または印刷物として配布する。

b．疾病予防を徹底させるため、予防衛生に関するいろいろな注意と、医学的方面や家事の方面にも、四季それぞれの必要に応じ印刷物として配る。

③患者慰安事業

病院では軽快入院患者の憂いを慰め励まし、診療所では外来患者と家族のために、衛生講話、その他慰安にと、「演芸の夕べ」「映画の集い」等を催して相交わる。

④相談事業

社会部のあらゆる一切の事業を徹底活動させるため、患者や家族が何かと苦悩するところ、困憊するところ、求めるところについての相談に応じ、それぞれの事業を記録し、それぞれの方法を講じて、適宜の解決に努力している。この相談の仕事で重要な事柄は、相手の話を正しく理解し、いたずらに依頼心をもたせずできるだけの処理はそれぞれに負わせること、そして必要な援助は機敏に与えること、常に道徳的非難は最後におくことで、道徳的非難は必ずしも必要としない。
取扱項目は、a．入院、b．就職、c．救療、d．保護、e．有償より施療へ、f．退院延期、g．身元調査、h．食費免除、i．その他、である。

⑤各種施設との連絡

社会事業の対象として個人をみる場合も、それを取り巻く多くの錯綜した社会的関係から切り離すことができない。相談所で取り扱った事件を有効適切に処理解決するためには各社会事業施設と相互緊密な連絡交渉がぜひとも必要で、相互協調が常に事件を有利に解決する。患者のアフターケアにはとくに各種施設との連絡が肝要で、東京市方面委員諸氏とは常に相提携するところである。なお済生会の巡回看護婦とは、十分な連絡のもとに当部活躍の万全を期している。

⑥調査

a．入院患者生活調査

医療と他の半面をなす重要な事柄であって、縦に横に詳細正確な記録は医員の診療に必要な資料を提供するとともに、患者の正しい解釈が得られる。

b．要救済者の生活調査

救護や保護に困難と欠点をともなって常に悩むことは、濫給と漏給であって、少し誤れば惰民を養成する過誤を犯すことになる。救済は慎重のうちにも機敏適正を要するのであり、この仕事を遺憾なく行うためにも必要なる出張、委託調査をしている。

⑦売店事業

病院と乳児院内に一カ所ずつ設け、患者と職員の便宜を図り、かつ社会部の事業資金を得る目的をもって、日用必需品、衛生用品、菓子、玩具、煙草、切手等を販売している。九年の歴史を経て、当初の取扱品目五五種より今や百八十余種に及び、一九三四（昭和九）年度の純益金は八三二円余りである。

⑧託児事業

外来患者の父母兄姉で毎日二、三人の健康児を同伴する者が多く、これらの幼児は待合中に右往左往して高声を発し、啼泣して喧騒を極め、診療上に数々の困難を経験する。また幼児は廊下に落とした菓子や飴類を口にする例をしばしば目撃し、病菌伝播の危険がある患者と共にいることは、衛生上憂慮に耐えないため、一時的な託児所を設けて安全な遊び場を提供し、保護と疾病予防を図るとともに、来院中のわずかな時間ながら教育的保育をし、子どもを通して家庭に衛生思想その他を注入する。

⑨月報発行

昨（昭和一〇）年一〇月より毎月上旬『済生社会部月報』を発行し、病院社会事業の普及宣伝ならびに研究、社会部取扱実例、相談部取扱件数、救済実績表、託児所成績その他を掲げ、本事業の関係各方面に送付している。

表Ⅳ-4　済生社会部　救済給与実績表

（1927〔昭和 2〕年 10 月～1937〔昭和 12〕年 3 月）

| 年度 | 救済費 | 滋養品 | 貸与費 | 埋葬費 | 付添費 | 慰安費 | 計 |
|---|---|---|---|---|---|---|---|
| 1927（昭 2）～1928（昭 3） | 5 | 45 | 18 | 6 | 1 | 5 | 80 |
| | 30.98 | 306.62 | 66.98 | 41.19 | 4.00 | 47.75 | 497.52 |
| 1929（昭 4） | 22 | 59 | 3 | 11 | 11 | 2 | 108 |
| | 41.70 | 423.75 | 24.14 | 51.50 | 61.15 | 24.75 | 626.99 |
| 1930（昭 5） | 55 | 186 | 2 | 8 | 367 | 2 | 620 |
| | 119.05 | 398.89 | 6.50 | 38.40 | 329.40 | 15.00 | 907.24 |
| 1931（昭 6） | 27 | 94 | | | 10 | 7 | 138 |
| | 41.41 | 204.18 | | | 56.20 | 36.85 | 338.64 |
| 1932（昭 7） | 67 | 99 | 1 | 3 | 30 | 2 | 202 |
| | 99.50 | 189.31 | 2.18 | 9.79 | 179.30 | 17.80 | 497.88 |
| 1933（昭 8） | 89 | 110 | 1 | 1 | 61 | 3 | 265 |
| | 245.28 | 240.38 | 2.00 | 5.00 | 500.10 | 17.00 | 1009.76 |
| 1934（昭 9） | 44 | 32 | 2 | 2 | 84 | 2 | 166 |
| | 283.24 | 172.38 | 8.00 | 13.75 | 484.44 | 28.00 | 989.81 |
| 1935（昭 10） | 74 | 125 | 3 | 3 | 150 | 2 | 357 |
| | 293.39 | 258.99 | 12.12 | 18.50 | 957.16 | 40.90 | 1581.06 |
| 1936（昭 11） | 79 | 152 | — | 2 | — | — | 233 |
| | 226.08 | 339.83 | — | 9.50 | — | — | 575.41 |
| 1937（昭 12） | 46 | 165 | 1 | 2 | — | — | 214 |
| | 259.64 | 406.01 | 13.00 | 9.50 | — | — | 688.15 |
| 累計 | 508 | 1067 | 31 | 38 | 714 | 25 | 2383 |
| | 1640.27 | 2940.34 | 134.92 | 197.13 | 2571.75 | 228.05 | 7712.46 |

（出典）済生社会部編（1938）『済生社会部の仕事（附規程）』より抜粋。

（注 1）上段は件数（件）、下段は金額（円）。

（注 2）「滋養品」は「滋養品（牛乳鶏卵）」、「埋葬費」は「埋葬費補助」、「付添費」は「無料付添費」を省略して記載。

⑩その他必要なる諸事業

また、一九二七（昭和二）年一〇月から一九三七（昭和一二）年三月までの「救済給与実績表」を表Ⅳ–4にまとめた。ここから、金額、件数ともに、「滋養品」「付添費」「救済費」の順に多いことがわかる。

さらに、一九四〇（昭和一五）年には、「芝病院に収療せんとする患者及通療患者、退院後通療を要する患者、病後疲労の為め職に従事し難きものの為」、一時的宿泊所の設置を計画したが、戦争により中断となった［済生会 一九六四：三四三–五］。

これらの事業内容を概観すると、まず、資金集めのため「売店事業」を開始し、設立一年後からさらに一年間は物品や金銭の給付や貸与を行う「救済事業」が行われ、その後一九二八（昭和三）年には「相談事業」が始まり、「教化事業」や「慰安事業」、「各種施設との連絡」や「調査」も行われた。ここから困っている患者や家族に対し、「モノを与える」という方法だけではなく、教化や慰安を含めて相談や調整といった方法で援助を行ったことがわかる。また、病院社会事業の普及や宣伝、研究を目的に、「月報」という形で事業内容をまとめ外部に送付していた。

さらに、「託児事業」の実施や、一九四〇（昭和一五）年には、運営に至らなかったが、一時的宿泊所の設置を計画するなど、資金が充足するにつれ、ニーズに応じた柔軟な事業が展開された。

## （4）訪問看護事業と済生社会部

済生会の訪問看護事業は、一九二四（大正一三）年一月に関東大震災の罹災民の救護のために、臨時に巡回看護班を組織したことに始まる。同年七月以降は常設化され、当初は、看護婦三名一組で四班に分かれ、深川、本所、浅草、下谷の四診療所に付属し、細民地区を巡回し、個別訪問を行った。その職務内容は、以下のとおりであった［済生会 一九八二：六五］。

一、家庭訪問（病人の有無、衣食住の衛生的なるや否や等を注意する）
二、伝染病患者の取扱（患者を発見すると直ちに医師の診療を受けしめ、診断の結果、伝染病院へ送る等）
三、衛生思想の注入
四、患者の手当（湿布、繃帯等の交換、検温、洗滌、点眼、小児の凍傷手当等）
五、患者受療の手引（患者により一般医療機関、結核療養所、産院、乳児院、養育院、精神病院等）
六、妊産婦の摂生指導（産前産後の注意）
七、助産および授乳方法
八、衣食住に関する注意（冬季、夏季における臥床、飲食物、殊に小児の栄養等）
九、幼児及び学令児童の一般衛生
一〇、児童の遊戯に関する注意
一一、身の上相談

## 一二、職業紹介（方面委員、区役所、警察署等依頼交渉）

巡回看護の活動は、「入院の途のない居宅療養者の感情の緩和」や巡回区域の「衛生状態がいちじるしく好くなった」という効果を上げ、一九二七（昭和二）年までに四谷診療所、済生会病院、麹町分院にも巡回看護班を配置し、計七班となり、一九三七（昭和一二）年度は一三班二四名、毎月総計二〇〇〇戸以上の家庭を訪問した。このような東京での活動が広がり、一九四一（昭和一六）年には東京とその他の地域を合わせて、一四府県で一三九名が活動した［済生会 一九八二：六四‐五］。

また、日本赤十字社の要請により、社会看護婦生徒の実務練習として巡回看護班に配置実習させ、大学等より社会事業に関心のある学生の配置研究の便宜を依頼されることもあった［済生会 一九八二：六五‐六］。

巡回看護婦と社会部は、第2節第(3)項で述べたように、「十分な連絡の下に」活動を行った。具体的には、たとえば巡回看護婦が訪問していた木賃宿で暮らす身寄りのない患者は、入院時に着ていた衣服が破れてぼろぼろになり退院時に困ったところ、「済生社会部の御厚意ですっかり心配して貰って」、ようやく退院できた事例、患者宅には食べ物が粥と近所からの恵みの西瓜の水があるのみで、日一日と窮迫していくのを見かねて、巡回看護婦が方面委員へ救済を依頼し、同時に社会部へも牛乳の配給を依頼したところ、翌日から牛乳の配給を受けることができた事例、入退院に際して、自動車代がない場合の給与を社会部へ依頼した事例などが『済生』に掲載されている［大西 一九三〇、村山 一九三五］。

さらに、『済生』の記事によれば、ある「巡回看護婦打合会」で、済生社会部との連絡交渉が議題の一つに挙がっていることからも、社会部とのやりとりがなされていたことがわかる。また、その会議の後に、聖路加国際病院の小栗将江（浅賀ふさ）を講師に、「①救貧法とケースウォーク、②ケースウォークとグループウォーク、③ケースウォークの分野、④リッチモンドに依るケースウォークの定義、⑤調査に就て、⑥対策実行に就て、⑦女性の仕事として」という内容の講演が開催された［済生会 一九三六］。ここからは、巡回看護婦もケースワークやグループワークといった社会事業の方法に関心をもっていたことがわかる。

## （5） 大阪府病院、京都府病院の社会部

前述したように、戦前社会部が設置されたのは、東京にある済生会病院のほかは、大阪府病院、京都府病院のみである。そこで、ここでは両病院の社会部について触れておきたい。

大阪府病院は一九一六（大正五）年に創立された。一九二〇（大正九）年に院内に患者慰安会を常設し、「入院患者の物心両方面の慰安」と「物故者に対する回向」を行い、一九二五（大正一四）年には病院敷地内に患者慰安会館を建設した。その後、一九三二（昭和七）年には、「単なる患者の慰安のみを以ては満足出来ぬやうになった」ため、「院内社会事業を実施して、済生会本来の事業を後援し、以て真に徹底せる救療の実をあげるべく精進することとなり」、「済生会大阪府病院社会部」と改称した。一九三四（昭和九）年には訪問看護婦を常設して訪問を開始し、一九三八（昭和一三）年には「済生会大阪府社会部」となり、府下済生会診療機関の支援を行った［済生会 一九六四：三四八–五一］。

事業内容は、「社会部規程」（昭和七年五月）によれば、①患者一身上ノ相談、②患者と職員の日常必需品の廉売店経営、③患者付添人、職員その他に対する簡易食堂の経営、④入院患者に対する付添婦の供給、⑤教化事業、⑥入院中娯楽機関の供給、⑦図書、新聞、雑誌等を集めて閲覧、⑧理髪器具備え付け、⑨退院時の衣服履き

物等の支給、⑩入院死亡者の弔祭費支給、⑪入院死亡者の追弔法会施行、⑫その他患者の慰安保護上必要な事項、であった［済生会　一九六四：三四九］。

京都府病院は一九二九（昭和四）年創設され、病院の発展とともに、患者の諸問題が惹起するにあたり、東京、大阪に倣い、一九三三（昭和八）年済生会社会部を設置した［済生会　一九六四：三五二］。事業内容は、①救療患者の付添人の斡旋、②屍体診察の斡旋、③入院患者中病没者死亡の届出と火葬許可書の斡旋、④理療科に属する治療の必要がある場合の治療費補助、⑤救療患者の病気平癒を祈願するため、年一回祭典を営む、⑥入院患者中病没者のため毎年春期一回法要を営む、⑦入院患者中、社会部より葬儀を行うもののため毎年秋期一回法要を営む、⑧その他評議会に於いて必要と認めた事項、であった［済生会　一九六四：三五一―二］。

一九三四（昭和九）年度の予算は、歳入が府助成金五〇円、寄付金四七三円、雑収入一八七〇・五円。支出は部費四九五円、事業費一八九二円で、この内訳は付添い婦の給与手当て、救助補給費、祭典、葬儀、法要費、雑費等であった。その他に社会部の事業は多岐多様であるため予備費があり、事務長は、退院者が郷里に帰還する旅費の貸与や被服の給与、患者の慰安会、栄養食の補給、患者搬送費等をいろいろ行ってみたいと思うが、歳入と見合わせて行わなければならないから容易には実現しがたいとしている［済生会　一九三四a］。

以上のように、大阪府病院は、慰安から始まり救療の実をあげるために、相談業務や、売店や食堂の経営へと事業を拡大していった。京都府病院も患者の諸問題が惹起するにつれ、東京や大阪の社会部を参考に社会部を設置している。京都府病院では、付き添い人や届出・書類の斡旋、法要といった人や物の斡旋により問題解決を図ったものと推察される。

## 3 済生社会部の相談員

### (1) 相談員の背景と待遇

済生社会部は第2節第(3)項で述べたとおり、救済、教化、慰安、相談、連絡、調査、売店、託児、月報の九項目の事業を行っていたが、「済生社会部規程要項」によれば、職員は事務員一名、助手一名である。しかし、これだけ多岐にわたる業務を職員二名で行っていたとは考えにくい。一九三八(昭和一三)年発行の『済生社会部の仕事』(済生社会部編)の「済生社会部役職員」によれば、「嘱託」として坂本耕一(済生会芝病院書記)、木下留吉、長峰ハスヨ(書記)、闘ナミ(看護婦長)が、「専任嘱託」として清水利子と米原禎の計六名が所属していた。このうち、一九三八(昭和一三)年当時の相談員は、先行研究で明らかになっている清水と、『済生』によれば、米原が担っていたと考えられる[米原 一九三六]。同じく『済生』から、長峰ハスヨは保母として勤務していたことがわかる[長峯 一九三三]。

二人の相談員のうち、米原についてはその経歴は把握できなかったが、初代の相談員は清水であるため、清水の入職後に相談部に入職したと考えられる。

一九三六（昭和一一）年の『済生』に「相談部精神」として、以下のような米原の文章が掲載されている［米原 一九三六］。

経済貧は大体知的貧、道徳貧を伴ふ。貧しさは、人の体も心もむしばんで行く。

心の病気は、当人さへも気付かぬことがあり又周囲の人々も直ぐに同情せず、多くは放任し、かへつて、変な奴だ！ 位で突つぱねられて了ふ。

（中略）

この心の病人を突つぱねないで、治療するのが、社会部の聖い任務であり、この病気の原因を探し、それに最も適する処置をしなければならない。斯る場合に、最も必要な事は、相談にあづかる面々が、愛と同情の心を以て、これ等の人々を抱擁することである。之こそ相談部精神である。

ツルゲヰネフの散文詩に、乞食が手を出した何《（ママ）》も与へるものがなかつたので、何もなくて済まない。とたゞ握手を与へた時、乞食が、之も尊いお恵みですよ、ダンナ。と言つたといふのがある。この汚い手への握手こそは、社会部精神である。

それは単なる事務ではない、単なる調査ではない、物質を超越した魂と魂との接触である。

＊＊＊

だが、患者の行列は長く長く続いてゐる何時尽きるとも知れない。

焼石に水である。

社会は今、積極的な打開を必要としてゐる。

このように米原は貧困のもたらす影響、すなわちそれは知的貧や道徳貧を招き、心身をむしばむという認識をもっていたこと、そして心の病気はわかりづらいがこの病気の原因を探し、適切な処置をすることが相談部の役割で、その際、愛と同情の心をもって接することが相談部精神であり、そしてそれは物質を超越した魂と魂の接触であるととらえていたことがわかる。これはまさしく生江が求めていた相談員の態度や姿勢であり、当時の社会事業実践者に共通するエートスであったといえよう。

しかしながら個別の対応のみの限界を感じ、社会に対する積極的な打開の必要性を認識していた。

さらに、一九三七（昭和一二）年『済生』の「米原女史の相談部こぼればなし」には、以下のような記述がある［米原　一九三七］。

（前略）

本籍は、と聞くと女の人は大抵迷ふ「生れた所ですか、私の里ですか、かたづいた所ですか」とくる、クド〳〵説明すると、はじめて「あゝそれなら区役所にある」といふ。それ以上は何といつても浅草区役所一点張りで大いに弱る。

○

彼女達は子供または夫の名を云ふことは出来る、つまり発音はするがトシヲのトシがどんな字か、ヲの字がどんなのか知つてゐるだけ書いてみせるとみなあれだ、これだと取捨に迷ふのである。

自分の生年月日を聞かれても、月日だけは知つてゐて年が分らぬ女人がある、明治四十七年だと思ひますといふ、四十年代の人の生年は、私には一寸縁遠いので弱つて了ふ。

（中略）

一体女人は事物に対する概念さへも持つてない。生活費の収支について尋ねる時、当然その衝にあたつてゐる女人よりも、主人の方が遥かに正鴻を得た答をする。

このように、援助の対象者のうち女性たちは、本籍や生年月日がわからない、文字が書けない、生活費を把握していないなど、その無知や無関心について嘆いている。

待遇については、機関誌『済生』の「済生社会部記事」の昭和三年度決算と昭和四年度予算によれば［済生会一九二九］、昭和三年度の支出のうち、嘱託給は二一〇円で、「昭和四年四月二日より給五〇円清水嘱託」とあることから、清水の嘱託職員としての一九二九（昭和四）年四月の就職当初の月給は、五〇円であったことがわかる。また、昭和四年度の予算の「俸給諸給」のうち、嘱託給は七八〇円で「坂本嘱託外三名分」、慰労金は六六七円で「清水嘱託及附添婦二〇名分」とある。同じ記事の「役員会」の出席者に「嘱託坂本耕一、武井一夫の両氏並清水利子氏出席」とある。ここから一九二九（昭和四）年当時の嘱託職員は三名もしくは四名、清水以外に少なくとも男性が二名いたが、この二名には慰労金は支払われておらず、清水とは立場が異なると考えられる。

いずれにしても相談員としての清水の月給は五〇円で慰労金も支給された。月給五〇円を第Ⅲ章で検討した「泉橋慈善病院」の相談員と比較すると、一九二五（大正一四）年度の月給は男性の相談員が八五円、女性の相談員二名は七〇円と五五円であり、清水は大学で専門教育を受けてきた者であるにもかかわらず、けっして高い給金とはいえない。

## (2) 相談員　清水利子

清水は済生社会部の初代相談員であり、相談部門を創っていった人物である。学生時代に日本女子大学校で生江の教えを受け、一九二八（昭和三）年に卒業し、その後、中央社会事業協会が専門的な社会事業家の養成をめざして設置した「社会事業研究生」制度による研究生として、一年間の教育・訓練を受けた。研究生の授業の中でとくに重視されたのは、官公庁や社会事業団体の見学や配属実習で［阪野　一九八〇c］、清水はこのとき済生会の社会部に配属され、その後一九二九（昭和四）年四月に済生会に就職している。

一九二八（昭和三）年八月九日の『読売新聞』に「日本最初の病院社会事業にはたらく女性　新設の済生会社会部で女子大出身の清水利子さん」として、以下のように紹介されている。

中央社会事業協会では今年度から将来社会事業に従事する研究生を採用することになり、各大学出身者十名を選抜したが、その中にたゞ一人清水利子さんといふ女性があります。

利子さんは、今春、目白女子大学の社会事業部を卒業した人。

研究生は、それぞれ市社会局、衛生会、浴風会、浅草寺社会部等に分団し、利子さんは済生会の社会部で活動してゐます。済生会に社会部といふのが出来たのはごく最近で、病院で社会事業をしてゐるのは日本では済生会が最初です。利子さんは「私は済生会に来ましてから初めの一ヶ月は深川の診療所で手伝ひをし、外来患者の状態を調べたり巡回看護婦について貧民地区を廻つたりしました。それから四谷牛込の診療所に二週間位づゝゐてこゝへはごく最近来たのです。

病院社会事業といふのは、貧しい病人を無料で治療したり薬を与へたりするだけでなく、死亡した場合には埋葬料を出してやるとか、又国へ帰る旅費を与へるとか、着物のない人には着物を集めてやるとか、又商売のもとでを貸すとかいふやうなことで、私はそれに合はせてもう一つ根本の、それら貧しい人の生活をよくするといふ事を考へなくてはならないと思つてゐます。方々廻つて目もあてられないやうなみじめな生活を見ると、それは全部とは云へないが、大部分は無知に原因してゐるやうに思ひます。今の大人はもう仕方がないが、子供たち、次の時代の父や母となるべき子供達の教育こそ社会事業の最も大切なことでせう。こゝでも人事相談所を来週から開くことになつてゐます。そして医学方面のことだつたらすぐ出来るだけのことをしてやり、又老人ならば養老院へ送るとか、その他職業について或いは家主にいぢめられてゐるといふやうな事だつたら、それ〴〵の社会事業の施設場所や道順を教へてやります。日本の社会事業は救護事業のみしてゐますが、それよりもなぜさうした貧しい生活をしなくてはなるまいかどうしたらそれから救はれるかといふ根本の問題にさかのぼつて考へておかないといけないと思ひます。」と語りました。

この記事から、清水は、病院社会事業は、目の前で困っている貧しい患者への対処として、金銭や物品を援助するいわゆる救済事業とともに、問題ごとに適切な社会事業施設を紹介することと考えていたことがわかる。ま

相談件数　　　　　　　（1928〔昭和3〕年8月14日～1937〔昭和12〕年3月31日）

| 退院期日延期 | | 身元調査 | | 食費免除 | | その他 | | 小計 | | 合計 |
|---|---|---|---|---|---|---|---|---|---|---|
| 完結 | 未完 | 完結 | 未結（ママ） | 完結 | 未完 | 完結 | 未完 | 完結 | 未完 | |
| 2 | | 5 | | — | | 6 | 1 | 60 | 16 | 76 |
| 1 | | 3 | | — | | 3 | 1 | 30 | 11 | 41 |
| 4 | | 714 | | 2 | | 12 | — | 795 | 19 | 814 |
| 3 | | 870 | | — | | 3 | — | 910 | 5 | 915 |
| 3 | | 795 | | 16 | | 12 | 1 | 910 | 29 | 939 |
| 4 | | 1,045 | | 8 | | 10 | 4 | 1,131 | 22 | 1,152 |
| 2 | | 582 | | 7 | | 20 | — | 668 | 17 | 685 |
| 1 | | 798 | | 5 | | 21 | — | 889 | 17 | 906 |
| 5 | | 877 | | 11 | | 64 | 10 | 1,066 | 23 | 1,089 |
| 5 | | 1,404 | | 9 | | 46 | 3 | 1,775 | 21 | 1,796 |
| 2 | | 878 | | 20 | | 95 | 1 | 1,163 | 11 | 1,174 |
| 6 | | 1,503 | | 12 | | 62 | 3 | 1,717 | 8 | 1,725 |
| 1 | | 1,111 | | 78 | | 68 | — | 1,443 | 9 | 1,452 |
| — | | 1,689 | | 63 | | 64 | — | 1,967 | 6 | 1,973 |
| 6 | | 1,081 | | 80 | 3 | 89 | 1 | 1,479 | 16 | 1,495 |
| 4 | | 1,569 | | 57 | — | 84 | 2 | 1,939 | 6 | 1,945 |
| 1 | — | 944 | — | 46 | — | 27 | 2 | 1,115 | 6 | 1,121 |
| 1 | — | 1,583 | — | 35 | — | 69 | 3 | 1,763 | 14 | 1,777 |
| 1 | 1 | 962 | — | 63 | — | 121 | 3 | 1,249 | 9 | 1,258 |
| — | — | 1,163 | — | 35 | — | 118 | 1 | 1,386 | 4 | 1,390 |
| 27 | 1 | 7,949 | — | 323 | 3 | 514 | 19 | 9,948 | 155 | 10,103 |
| 25 | — | 11,627 | — | 224 | — | 480 | 17 | 13,507 | 114 | 13,620 |

ままとする。

た、現在の困りごとへの対処のみではなく、生活そのものを改善すること、すなわち貧困の根本的問題に遡って問題を考えることが必要で、その原因の大部分は無知によるものであり、とくに次代を担う子どもたちへの教育の必要性を指摘している。

## 4　済生社会部相談業務の実践

ここでは、済生社会部の「相談事業」の実践について検討するために、相談内容と取扱件数を『済生社会部の仕事』〔済生社会部編 一九三八〕から表Ⅳ-

表Ⅳ-5　済生社会部

| 種別 | 入院 | | 就職 | | 救療 | | 保護 | | 有償→施療 | |
|---|---|---|---|---|---|---|---|---|---|---|
| 年度 | 完結 | 未完 | 完結 | 未完 | 完結 | 未完 | 完結 | 未完 | 完結 | 未完 |
| 1928（昭 3） | 23 | 5 | 7 | 5 | 3 | — | 12 | 5 | 2 | |
| | 10 | 4 | 2 | 4 | 3 | 1 | 7 | 1 | 1 | |
| 1929（昭 4） | 33 | 10 | 2 | 8 | 4 | 1 | 22 | — | 2 | |
| | 14 | 4 | 3 | — | — | 1 | 15 | — | 2 | |
| 1930（昭 5） | 26 | 26 | — | 1 | 5 | — | 50 | 1 | 3 | |
| | 31 | 11 | 7 | 4 | 8 | 2 | 18 | — | — | |
| 1931（昭 6） | 20 | 11 | 5 | — | 8 | — | 22 | 6 | 2 | |
| | 19 | 9 | 18 | 2 | 8 | 1 | 18 | 5 | 1 | |
| 1932（昭 7） | 32 | 5 | 4 | — | 18 | 1 | 52 | 7 | 3 | |
| | 28 | 2 | 227 | 9 | 12 | 1 | 41 | 6 | 3 | |
| 1933（昭 8） | 32 | 9 | 2 | — | 22 | — | 109 | 1 | 3 | |
| | 21 | 3 | 24 | 2 | 14 | — | 74 | — | 1 | |
| 1934（昭 9） | 52 | 6 | 2 | — | 11 | 1 | 116 | 2 | 4 | |
| | 25 | 6 | 8 | — | 14 | — | 101 | − | 3 | |
| 1935（昭 10） | 59 | 8 | 2 | 1 | 9 | — | 150 | 3 | 3 | |
| | 38 | 2 | 11 | 1 | 12 | — | 162 | 1 | 2 | |
| 1936（昭 11） | 44 | 3 | 2 | 1 | 10 | — | 31 | — | 10 | — |
| | 32 | 9 | 5 | 1 | 10 | — | 25 | — | 3 | 1 |
| 1937（昭 12） | 35 | 4 | 1 | — | 9 | — | 43 | — | 14 | 1 |
| | 36 | 2 | 6 | 1 | 4 | — | 17 | — | 7 | — |
| 累計 | 356 | 87 | 27 | 16 | 99 | 3 | 607 | 25 | 46 | 1 |
| | 254 | 52 | 311 | 24 | 85 | 6 | 478 | 13 | 23 | 1 |

（出典）済生社会部編（1938）『済生社会部の仕事（附規程）』より抜粋。

（注 1）上段は男、下段は女。

（注 2）種別のうち、有償→施療は「有償入院ヨリ施療入院移転」を略したもの。

（注 3）原典が空欄の場合は空欄とした。一部、数字の計算が合わない箇所があるが、原典の

5にまとめ、『済生』〔済生会一九三六〕から、清水が担当した一事例を取り上げ[7]、援助の方法について検討する。事例の全文は巻末資料2に掲載する。

## （1）相談内容と取扱件数

相談事業は、「社会部のあらゆる一切の事業を徹底させる為、患者の苦痛や要求するところを聞き相談を受け」るもので、第2節第（3）項の取扱項目と同じ内容で、「入院」「就職」「救療」「保護」「有償入院より施療入院移転」「退院期日延期」「身元調査」「食費免除」「その他」の項目に分類される。なお、「保護」は「主として重態

な入院患者への付添費給与や、家族の付添人で食費の支弁出来ない人に食費を給与する等の金品給与」を行うことで、当院と乳児院、産院が対象であった［村上 一九三六］。

表Ⅳ-5のとおり、一九二八（昭和三）年度から一九三七（昭和一二）年度までの一〇年間の総計では、完結、未完合わせて、「身元調査」が一万九五七六件（八二・五％）で業務の大半を占め、次に「保護」一一二三件（四・七％）、「入院」七四九件（三・二％）の順となっている。

このように身元調査が約八割を占めていたことについては、第2節第(2)項で述べたように、生江は済生社会部の相談業務を、病人の生活状態、家庭の状態、それに関連する社会状態等を調査してそれを病院に報告することで、患者という人間の全生活を調査して診断をなし、治療を施すべきだと主張しており、「身元調査」はこのような調査の実践であると考えられる。

（2）援助の方法

本事例は、「問題の表面だけに捉はれて一人の少年を危く死に至らしめ様とした」事例と紹介されている。事例の概要は以下のとおりである。

K少年　一四歳　結核性腹膜炎

結核病棟入院の小児患者が突然発狂して乱暴を働くので退院の方法を講じてもらいたいと、受持医員から依頼があった。患者が父親に逢うことを極度に嫌い、悪口雑言を浴びせ乱暴をすることから、相談員は父親との関係に問題があると考え、生活状況を把握すると、父親がたびたび商売に失敗し、患者は長い間愛情のない父親と継母に他人同様に扱われ、酒乱の父親に虐待されていたこと、父親の前借金で薬店に小僧として住み込みで働き、少年の身に余る労働を毎日させられていたこと等がわかり、問題行動の本当の原因は家族関係にあることが把握された。そのため父親の面会を禁じ、相談員が一日数回患者のもとを訪れて気持ちの和らぐように、悩みが少しでも消えるように努め、家庭の問題は一切触れず、将来に希望をもつような話題を選び、また時折、本人の好きな食べ物などを選んで慰めた。患者は次第に回復し、半年後見違えるようになった。しかし退院してもなお一年の保養が必要であったため、その間の生活場所を探し、某医師の書生として生活できるように援助した。その後、父親もすっかり心に悟り、生活を立て直して患者を引き取った。

事例にみられる援助の方法は、①心理的問題への援助、②慰安、物質的給与、③社会資源の活用、④家族問題への援助である。

ここでは四つの方法がみられる場面について考察する。

①心理的問題への援助

まず、相談員は、患者が「突然発狂して乱暴を働く」という表面に現れている問題行動の理由を把握しようとした。ここで問題行動のみを取り上げ、医師の依頼どおり退院に向けて相談員が社会資源の調整等を行う対応をしていたら、この患者の問題は解決されないまま悪化し、もしくは清水が述べるように「少年を危く死に至らしめ」てしまったかもしれない。

相談員は「患者の生活経路を知ることが必要」と考えたが、「父親は非常に之を嫌つて病気の原因も本人の不摂生によると中立てるのみ」であった。このような父親の態度と、「患者は父親に逢ふことを極度に嫌ひ、あらゆる悪口雑言を浴せ、あたりのものを投げつける等、乱暴の限りをする」様子から、「患者の精神錯乱の原因が父親を中心としてその家庭にある」と推測するに至った。そこで父親と患者を引き離す処置を取り、当部から付添い人を派遣した。一方で患者の勤務先に出向き、患者は父親の借金のためにいわば犠牲になり、住み込みで過重な労働を毎日行っていたことを把握した。このように必要があれば家族のみならず、勤務先などにも出向いて情報収集を行った。

さらに患者の状態が悪化したため、父親を呼んで病状を話し、母親がいれば会わせてあげてほしいと、父親の「冷淡さをなじ」るという方法を用いている。すると父親は家族の生活歴について、長文の手紙を届けてきて、状況が判明した。

相談員は、手紙と勤務先の情報から把握したこれまでの患者の生活と家族背景と、患者の父親に対する態度から、「少年は長い間愛情のない父親と継母とに全く他人同様居候並に扱はれ、又酒乱の父に虐待されて来たことも分り」という総合的な結論に至った。そこで、「親らしい心のない父親に患者を委ねておくことは危険」と判断し、父に対して「子供の幸福を希ふならば今後一切当方の指示に従ふと、それが不承知であれば即刻患者を引取る様厳しく申渡し」という方法を取った。患者のために、相談員の指示に従うこと、そうでなければ退院するようにと、半ば強制的に援助の方針に従わせた。このように、場合によっては厳しく申し渡すという方法も用いて、指導した。

以上のように、心理的問題解決のために、関係者に話を聴くなどして積極的に情報を集め、そのうえで総合的に判断をしている。この間、父親と患者を引き離すなど、すぐに取り組まなければならないことは迅速に対応していることがわかる。

②慰安、物質的給与

父親を引き離した後、相談員が「一日数回患者の病室を訪れて気持の和ぐ様、悩みの少しでも消える様に努め、家庭の問題には一切触れず、将来に希望を持つ様な話題を選び」話をした。「又時折本人の好く食べ物などを撰んだりしては慰め」といったように、慰安を行った。このように家族が直面している問題に直接アプローチするのではなく、本人を癒し、本人が希望をもてるような対応をしている。本人がもっている力を引き出すような対応で、これは小沢一のいう「人格的潜在力を喚起」すること、また竹内愛二の「自ら問題を解決する自己支持力」の回復や増進につながる実践といえよう。その結果、患者はしだいに明るくなり、「到底回復の見込ない」状態だったが、身体的にも回復していった。

本事例の前文に清水が、結核患者等の慢性疾患で長期療養の患者には、「多くの場合周囲の人々の愛情ある注意と慰安」がないと、精神の安定を失って死を早める患者が少なくないと述べているが、本事例のように、入院中、家族が実質的に存在しない患者にとっては、相談員が愛情ある注意と慰安を行うことが必要だと判断したことがわかる。

③社会資源の活用

ようやく心身ともに見違えるようになった患者は、退院することになり、相談員は退院についての援助を行った。退院先について、「二ノ宮学園」というフォーマルな資源の利用を交渉し、断られると、某医師の書生というインフォーマルな資源を活用した。相談員と某医師の関係は不明だが、困りごとの解決に対し、インフォーマルな社会資源も含めて最大限の社会資源の活用を行っている。

④家族問題への援助

本事例は家族問題が背景にあるため、全体を通して、父親へのアプローチも重視した。生活歴を把握し、必要と判断して患者と引き離したり、患者の立場に立ち、父親の冷淡さをなじり、強制的に援助の方針に従わせることや、退院してもすぐに患者と父親を会わせず、父親が改心し患者がすっかり元気になるまでは、患者と父親の間に入り連絡役として機能していた。このように時間をかけて、家族の問題を援助していったことがわかる。こうした一連の経過を経て、最終的には父親も「スツカリ心に悟り」を得るという変化がみられ、患者は父親にひきとられて、「今は二十貫近い立派な身体になつて働いてゐる」。患者と父親それぞれに働きかけることで、双方が変化し、問題が解決したのである。

## 小括

済生会は明治末期、貧困層の医療問題が放置できなくなった時代、政府の行った典型的な感化救済事業で、全国にわたり、施薬救療の普及を図ることを目的とした事業であった。まず東京にモデル事業として診療所を設置し、その後全国に普及させ、病院も設置した。生江は米国でキャボットの病院社会事業を知り、済生会に導入することを主張したが、経費を要する事業のため実現までに七年かかり、一九二六（大正一五）年済生社会部が設立された。民間の一病院ではないことから、新たな事業を導入するためには相当な苦労があったことと考えられる。

済生社会部の目的は、「済生会ノ事業ヲ幇助シ、患者ノ苦痛軽減ヲ図ル」ことであった。事務所を済生会病院内においたが、病院外の独立した組織として、病院とは別に経営された。泉橋慈善病院と同様の形で、病院外の組織とした理由は経済的な側面によるものが大きかった。しかし、こうすることで独自に社会部は、寄付金、助成金、売店利益金などの収入で運営し、事業を展開していった。まずは活動資金を得るための売店事業から着手し、設立一年後の一九二七（昭和二）年に救済事業を開始した。済生会の事業を幇助する目的として、上流階級の婦人により結成された「なでしこの会」からの寄付金も社会部の助けとなっていた。さらに一九二九（昭和四）年には社会部も独自に演芸会の開催、含嗽液の販売などで収益を得て、その活動を拡大していった。

済生社会部は生江のほか、原泰一、宮島幹之助などの社会事業関係者もその設置に関与していた。原は第Ⅱ章で述べたとおり、医療事業の国営化または救療事業の普及により社会化された病院には、必ず病院社会事業部を設置しなければならないと主張していた。その病院社会事業を実施していた済生社会部の業務内容は、「救済事業」から始まり、「相談事業」「託児事業」「教化事業」「患者慰安事業」「各種施設との連絡」「調査」「売店事業」「月報発行」「その他必要なる諸事業」と幅広かった。このように、済生社会部の設置運営には社会事業の専門家が関与していたことから、当時の病院内で必要と考えられた社会事業を経費が可能な限り実現したものと推察される。

社会部の業務のうち、相談員が行っていた相談事業は九項目あったが、一九二八（昭和三）年度から一九三七（昭和一二）年度までの一〇年間の総計では、「身元調査」が全体の約八割を占め、次に「保護」「入院」の順であった。「身元調査」は、生江の述べる病人の生活状態、家庭の状態、それに関連する社会状態等を調査してそれを病院に報告することで、患者という人間の全生活を調査して診断をなし、治療を施すことに寄与する業務であった。

事例を分析して判明した援助の方法は、①心理的問題への援助、②慰安、物質的給与、③社会資源の活用、④家族問題への援助であった。本事例は担当医からの依頼でかかわりが始まったが、表面上の患者の様子のみでその後の処遇を行わず、まず患者の背景を把握することに努める「社会的調査」を行い、そのうえで、「突然発狂をして乱暴を働く」という行為は、本人の生育歴と家族問題からくるものと「社会診断」をし、家族から患者を引き離し、家族を指導し、患者には慰安を与えて病気の回復を促進させるという「社会的処置」を行った事例である。さらに、相談員は父親に対し、その冷淡さをなじったり、指示に従うように強い態度で迫る場面があるが、これは父親の親らしい心情を引き出すための、もしくは改心させるための意図的な行為であったとも考えられる。最終的には病気が治癒した後に社会資源を活用して、退院後の療養先を確保し、その後に父親も生活を立て直して、家族も再統合ができたという事例である。

このようにケースワークの展開という視点からみても、社会調査、社会診断、社会的処置を行い、また、患者の「人格的潜在力の喚起」や「自ら問題を解決する自己支持力」の回復や増進につながる実践を行っていたといえよう。

〈注〉

(1) のちに芝区赤羽町一に病院とともに移転している。

(2) 平田が内務大臣であったため、当初はもう一名は欠員とし、その後内務大臣原敬が副会長となった。

(3) 東京の済生会病院は、開設当初は「恩賜財団済生会病院」と称し、その後「恩賜財団済生会芝病院」と改称した。さらに一九三二(昭和七)年「芝恩賜財団済生会病院」、一九三五(昭和一〇)年「恩賜財団済生会芝病院」と改称し、戦後、一九五〇(昭和二五)年に「財団法人東京都済生会中央病院」、一九五二(昭和二七)年に法人名が「社会福祉法人恩賜財団済生会」となって現在に至る。本書では、開設当初の「恩賜財団済生会病院」(以下、恩賜財団は省略)の呼称を用いて統一する。

(4) 荏原郡、豊多摩郡、南葛飾郡、北豊島郡、北多摩郡、南足立郡が都市計画区域であったが、南足立郡の利用患者はいない。

(5) 「なでしこの会」は、済生会の事業を支援する目的で一九二五(大正一四)年に設置された後援団体である。会員は上流階級の婦人たちで、観劇や音楽会などを開催し、その収益金を救療資金や済生社会部に寄付した。なでしこの会以外にも、済生会神奈川県病院に一九二七（昭和二）年「若草会」、済生会兵庫県病院に一九三〇（昭和五）年「たちばな会」が発足し、病院事業の支援活動を行った［済生会 一九八二：一一一－三］。

（6）この下賜金は、託児所の設置以外にも、救療入院患者の無料付添婦の提供費、外来患者の自宅治療に要する氷枕・吸入器具の購入、貸与費、一般事業資金の費用とした。

（7）なお、援助経過が把握できる事例の蒐集は本事例のみであったため、一事例のみで事例検討を行った。

# 第Ⅴ章　東京市療養所における病院社会事業

## 1　東京市療養所成立の背景とその事業内容

### (1) 結核患者の増大と結核療養所の成立

結核は古くから労咳、肺病などと呼ばれ、不治の病として知られていたが、結核が結核菌の感染によって起こる伝染病と認識されたのは、一八八二（明治一五）年にロベルト・コッホ（Koch. Robert）が結核菌を発見したことによる。その後、一九四四（昭和一九）年にストレプトマイシンが発見されるまで、さまざまな治療薬が登場するが、いずれも根治療法とはなり得なかった［青木 二〇〇三：三七‐八］。

明治初期における結核の状況については、死亡統計等の資料が少なく実態は明らかではないが、この時期には相当の速度で結核患者が増加していたものと考えられる。一八八九（明治二二）年には、最初の結核療養所である須磨浦療病院が兵庫県須磨浦に建設された。こうした中で、一八九九（明治三二）年、政府は肺結核死亡数の全国的調査を行った。同年の結核死亡数は六万六四〇八人（人口一〇万対一五三）で、もはや結核の蔓延状況を放置できず、対策に着手しはじめた［厚生省医務局編 一九七六a：一四一］。一九〇四（明治三七）年に「肺結核予防ニ関スル件」（内務省令第一号）を公布したが、これは俗に痰壺令と呼ばれ、公衆の集まる場所に痰壺の設置と痰の消毒を義務づけるという簡素なものであった。

一九〇八（明治四一）年にロベルト・コッホが来日、歓迎会の席で発議された日本結核予防協会が一九一三（大正二）年に設立されて結核予防に関する運動が興り、政府は一九一四（大正三）年三月、「肺結核療養所ノ設置及国庫補助ニ関スル法律」（法律第一六号）を制定した。これは全三条からなる短いものであるが、「療養ノ途ナキ」結核患者を収容するために人口三〇万人以上の都市に療養所を設置することを定め、国が療養所経費の六分の一から二分の一を負担するものであった［厚生省医務局編 一九七六b：二七七］。結核療養所は結核予防対策上、中核的役割を果たすものであり、西欧諸国での実績はすでに日本でも知られていたが、日本では財政上の理由のため広まらなかった。しかし、この法律により、公的療養所の設置が始まった。政府は、翌一九一五（大正四）年七月、東京、大阪、神戸に一九一七（大正六）年三月までに療養所を設置することを命じ［厚生省医務局編 一九七六a：二三三］、こうして東京市療養所が設置されることになった。

東京市は療養所を設置するにあたり、市内外数カ所の候補地を検討し、療養・予防上の便否や地価の高低を参酌して、場所を東京府豊玉郡野方村字江古田に決定した［東京市療養所編 一九二三：四］。しかし、「療養所の門前を通る時は、鼻や口をふさいで走り去る」というような時代だったため、療養所の設置に対して住民から反対運動が起こり、建設には相当な苦労を要した［国立療養所中野病院編 一九七〇：一一四、八、四三］。そのような中、一九一六（大正五）年六月に内務大臣の許可を得て、翌一九一七（大正六）年二月から建設に着手し、三年後の

1920（大正 9）年東京市療養所創立当時の玄関
（創立七十周年記念誌発行委員会編
『創立七十周年記念誌』
国立療養所中野病院
1990 年）

一九二〇（大正九）年四月に竣成、同年五月に開所式を挙行した[1][2]。

## （2）病院の事業内容と経営

東京市療養所は、「主トシテ東京市民ニシテ肺又ハ咽頭結核ニ罹リ療養ノ途ナキ者ヲ入院セシムル為」の病院であり、「単純ナ慈善病院トハ異リ、本来ノ主旨ハ病原菌ヲ撒布セヌヤウニ、患者ヲ一定所ニ隔離シテ、市民全体ノ健康ヲ保護シヨウ」［東京市療養所編 一九二三：一］とする目的で設置された。当時の結核は根治療法が確立されていなかったことから、治療のための入院加療というより、病原菌を撒布させないためのいわば社会防衛としての隔離施設でもあった。

当時、「東京市だけでも約一〇万人の結核患者」［国立療養所中野病院編 一九七〇：一］がいたとされるが、統計上の把握は行われていない。結核は医学的な初期診断が難しく、患者はその病を隠し、医療にかからなかったり、医師も患者に病名を告げないなど、そもそも結核患者の正確な数を把握すること自体が困難であった。また、一九三七（昭和一二）年の結核予防法改正までは、医師による結核患者の届出制度もなかった。一九一九（大正八）年の肺結核による死亡数は、東京府は一万八〇一名、東京市は七〇三六名であった［内閣統計局編 二〇〇二：一一、五二〇］。

これに対し、一九一八（大正七）年の内務省による都道府県の「結核病院及結核療養所」調査によると、東京府全体で結核病院及び療養所は一六カ所、収容人数は五四五人で、結核専門病院は、芝区の養生園と豊多摩郡の救世軍療養所の二カ所にすぎなかった［内務省衛生局編 一九一九：六―七］。

さらに、東京市療養所を開設した後の一九二九（昭和四）年末においても、東京市の結核患者の収容力は、

「東京市療養所八七〇床、其の他の市内病院医院を通じて四九九床、合せて一、三六九床」のみで、「患者数に比して収容設備の不充分なるは申すまでもない。本市療養所の拡張が問題となる所以」［東京市保健局衛生課一九三二：一五］であり、東京市療養所は当初の定員が五〇〇名であったが、その後、増床を繰り返した。一九二六（大正一五）年には八〇〇床、一九二九（昭和四）年には八七〇床、一九三二（昭和七）年には一一七〇床となり、日本一の収容人数を擁する結核療養所となった。入所までの三～四カ月の待機期間に対して、一九三〇（昭和五）年には療養所の増築が完成するまでの応急的な対策として、待機患者を他院に委託する事業を始めた。当初は五つの病院に一六五名が委託され、その後も委託患者は増加し、一九三九（昭和一四）年には委託病院は三二カ所六〇一六名に及んだ［国立療養所中野病院編 一九七〇：八〇］。

当時は、新鮮な空気、十分な栄養と安静を三大要素とした対症療法が中心であり、東京市療養所でもこの方法を採用していた。そのうえで治療方針は、「患者日常ノ生活法ヲ改善シ、身体ノ活力ヲ充実サセ、之レニ依ッテ結核菌ニ打勝チ、病変ヲ修理シテ行クコトヲ主眼トシ」、「薬物療法モ、免疫療法モ理学的療法モ併用シマスガ、特ニ患者ノ精神的方面ニハ充分ノ注意ヲ払ヒタイ」とし、「結核患者ノ経過ハ非常ニ精神状態ノ影響ヲ受ケルモノデ」、「園芸栽培其他ノ慰安乃至娯楽方法ニハ充分意ヲ用ヒマスガ、同時ニ又患者自身ノ自覚ヲ促シ安心、克己、自重等ノ精神力ヲ以テ合理的療法ヲ遂行セシメタイ」［東京市療養所編 一九二三：三］とし、とくに精神面の状態が病状に影響を与えると考えられていた。死亡率も高く、長期間に及ぶ療養生活を少しでも精神的に安定して送ることができるように、病院では慰安に力を入れ、名士の講演を企画したり、蓄音機、オルガン、囲碁、将棋、新聞、図書、雑誌類等を備えた慰安室を設置した。またもっとも力を尽した慰安施設として慰安室の外に庭園を造り、臥堂を設置した［東京市療養所編 一九二四：八四］。

療養所前
（日本結核予防協会
『人生の幸福』29巻
日本結核予防協会
1925年）

庭園の一部
（日本結核予防協会
『人生の幸福』29巻
日本結核予防協会
1925年）

療養所花園の一部
(日本結核予防協会
『人生の幸福』29 巻
日本結核予防協会
1925 年)

畑仕事の風景
1921（大正 10）年
（創立七十周年記念誌発行委員会編
『創立七十周年記念誌』
国立療養所中野病院
1990 年）

医学界の活動からみると、所長の田沢鐐二は、一九二二（大正一一）年六月の市立療養所長会議で日本結核病学会の設立を発案し、学会の幹事となった。その後、一九四七（昭和二二）年まで学会の事務所を東京市療養所におき、一九二三（大正一二）年四月には第一回総会を開催、学会誌『結核』の編集も東京市療養所で行うなど、結核医学界の中心的役割を担った。

東京市療養所は、経営的には設立当初より厳しく、年度別支出済額をみると、一九二四（大正一三）年度には五〇万一一六二円となり、この後も五〇万円台で推移し、一九三三（昭和八）年には六二万五〇五九円、一九三五（昭和一〇）年は七一万三七九二円と増加していった（表V-1）。

市の経常費支出が困難であることを理由に、全施療だったものが、一九三二（昭和七）年からは有料病床二五〇床の受け入れを始め［東京市療養所編 一九三三：一一二］、一九三七（昭和一二）年には有料病床は四〇〇床となった。一九四〇（昭和一五）年には有料病床四二〇床、無料病床七五〇床で、有料患者の療養費は一日一円五〇銭または二円であった［国立療養所中野病院編 一九七〇：八二］。有料患者は無料患者と同一の扱いとなることから需要の有無が憂慮されたが、一九三二（昭和七）年四月から入所を開始し、一二月には満床となった。「患者の資力に応じて相当の実費を支払はしむることは海外の例に徴するも極めて妥当な処置であり、殊に財源難に苦しむ結核療養所としては多年密かに懸案とせられて居た事項」であり、有料で入所できる者は直ちに入所し、無料病床の空きを待つか、委託病院へ移るなどの二、三の道を選択できるようにした［東京市療養所編 一九三三：二］としている。しかし、この点に関して、有料患者の待機がほとんどないことに比べ、無料患者は多数待機しており、入所の需要からみると、まずもって無料患者の定員を増やすことが必要であった［青木 二〇〇四：二四二］。

表V-1　東京市療養所　年度別支出済額と収納済額との比較

| 年度 | 収納済額（A） | 支出済額（B） | A/B% |
| --- | --- | --- | --- |
| 1920（大正 9） | | 195,779 | |
| 1921（大正 10） | | 229,327 | |
| 1922（大正 11） | | 351,367 | |
| 1923（大正 12） | | 329,665 | |
| 1924（大正 13） | | 501,162 | |
| 1925（大正 14） | | 534,068 | |
| 1926（大正 15） | | 540,676 | |
| 1927（昭和 2） | | 557,717 | |
| 1928（昭和 3） | | 553,878 | |
| 1929（昭和 4） | | 552,791 | |
| 1930（昭和 5） | | 543,453 | |
| 1931（昭和 6） | | 513,241 | |
| 1932（昭和 7） | 103,281 | 569,930 | 18 |
| 1933（昭和 8） | 152,390 | 625,059 | 24 |
| 1934（昭和 9） | 153,969 | 677,918 | 23 |
| 1935（昭和 10） | 173,392 | 713,792 | 24 |
| 1936（昭和 11） | 189,361 | 745,076 | 25 |
| 1937（昭和 12） | | 871,389 | |

（出典）国立療養所中野病院編（1970）『創立五十年の歩み』70 頁より筆者作成。
（注）支出済額は人件費、物件費、患者食糧費。

### （3）対象者と対象地域

療養所の対象者は「主トシテ東京市民」で、「療養の途ナキ」［東京市療養所編 一九二三：一］貧困者であった。開所から一九三一（昭和六）年までの入所者数は、多い順に、本所区一六四〇名、浅草区一六三七名、下谷区一三六四名、小石川区一三一六名、深川区一二七六名、芝区一一三四名で［東京市療養所編 一九三二：九四］、いずれの区にも細民街があり、貧困世帯が多く生活していた。

入所希望者は、戸主またはこれに代わる者が、患者の本籍地、現住所、族籍、職業、氏

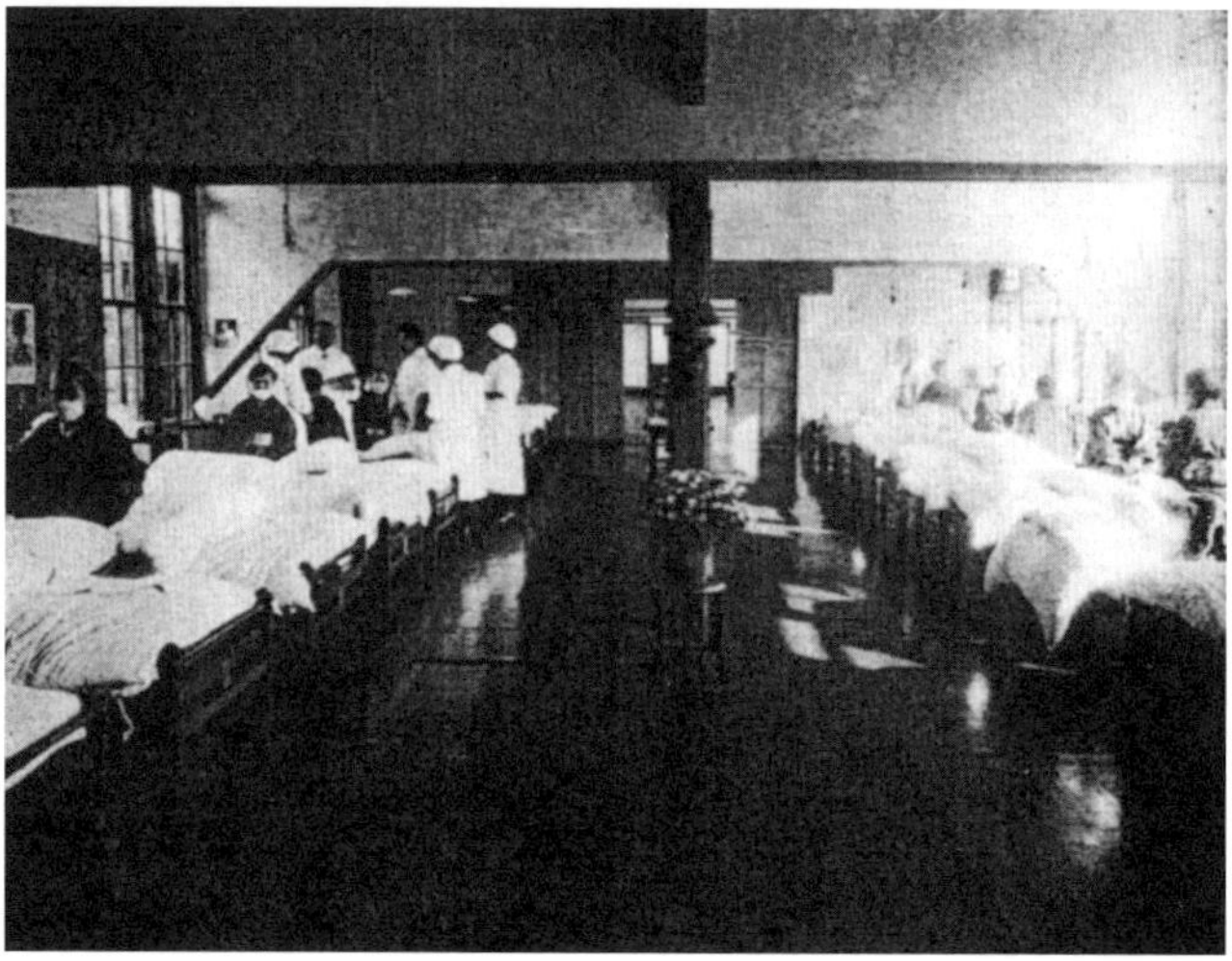

病室の一部
（日本結核予防協会
『人生の幸福』29巻
日本結核予防協会
1925年）

名、年齢、患者との続柄を記載して出願し、東京市療養所より入所の許可を受けると、誓約書と身元引き受け証を持って、指定の日時に入所した。患者の療養期間は三カ月を一期とし、症状その他の事由により、期間は伸縮された［東京市療養所編　一九二七：三〇－二］。

戦前の入所患者の傾向は、一〇～三九歳で一万九一二九名（一〇～一九歳：五三九七名、二〇～二九歳：九六二四名、三〇～三九歳：四一〇八名）で全体の八八％を占め、なかでも二〇～二九歳が九六二四名ともっとも多く全体の四四％を占めていた（表V－2）。病床利用率は開院三年目の一九二二（大正一一）年には八六％、一九二三（大正一二）年には九九％となり、一九三四（昭和九）年から一九三八（昭和一三）年までは一〇〇％を超え続けるなど、統計の残っている一九三九（昭和一四）年までは常に満床に近い状態であったことがわかる［国立療養所中野病院編　一九七〇：八八－九］(3)。

男女比をみると、一九二〇（大正九）年から一九三七（昭和一二）年までの統計によると、男性一万四六三九名、女性七〇三九名、総数二万一六七八名で、男性は女性の約二倍であった。この傾向は、全期を通して変化はなく、また、一九三二（昭和七）年から始まる有料患者の受け入れの前後でも変化はない（表V－2）。では、結核患者は男性に多いかといえば、たとえば一九二〇（大正九）年の東京市における肺結核死亡者数は、男性三〇一七名、女性二九〇二名、人口対死亡率は男性二・三七、女性二・六三で［東京市役所編　一九二七：四七六－七］、死亡者数は若干男性が多いという程度で、一般的に結核は男性患者に多いという事実はない。

東京市療養所で男性患者が多い理由について、青木は、一五歳から五〇歳までの働き盛りの年代の男性が全国の療養所と比べて割合が高いことから、病床に限度がある療養所にはまず優先して入所させたのが一家の大黒柱や働き手で、家族を支える男性であったとしている［青木　二〇〇四：一二三一－三］。当時の社会状況から考えると、

年齢別入所者数

| 1928（昭3） | 1929（昭4） | 1930（昭5） | 1931（昭6） | 1932（昭7） | 1933（昭8） | 1934（昭9） | 1935（昭10） | 1936（昭11） | 1937（昭12） |
|---|---|---|---|---|---|---|---|---|---|
| 9 | 3 | 5 | 4 | 4 | 4 | 1 | — | 9 | 4 |
| 3 | 9 | 5 | 2 | 4 | 0 | 2 | 3 | 7 | 7 |
| 12 | 12 | 10 | 6 | 8 | 4 | 3 | 3 | 16 | 11 |
| 158 | 251 | 226 | 175 | 249 | 128 | 136 | 177 | 224 | 216 |
| 114 | 123 | 123 | 80 | 151 | 46 | 84 | 112 | 124 | 174 |
| 272 | 374 | 349 | 255 | 400 | 174 | 220 | 289 | 348 | 390 |
| 355 | 362 | 277 | 327 | 587 | 336 | 323 | 409 | 475 | 475 |
| 188 | 161 | 139 | 149 | 289 | 118 | 150 | 202 | 200 | 266 |
| 543 | 523 | 416 | 476 | 876 | 454 | 473 | 611 | 675 | 741 |
| 168 | 172 | 122 | 132 | 320 | 131 | 107 | 184 | 182 | 203 |
| 53 | 67 | 53 | 62 | 69 | 42 | 57 | 86 | 90 | 98 |
| 221 | 239 | 175 | 194 | 389 | 173 | 164 | 270 | 272 | 301 |
| 36 | 71 | 47 | 48 | 94 | 52 | 43 | 65 | 70 | 70 |
| 21 | 18 | 23 | 20 | 21 | 9 | 20 | 24 | 16 | 19 |
| 57 | 89 | 70 | 68 | 115 | 61 | 63 | 89 | 86 | 89 |
| 20 | 28 | 17 | 27 | 30 | 16 | 17 | 25 | 31 | 32 |
| 12 | 10 | 6 | 12 | 11 | 1 | 9 | 6 | 7 | 14 |
| 32 | 38 | 23 | 39 | 41 | 17 | 26 | 31 | 38 | 46 |
| 28 | 6 | 5 | 2 | 11 | 4 | 5 | 6 | 5 | 4 |
| 5 | 7 | 0 | 3 | 7 | 2 | 3 | 5 | 4 | 5 |
| 33 | 13 | 5 | 5 | 18 | 6 | 8 | 11 | 9 | 9 |
| 774 | 893 | 699 | 715 | 1,195 | 671 | 632 | 866 | 996 | 1,004 |
| 396 | 395 | 349 | 328 | 552 | 218 | 325 | 438 | 448 | 583 |
| 1,170 | 1,288 | 1,048 | 1,043 | 1,747 | 889 | 957 | 1,304 | 1,444 | 1,587 |

（出典）国立療養所中野病院編（1970）『創立五十年の歩み』86-87頁より引用。

とくに貧困家庭において、家計を支える男性への治療を優先させたことは十分に予想される。

## 2　社会部の設立と実践

### （1）社会部創設の目的と経緯

東京市療養所は、一九二五（大正一四）年に社会部を設置した。社会部は相談事業と訪問看護事業の機能を併せもっていた。一九三一（昭和六）年に大塚健康相談所へ業務を委譲するまでの七年間、社会部は療養所の一部門として活動を行った。

創設の目的は、結核治療で必要

表Ⅴ-2　東京市療養所

| 年齢 | 性別 | 1920（大9） | 1921（大10） | 1922（大11） | 1923（大12） | 1924（大13） | 1925（大14） | 1926（大15・昭1） | 1927（昭2） |
|---|---|---|---|---|---|---|---|---|---|
| 0～9 | 男 | — | 1 | 4 | 8 | 11 | 6 | 1 | 2 |
| | 女 | — | 1 | 2 | 7 | 6 | 5 | 6 | 8 |
| | 計 | — | 2 | 6 | 15 | 17 | 11 | 7 | 10 |
| 10～19 | 男 | 61 | 121 | 120 | 191 | 243 | 237 | 223 | 203 |
| | 女 | 37 | 66 | 92 | 125 | 160 | 163 | 160 | 124 |
| | 計 | 98 | 187 | 212 | 316 | 403 | 400 | 383 | 327 |
| 20～29 | 男 | 154 | 270 | 331 | 343 | 362 | 402 | 413 | 363 |
| | 女 | 59 | 109 | 119 | 177 | 190 | 199 | 207 | 138 |
| | 計 | 213 | 379 | 450 | 520 | 552 | 601 | 620 | 501 |
| 30～39 | 男 | 117 | 142 | 147 | 147 | 148 | 204 | 150 | 137 |
| | 女 | 34 | 51 | 64 | 82 | 85 | 66 | 67 | 69 |
| | 計 | 151 | 193 | 211 | 229 | 233 | 270 | 217 | 206 |
| 40～49 | 男 | 36 | 52 | 80 | 114 | 103 | 97 | 96 | 61 |
| | 女 | 12 | 30 | 28 | 33 | 36 | 27 | 27 | 23 |
| | 計 | 48 | 82 | 108 | 147 | 139 | 124 | 123 | 84 |
| 50～59 | 男 | 12 | 19 | 17 | 30 | 42 | 46 | 31 | 21 |
| | 女 | 3 | 7 | 8 | 24 | 17 | 14 | 8 | 10 |
| | 計 | 15 | 26 | 25 | 54 | 59 | 60 | 39 | 31 |
| 60～69 | 男 | 4 | 5 | 8 | 15 | 12 | 9 | 11 | 11 |
| | 女 | — | 1 | 3 | 9 | 4 | 5 | 6 | 3 |
| | 計 | 4 | 6 | 11 | 24 | 16 | 14 | 17 | 14 |
| 計 | 男 | 384 | 610 | 707 | 848 | 921 | 1,001 | 925 | 798 |
| | 女 | 145 | 265 | 306 | 457 | 498 | 480 | 481 | 375 |
| | 計 | 529 | 875 | 1,013 | 1,305 | 1,419 | 1,481 | 1,406 | 1,173 |

（注1）戦前の状況を示したが、1938（昭和13）年以降は資料が存在しない。
（注2）表中、一部男女別計、及び計が計算上合わない年があるが、そのまま引用する。

な安静を保つために、「患者ノ社会的関係ヨリ生ズル精神的苦痛ヲモ解除スルニ力メザルベカラズ。従テ之レニ関スル相談、若クハ世話ハ、重要ナル治療項目」であると考えられたこと。また、常に入所希望者が多数待機している状況で、「之等ノ患者ニハ一日モ速ニ之レヲ其ノ家庭ニ訪問シテ療養心得及周囲ニ対スル予防心得ヲ充分ニ諒解セシメテ静ニ入所許可通知ヲ待タシムル方法ヲ講ズルコト極メテ緊要ナル一事項」であること。さらに「退所後ノ患者ノ世話ニ任ジテ治癒ニ至ル迄其経過ヲ見届クル方法ヲ講ズルニアラザレバ結核撲滅ニ対スル奏功完カラザルコトハ欧米先進国ノ夙ニ注目努力シッ、アル所ナリ」という理由からであった［東京市療養所編 一九二六：二一―二二］。療養所ではそれまでも「患者ノ家事上、身上等ノ問題ニモ相談ニ応ジ、出来ル丈ケ懇切ヲ期シ居レル」対応を行っていたが、「患者ノ増加ニツレ専任者ヲ要スル」と判断されたため、専任者をおくことになった［日本結核病学会編 一九二五：三〇四］。

社会部の設置は「欧米ニ於ケル Social Service ノ主旨ニ依テ生レタルモノニシテ出張看護婦ハ欧米ノ所謂公衆衛生看護婦 Public Health Nurse ノ意味ヲ以テ派出スルモノ」［東京市療養所編 一九二六：三］とあるように、欧米の影響を受けていた。所長の田沢は、社会部を創設する二年前の一九二三（大正一二）年に視察のために渡米しているが、ここで米国のソーシャルワークや訪問看護を見聞し、その有効性を認め、積極的に導入したと考えられる。

社会部の取り扱い事項は以下のとおりである［東京市療養所編 一九二六：八八―九］。

一、在所患者ノ身上、家事上等ノ問題ニテ療養ノ妨ゲトナルモノヲ除ク可キ様患者ノ世話ヲナスコト。

一、既ニ退所セル患者ノ相談ニ対シ出来ル丈ケノ世話ヲナスコト。

一、入所申込者ヲ訪問シテ応急療養及ビ周囲ノ健康者ニ対シ予防心得等ヲ懇篤ニ指示シ且ツ患者及患家ノ実情ヲ調査シ彼我ノ疎通ヲ図リテ静ニ入所許可ノ通知ヲ待タシムルコト。

一、本所情況不明ノタメ入所申込ヲ躊躇スルモノ、相談ニ応ズルコト。

このうち最後の事項は、一九二六（大正一五）年、所内に「福滋会」が設立されると同時に福滋会の事業へ移管された［東京市療養所編 一九二七：一四］。

社会部は、当初は「本所内ノミノ試ミトシ上司ノ承認ヲ得タルニ止マリシカ其成績甚タ顕著ニシテ漸次本所ニ欠クヘカラサル重要機関トナレルヲ以テ」、一九二七（昭和二）年には、処務細則に「社会部掛」として加えられ、組織の中に位置づけられた［東京市療養所編 一九二八：八］。

その後、一九三一（昭和六）年六月、東京市が小石川区大塚辻町に大塚健康相談所を創設したことから、「社会部事業ノ外部患者ニ関スルモノハ皆、其ノ手ニ委スルコト」［東京市療養所編 一九三三：一一二］になり、社会部を廃止した。

このとき委譲したのは、外部患者に関すること、つまり入所前や退所後の患者に関することで、いわば地域で生活する患者への対応であり、外部機関である健康相談所で行う業務として了解できる。しかし、取り扱い事項のうち「在所患者ノ身上、家事上等ノ問題ニテ療養ノ妨ゲトナルモノヲ除ク可キ様患者ノ世話ヲナス」ために、外部機関が業務を担当することは困難であると考えられる。同時に、社会部設置の目的には、長期療養から生じる患者の精神的苦痛を解除するため、相談に応じ世話をすることが挙げられ、これは結核治療において重要な項目である。そのため、この業務を廃止するとは考えにくく、社会部廃止後の対応については「福滋会」という結核撲滅事業を後援し、患者の慰安と職員の互助を行う団体が担ったと考えられる。大塚健康相談所と福滋会については第3節で述べる。

### （2）療養所長　田沢鐐二

田沢は東京市療養所の初代所長であり、社会部を創設した当時の所長である。設立当初の療養所は、「何をするにも新らしいことばかりで、万事これから始まるのだという気風に満ちて」いた。田沢は三八歳、医師たちは皆二〇～三〇歳代で、「国内には結核の専門書も専門雑誌の殆と無いといってもよい位で、結核研究も青年時代」［黒丸 一九七〇］の開所であった。

田沢は、一九〇九（明治四二）年、東京帝国大学医学部を卒業後、脚気病の研究を行っていたが、一九一七（大正六）年に療養所創立準備委員の嘱託を受け、一九二〇（大正九）年の開所と同時に東京市療養所の所長となった。その後一九四二（昭和一七）年に定年を迎えるまでその職に就き、療養所の礎をつくった。当時、根治療法のない結核に対して、田沢はその予防に力を注いでおり、結核療養にとって大事なことは、治療はもちろんのこと、結核を早期に発見し、その対処を行うことと考え、そのための定期健康診査の提唱と普及運動を推進し、健康相談所の事業にも取り組んだ。さらに健康診査を普及するためのPR紙として『福寿草』を発刊した［田沢鐐二伝刊行委員会編 一九六九：二四七–五一、三七八、三九五–四〇〇］。

田沢は、当時の療養所が抱えていた課題である待機者の増大への対処と、予防事業の推進のため、また死の不安におびえながら長期療養を余儀なくされた患者の安寧のために、欧米の見聞を取り入れて社会部を導入したと考えられる。一九二七（昭和二）年の第五回結核病学会において、「東京市療養所ノ所謂『ソシアル、サーヴィス』ト巡回看護婦ノ事業成績ニ就テ」と題して、「大正一四年及大正一五年に於ケル取扱件数分類表供覧」「安静療法ノ一治療項目トシテノ『ソシアル、サーヴィス』ノ意義」「入所前ノ患者ニ対スル仕事及其意義」「退所患者ノ経過観察ノ意義及其実行法」「爾他ノ社会事業トノ関係」「療養所ノ収容力トノ関係」について発表した［田澤一九二九］。その詳細は把握できないが、社会部の業務とその有用性について、外部に対してアピールしていたことがわかる。

このように、社会部の必要性を認識して療養所へ導入し、その活動を支えた人物が所長であったことは、社会

田沢鐐二
（創立七十周年記念誌
発行委員会編
『創立七十周年記念誌』
国立療養所中野病院
1990年）

部の継続や発展にとって重要な要因であった。

## （3）業務内容と取扱件数、社会部の担当者

一九二五（大正一四）年度から一九三一（昭和六）年度までの社会部の業務内容を、年報をもとにまとめると、表V-3のとおりである。各年度の集計は一月〜一二月までとなっており、一九三一（昭和六）年度は六月に大塚健康相談所へ移行したため、統計は一月〜五月までとなっている。

業務内容は、一九二五（大正一四）年度のみ以下の①〜⑧の八項目で、翌年からは①〜⑦の七項目であった。具体的には、①入所ノ相談ニ応シ又ハ入所手続キノ世話ヲナシタルモノ、②応急療養及予防心得指示、並ニ実情調査ヲナシタルモノ、③入所ニ関シ特殊ノ事情ヲ訴ヘ出テ処理シタルモノ、④在所患者ノ身上ニ関シ相談ヲ受ケ処理シタルモノ、⑤在所患者ノ家族身上等ニ関シ相談ヲ受ケ処理シタルモノ、⑥退所患者ニ職業紹介ヲナシタルモノ、⑦再入所ニ関シ相談ニ応ジタルモノ、⑧退所患者ニ対シ他ノ疾患ニテ他病院ヘ入院セシムル等ノ世話ヲナシタルモノ、であった。

これらの傾向をみると、①入所ノ相談ニ応シ又ハ入所手続キノ世話ヲナシタルモノは、総数一万三〇二九件で、全体の約四七％、②応急療養及予防心得指示、並ニ実情調査ヲナシタルモノは、総数一万二三八件で、全体の約四五％であり、これら二つで業務のほぼ九割を占めた。要するに、入所の手続きを含む相談と、入所を待つ間の訪問指導と調査が、業務の大部分を占めていた。

業務内容の傾向は大きく分けると、相談業務（上記の①・③・④・⑤・⑥・⑦・⑧）と訪問業務（上記の②）に分類できる。相談業務は、入所・再入所に関する相談、入所中の患者と家族に関する相談、退所患者の職業相

表V-3　東京市療養所　社会部 取扱件数

| | 1925（大14） | 1926（大15） | 1927（昭2） | 1928（昭3） | 1929（昭4） | 1930（昭5） | 1931（昭6） | 計 | 構成比 |
|---|---|---|---|---|---|---|---|---|---|
| 入所相談・手続き | 1,424 | 2,208 | 2,031 | 1,808 | 2,150 | 2,474 | 934 | 13,029 | 47% |
| 療養予防指導・調査 | 1,190 | 2,239 | 2,018 | 2,017 | 2,297 | 2,023 | 604 | 12,388 | 45% |
| 入所事情配慮 | 228 | 477 | 210 | 84 | 67 | 38 | 60 | 1,164 | 4% |
| 身上相談 | 36 | 41 | 91 | 37 | 28 | 20 | 0 | 253 | 1% |
| 家族の相談 | 17 | 12 | 0 | 0 | 0 | 0 | 0 | 29 | 0% |
| 職業紹介 | 9 | 16 | 6 | 2 | 0 | 0 | 0 | 33 | 0% |
| 再入所相談 | 88 | 84 | 125 | 104 | 106 | 106 | 73 | 686 | 3% |
| 他院への世話 | 13 | | | | | | | 13 | 0% |
| 計 | 3,005 | 5,077 | 4,481 | 4,052 | 4,648 | 4,661 | 1,671 | 27,595 | 100% |

（出典）東京市療養所編（1926）『東京市療養所年報 第5回』～東京市療養所編（1932）『東京市療養所年報 第11回』より筆者作成。
（注1）各項目は以下のとおり省略して表示した。
「入所相談・手続き」＝「入所ノ相談ニ応シ又ハ入所手続キノ世話ヲナシタルモノ」
「療養予防指導・調査」＝「応急療養及予防心得指示、並ニ実情調査ヲナシタルモノ」
「入所事情配慮」＝「入所ニ関シ特殊ノ事情ヲ訴ヘ出テ処理シタルモノ」
「身上相談」＝「在所患者ノ身上ニ関シ相談ヲ受ケ処理シタルモノ」
「家族の相談」＝「在所患者ノ家族身上等ニ関シ相談ヲ受ケ処理シタルモノ」
「職業紹介」＝「退所患者ニ職業紹介ヲナシタルモノ」
「再入所相談」＝「再入所ニ関シ相談ニ応シタルモノ」
「他院への世話」＝「退所患者ニ対シ他ノ疾患ニテ他病院ヘ入院セシムル等ノ世話ヲナシタルモノ」
（注2）「他院への世話」は1925（大正14）年のみ年報に項目が記載されていた。

談であり、訪問業務は、療養や予防に関する訪問指導と調査であった。

社会部の担当者については、史料からはその詳細を把握できなかったが、「専任の婦人事務員及副看護婦長を主任とし、若干の看護婦を補助として」［東京市編 一九三二：八六］、「一人の婦人事務員と、二人の巡回看護婦とで扱っている」［田沢鐐二伝刊行委員会編 一九六九：三八三］ことから、婦人相談員と若干の看護婦で構成されていたことがわかる。このことは、社会部が欧米の Social Service と Public Health Nurse をイメージして設置されていたことにもつながる。

また、東京市衛生施設概要には、社会部の業務を「在所患者の身上家事上等の問題にて療養の妨げとなる事項に関する世話、入所希望者に対する調査、退所者の摂生上に関する世話其の他の相談等に当らしむ」とあり、業務分担については「専任の事務員は如上の問題に関して、各方面の相当機関との交渉其の他事務的の方面を司り、看護婦は患家の訪問療養教則の指導等をなす」〔東京市保健局編 一九二五：一四二〕とある。これらから、専任の相談員は入所・再入所相談、入所中の患者と家族に関する相談、退所患者の職業相談といった相談業務にあたり、看護婦は療養や予防に関する訪問指導と調査を行っていたと考えられる。また、相談に関する具体的な方法の一つとして、「各方面の相当機関との交渉」とあるように、他機関との連絡・交渉という方法も用いていたことがわかる。

さらに、他院で病院社会事業を実践していた相談員が当療養所に見学に訪れていた。記録によると、一九二八（昭和三）年一〇月に済生会病院の清水利子が、一九二九（昭和四）年六月に聖路加国際病院の浅賀ふさが、見学に来所している〔東京市療養所編 一九二九：九八、一九三五：一二〇〕。このような機会に相談員同士の交流や意見交換があったことも考えられる。

## 3　社会部と関連のある施設

### （1）大塚健康相談所

東京市療養所の社会部は前述したとおり、大塚健康相談所の開設とともに、「外部患者ニ関スルモノ」を同健康相談所に委ねて部を廃止したため、ここでは大塚健康相談所についてその機能と業務内容について検討する。また、「健康相談所」は大塚健康相談所のような公立健康相談所以外にも、逓信省が運営した簡易保険健康相談所、警視庁医務課で設置した健康相談所、小児結核予防所などの設立もあり、当時の状況を把握するため、まずこれらの健康相談所について触れておきたい。

逓信省では、一九二二（大正一一）年簡易保険健康相談所規則を制定し、一九二四（大正一三）年より各地に健康相談所を設けた。簡易保険は当時一六〇〇万人の被保険者と保険金額二一億円を有し、その巨大な契約料を背景に対象を結核患者とは限らず、被保険者の疾病の予防、早期発見、その他健康の保持増進に関する相談、巡回看護を無料で実施した。一九三一（昭和六）年三月には、全国九二都市の九九カ所に開設され、直近の一年間で利用者は一五〇万人に達していた［逓信省簡易保険局 一九三一：序、九五-六］。また、一九二八（昭和三）年一月に警視庁医務課では患者の早期発見と予防措置のため、結核相談所を設置した。予防を徹底的に宣伝するためポスターを印刷して、工場や学校、活動写真館などに配布することなども行った［日本結核予防協会 一九二九：

二七］。さらに、都市に小児結核患者が多かったことから、小児結核予防所が一九三九（昭和一四）に都市の保健所四〇カ所に併設された。小児、ことに学童の結核感染と結核性疾患の有無ならびにその程度を検査し、結核患者に対しては養護の方法を講じるとともに新患者の発生防止に努めるものであった［厚生省医務局編 一九七六a：三二九‐三〇］。その後、一九四四（昭和一九）年には、公立健康相談所、簡易保険健康相談所、小児結核予防所は保健所に統合された［厚生省医務局編 一九七六a：三三二］。

結核療養所とともにもっとも必要な予防対策として、欧米で早くから実施されていた結核予防相談事業が、日本では、日本結核予防協会の運営する結核早期診断所を各府県に設けることで実施された。一九二五（大正一四）年には一二〇八カ所に達し、その他を合わせると全国で一三六〇カ所設置されたが、初の公立の結核予防相談所は、一九三一（昭和六）年に東京市が創設した大塚健康相談所であった。その後一九三二（昭和七）年より、日本放送協会からラジオ納付金のうちの一定額が内務省に納付され、それが道府県の衛生費、とくに結核予防法によらない結核予防施設費として提供され、全国的に健康相談所が設置されていった。一般の健康相談、結核患者およびその家族に対する予防、医療、看護、消毒等の指導、自宅療養者に対する医師や保健婦の巡回による療養や予防の指導、療養所への入所の斡旋、栄養品の補給、予防知識の普及等に当たることとされた［厚生省医務局編 一九七六a：一二三五］。

大塚健康相談所の前身は、一九二五（大正一四）年、市の衛生課員と東京市療養所員が協力して開いた健康相談所である。結核撲滅のためには予防が重要であるという考えのもと、小石川区大塚の養育院の跡地にバラックを建て、X線装置を設けて実務を行ったが、結核の診断が下されることを恐れた市民の受診は少なかった。その後、跡地は大塚病院などの建設工事が開始されたため、バラックは撤去され、事業も東京市療養所へ移され、その際、療養所内の福滋会の事業として継続して業務を行った経緯がある［寺尾 一九三四］。
のちに大塚健康相談所が創設され社会部はその事業を委譲したが、大塚健康相談所の業務内容について、東京市健康相談所の庶務規定についてみると、相談所には事務部、相談部、巡回診療部があり、その業務内容は、以下のとおりである［寺尾 一九三四］。

事務部
一、所ノ庶務ニ関スル事項
二、来所者ノ相談手続ニ関スル事項
三、統計及報告ニ関スル事項
四、他ノ主管ニ属セザル事項
相談部
一、市民ノ健康相談ニ関スル事項
巡回診療部
一、市療養所入所申込者ニ対スル巡回診療、看護並ニ療養ノ指導ニ関スル事項

このうち、相談部は医師が患者の相談に応じる部門で、結核以外の患者には投薬も証明書や診断書の交付も行わず、病名と養生法を教え、他院への紹介状を出すもので、文字どおり医師による相談部門であった。健康相談所のうち、もっとも特徴的な部門は巡回診療部で、医師と看護婦による巡回診療と巡回看護を行った。システム

としては、東京市療養所は入所願書を受け付けると担当区域の健康相談所へ通知し、それに基づき健康相談所は巡回を開始する。まず巡回看護婦が家庭訪問し、調査とともに養生法を教え、家族には看護法や予防法等を指導し、健康診断を勧めた。訪問の報告を受けて、医師は往診を開始し、必要に応じて薬の処方や人工気胸なども行った。また適宜、東京市療養所にも訪問の結果報告を行った〔寺尾 一九三四〕。

以上のように健康相談所は、地域における結核の予防対策として重要な位置を占めていた。その業務内容からみると、社会部の主要な業務であった、入所の手続きを含む相談や、入所待機中の訪問指導と調査は、それぞれ大塚健康相談所の事務部と巡回診療部の業務に移行されたと考えられる。

### (2) 福滋会

福滋会は、「結核撲滅事業ヲ後援シ其発達ヲ図ル」ことを目的として、一九二六(大正一五)年、石黒忠悳より寄付された七百余円をもとに設立した結核事業に従事する職員の組織である。当所の看護婦が親睦や修養などのために組織していた寮友会も、本会に一〇〇〇円を寄付して、全員入会した〔東京市療養所編 一九二七:二一、一九三七:九九〕。

同会が根本的にめざしたことは「結核従業員精神ヲ作ルコト」〔東京市療養所編 一九二七:九九〕で、「抑々本会ノ根本精神ハ療養所員若クハ其関係者ヲシテ夫々単ナル一個ノサラリーマントノミ考ヘシメズ各自ニ小ナル社会事業家タルノ精神ヲ有セシメストスル」〔東京市療養所編 一九三〇:一二九〕ものであり、結核事業の推進にはその困難性から、「充分本事業ヲ理解シ、強固ナル意志ト旺盛ナル献身的精神トヲ以テ常ニ孜々努力スル一種独特ノ結核従業員精神」〔東京市療養所編 一九三三:一四五〕の醸成が必要であった。

設立当初は東京市療養所内の職員で構成されたが、結核撲滅事業を後援する目的で全国にその会員を求めたため、公私立の療養所や健康相談所、関係官公署より会員が入会して会員数は年々増加し、一九三六（昭和一一）年度には会員数二千二百余名となった［東京市療養所編　一九三七：九九］。

具体的な事業は以下のとおりであった［東京市療養所編　一九三〇：一二七–九］。

A　結核療養所事業ノ後援
イ、患者慰安　ロ、結核相談事業　ハ、附添人ノ指導　ニ、従業員奨励表彰及関係者ノ親交提携ノ援助
B　其他ノ結核事業団体ノ後援
イ、社会事業団体ノ後援　ロ、結核ニ関スル研究調査及学会ノ後援
C　其他本会ノ目的ヲ達スル為適当ト認ムル事項

このうち、「患者慰安」の事業は、図書、新聞、雑誌を療養所内に配備し、活動写真や演芸等の慰安会や精神修養上の講話会等を催すものであった。全国の公私立療養所へ『アサヒグラフ』や『写真通信』、文芸雑誌類の配布なども行った。また、一九二九（昭和四）年には、患者からの希望により、東京市療養所内で二、三の日用品の実費販売や、書籍・雑誌の取次ぎなども行った。同じく「結核相談事業」は、第3節第(1)項で述べたように、大塚養育院跡から東京市療養所へ健康相談所が引き上げた際、事業を福滋会が引き受けたもので、一般の市民からの結核に関する相談を受けていた。これは相談件数は少なかったものの、「外来患者ヲ扱ハナイ療養所ノ不備ナ点ヲ補フモノデアル」ととらえられていた。「附添人ノ指導」とは、一九二九（昭和四）年から福滋会に

附添部を設置したことから、「附添婦ノ素質如何ガ患者ノ療養効果ニ各段ノ影響ヲ及ボス」ため、東京市療養所患者の付添婦に対する教養と監督を行うものであった［東京市療養所編 一九三五：一四一］。

このように、福滋会は結核撲滅事業を後援する組織であり、患者の慰安事業を受け持ち、会員には社会事業家たる精神や献身的精神を求めたことから考えると、社会部が大塚健康相談所へ業務を委譲して廃止した後、第2節第(3)項で挙げた八項目の社会部の業務内容のうち、「④在所患者ノ身上ニ関シ相談ヲ受ケ処理シタルモノ」や「⑤在所患者ノ家族身上等ニ関シ相談ヲ受ケ処理シタルモノ」は、本会がその機能を代替したと推測される。第2節第(1)項で述べたように、社会部の業務のうち、大塚健康相談所が創設された際、「外部患者ニ関スルモノ」は委譲したことが判明しているが、「内部患者」、すなわち入院中の患者に関するものは結核の治療上重要な項目であるため廃止されたとは考えにくく、本会にその機能を代替したものと推測される。

## 小括

東京市療養所は、主として東京市民で貧困のため「療養ノ途ナキ」結核患者を対象として東京市が設置した医療機関であった。当時、結核は不治の病で、患者は死の不安と向き合い長期療養をすることになるため、患者の精神面、経済面、社会復帰などに問題が生じやすいという特徴があった。結核患者の経過は精神状態の影響を受けると考えられたため、療養所では慰安や娯楽にも力を入れ、患者やその家族の相談に応じることは治療上も必要なことであった。さらに、入所待機者の増大や、退所後の対応策として訪問看護が有効であると考えられた。

このようなニーズのもとに、欧米における「Social Service と Public Health Nurse」をイメージして、訪問看護部門と相談員とを一つにして所長の田沢により導入された部門が社会部であった。

社会部は所長の田沢のもとに創設され、その後も所長から活動の支援を受けたことは、泉橋慈善病院や済生会病院と同様に、まさしく病院の中枢の立場にいる人間による病院社会事業の導入と活動の支援であった。そもそも施療病院は病院経営が厳しく、余分な人員を雇用する余裕はなかったことを考えると、病院社会事業の導入とその活動の継続を推進する強い指導力が病院内に必要であったと考えられる。また、田沢は結核病学会において、社会部の事業とその有用性について演説を行うなど、外部に向かってもその必要性をアピールしている。

社会部の業務内容は八項目（のちに七項目）のうち、「入所ノ相談ニ応シ又ハ入所手続キノ世話」が全体の約四七％、「応急療養及予防心得指示、並ニ実情調査」が全体の約四五％で、この二つの項目で全体の約九割を占め、前者は相談員が、後者は訪問看護婦が担当していたものと考えられる。

社会部は七年間の活動を経て大塚健康相談所の開設とともに閉鎖したが、業務の大半を占めていた外部患者に関する業務は大塚健康相談所へ委譲し、入所中の患者に関する相談業務は、結核撲滅事業を後援し、患者の慰安事業を受け持ち、会員に社会事業家としての精神を求めた福滋会が継承していったと考えられる。

〈注〉

（1）東京市療養所の建設には完成まで三年という長い月日がかかっている。その理由は、竣成一カ月前に台風により主要建築物一五棟中九棟が倒壊したこと、翌一九一八（大正七）年六月には第二期の工事を起工するとともに復旧に着手したが、八月には放火にあい病舎一棟を焼失したことや、この間、物価続騰のあおりを受け請負人の倒産などもあったためである［国立療養所中野病院編　一九七〇：三］。

（2）東京市療養所はその後、一九四二（昭和一七）年「東京市中野療養所」と改称、翌一九四三（昭和一八）年には日本医療団に統合され「日本医療団中野療養所」となり終戦を迎える。戦後は、一九四七（昭和二二）年に厚生省所管「国立中野療養所」となり、一九六七（昭和四二）年「国立療養所中野病院」と改称し、一九九三（平成五）には「国立国際医療センター」（新宿区）に国立病院医療センターとともに統合され七三年の歴史の幕を閉じた。

（3）なお、「入退院患者数、病床利用率」の表には、注に「昭和一五年～二三年は資料がないので省略した」とあり、表中に記述がないため［国立療養所中野病院編　一九七〇：八八-九］、この間の傾向は把握できなかった。

# 第Ⅵ章　聖路加国際病院における病院社会事業

## 1　聖路加国際病院の開設経緯とその事業内容

### (1)　聖公会による開設と病院の発展

聖路加国際病院は聖公会によって設立された病院である。日本における聖公会の活動は、一八四六（弘化三）年イギリス人宣教師ベッテルハイム（Bernard Jean Bettelheim）が沖縄に上陸したことにより始まるが、組織的な宣教活動が開始されたのは、一八五九（安政六）年にアメリカ人宣教師ウィリアムス（Channing Moore Williams）が長崎に上陸したことによる［諫山 二〇〇六］。

医療事業としては、翌一八六〇（万延一）年に最初の宣教医師シュミット（H. Ernest Schmid）が来日したが、翌年病気のために帰国、その後、一八七三（明治六）年にラニング（Henry Laning）が大阪に赴任し、聖バルナバ病院の前身となる活動を始めた。東京では宣教医師ハレル（Frank W. Harrell）が二カ所の薬局を開いたことが医療事業の始まりで、一八九〇（明治二三）年に日本主教であるウィリアムスが「愛恵医院」（Tokyo Dispensary）を開設し、浅草馬道で内科小児科を開業していた長田重雄に院長を依頼した。長田はウィリアムスから受洗を受けた熱心なキリスト教徒で、車代のみの無報酬で院長を務めた。一八九六（明治二九）年、愛恵医院は明石町へ移転し、「築地病院」（St.Luke's Hospital）と称した。しかし、一八九九（明治三二）年に長田が宮内省侍医局出仕となったため、病院は閉鎖となった。一九〇〇（明治三三）年、米国聖公会よりトイスラー（Rudolf Bolling Teusler）が派遣され、翌一九〇一（明治三四）年には佃島に施療診療所を開設した。さらに一九〇二（明治三五）年には閉鎖していた築地病院を「聖路加病院」と改称し、診療を開始した［聖路加国際病院一〇〇年史編集委員会編 二〇〇二：六六–七一、日本聖公会歴史編纂委員会編 一九五九：二九八–九］。

トイスラーは当時、ヴァージニア州立医学専門学校の助教授であったが、宣教医師として中国に赴任する義兄から、未開地の宣教医師の働きは非常に大切だが誰も行きたがらないので東京でも病院が閉鎖したままだという話を聞き、自分は誰もやりたがらない仕事をしたいと志願しての来日であった［聖路加国際病院一〇〇年史編集委員会編 二〇〇二：六九］。来日当初は、「病院というより小屋」のありさまで、設備も粗末なものであり、トイスラーは自分自身に特別な診療を求める人たちを有料で診察し、その収入を病院の会計へ入れて、病院の造作費や維持費、施療にまわした［中村 一九八五：一三–四］。当初、病室は五室で、患者は外国人が多かった。病院拡張とより広い社会貢献のため、日本の著名な医師と接触をもつ必要性を感じたトイスラーは、趣味の狩猟を通してスクリバ[1]（Jurius Karl Scriba）と懇意になり、一九〇二（明治三五）年、東京帝国大学を辞任したスクリバに当院のスタッフとして加わってもらった。ここからトイスラーと東京帝国大学とのつながりができた。スクリバの名声により診療を求める患者が来院し、三〇床あまりを増床した。またベルツ[2]（Erwin von Bälz）も東京帝

1901（明治 34）年、
トイスラーにより佃島に開設された
施療診療所
（聖路加国際病院 100 年史編集委員会編
『聖路加国際病院の 100 年』
聖路加国際病院
2002 年　70 頁
学校法人聖路加国際大学提供）

ルドルフ・B・トイスラー
(聖路加国際病院
100年史編集委員会編
『聖路加国際病院の100年』
聖路加国際病院
2002年　70頁
学校法人聖路加国際大学提供)

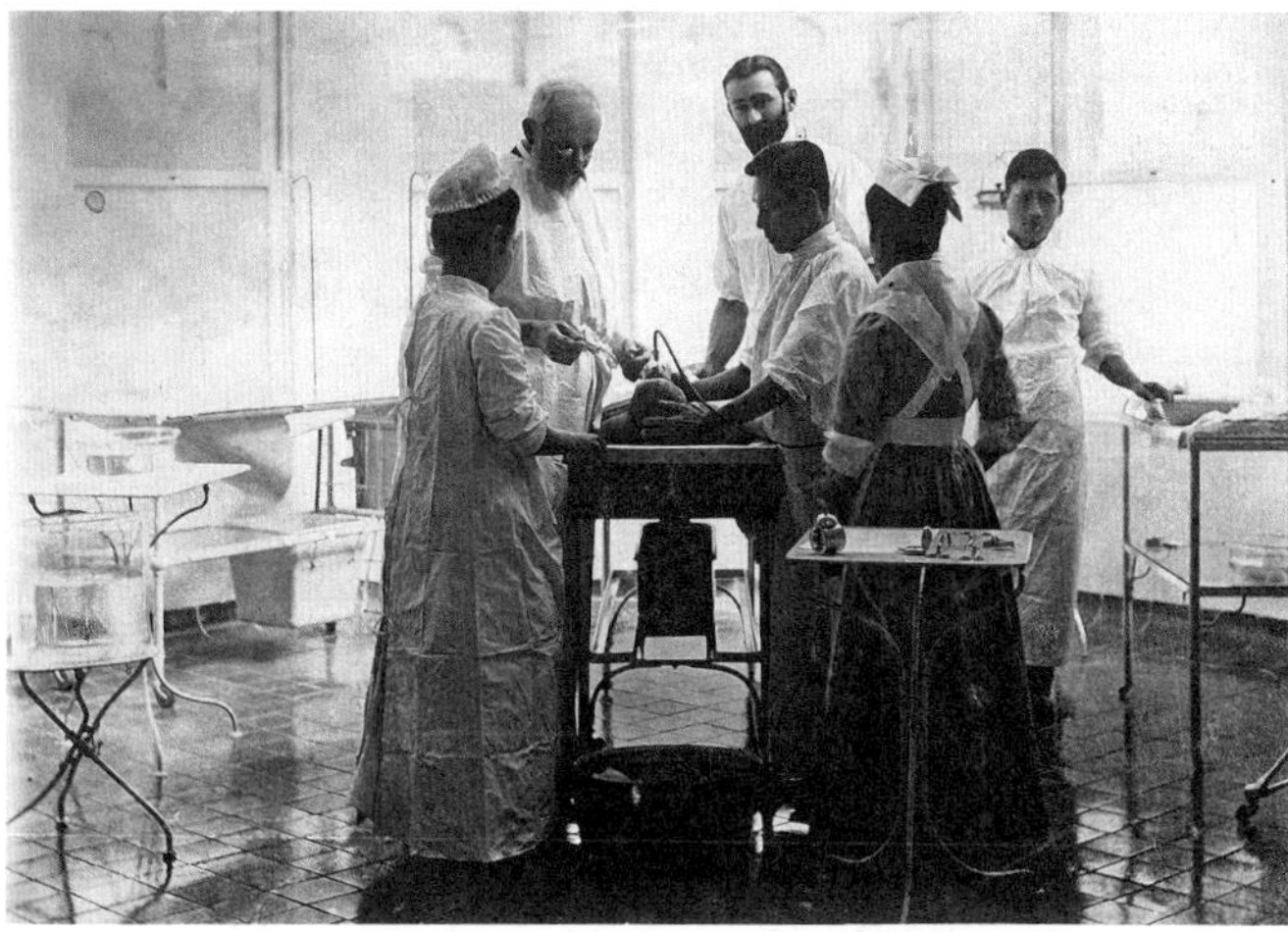

1904（明治 37）年当時の手術室
左から荒木婦長、スクリバ医師、トイスラー院長、
秋山医師、山本看護婦、久保医師
（聖路加国際病院八十年史編纂委員会編
『聖路加国際病院八十年史』
1982 年　333 頁
学校法人聖路加国際大学提供）

国大学医学部辞任後、当院の顧問となるなど、著名な外国人医師の協力もあり、しだいに病院は設備も整い、医員数も増し来院患者も増加していった。

一九〇三（明治三六）年九月から翌一九〇四（明治三七）年八月には、大人二六〇人、子ども三三〇人の手術を行い、施療患者は七七六八人、投薬約一万人となり、「当院の施療事業は広く知られ、遠方から診療を受けにくる者がおびただしい数であった」［聖路加国際病院一〇〇年史編集委員会編 二〇〇二：七四］。患者の増加とともに病院の拡張を迫られ、一九一〇（明治四三）年には、診療科目に内科、外科、産婦人科、皮膚科、泌尿器科、耳鼻科、眼科、歯科、X線科を標榜し、四階建てで病床数七〇床あまり、施療入院室二室も設置され治療設備も整った。

一九〇七（明治四〇）年、トイスラーは阪井徳太郎から東京で万国博覧会の企画があることを聞き、西洋水準の病院が必要だと考え、大病院建設のプランを立てた。その後、万国博覧会は中止となったが、トイスラーから大病院建設の思いは消えず［聖路加国際病院一〇〇年史編集委員会編 二〇〇二：七四］、病院の拡大のために、聖公会の関係者を通して日本の政治家に働きかけ、自らも募金活動のために米国に渡るなど、精力的に働いた。

その中で阪井徳太郎の協力は大きな支えとなった。阪井は聖公会の信徒で、一九〇九（明治四二）年に四〇歳で小村寿太郎外務大臣秘書官となり、その後、内田康哉外務大臣の秘書官、牧野伸顕外務大臣の秘書官の際には同時に桂太郎総理秘書官も務め、一九一四（大正三）年から一九三五（昭和一〇）年まで三井合名会社の理事となった英語に堪能な人物であった［同志会 二〇〇九：七〇–七］。当院の医師中村徳吉は阪井について、「政界、財界の頂天に在る人の知己多く、信用があった。宮内省からの下賜金、三井、岩崎からの寄付、後援会の成立等、トイスラー氏計画に多大な力となる一連の事柄は、無名の一米国医師であったトイスラーを、日本の最高の実力者に阪井さんが紹介、推奨したおかげに外ならぬ」と述べている［中村 一九八五：二七］。

一九一二（明治四五）年に大隈重信、阪井徳太郎、浅野総一郎、渋沢栄一、桂太郎などが発起人となって新病院建設を後援する会が結成され、初代会長に大隈、幹事に阪井が就任した。一九一三（大正二）年、大隈は内閣の閣僚、政府の高官、東京帝国大学医学部の主な教授、有力実業家四十余名を招待して会合を開催し、評議員会を組織した。大隈が会長、副会長に後藤新平、阪井徳太郎、阪谷芳郎、渋沢栄一が就任した。大隈は評議員会で「国際病院として恥ずかしくないものをつくるために米国からはすでに多額の寄付金が寄せられている。日本においても同様に募金し、援助したい」と述べた。さらに実行委員会が組織され、適当な土地を求めるか、代価として二〇万円を募集するかという二案が決議された。天皇から五万円の内帑金の下賜、三井、岩崎家から各五万円、その他の朝野の有志から一〇万円、患者やその親戚友人、付近の住民からも寄付があった［聖路加国際病院一〇〇年史編集委員会編 二〇〇二：七九］。

この時の東京市長阪谷芳郎の日記には、一九一二（大正一）年末から一九一三（大正二）年にかけて、病院敷地斡旋がたびたび話題となって記述されている［社団法人尚友倶楽部・櫻井良樹編 二〇〇〇：八〇-四七九］。当時の状況について中村は、日露戦争後の「日米関係が最も良好であった時」で、日本の政治家の日米親善の心境がトイスラーの計画にも同情・援助となって現れたとしている［中村 一九八五：二六］。なお米国での募金目標額は四八万五〇〇〇ドルで、トイスラーはアメリカの監督教会の総会席上で説明し、二五万ドルを持ち帰った。一九一七（大正六）年二月には日米協会の席上で、聖路加病院拡張計画のための拠金運動保証決議書に会長の徳川家達が署名した。こうして、資金として四四万ドルを確保し、病院敷地の東側に三九二八・二四坪（約一万三〇〇〇㎡）、さらに敷地北側道路を隔てて相対する地所も購入し、一九一七（大正六）年四月には「聖路加国

際病院」と改称した［聖路加国際病院一〇〇年史編集委員会編　二〇〇二：七九－八〇］。

しかしその後、一九二三（大正一二）年九月の関東大震災によって病院は焼失してしまう。この時、トイスラーの求めに応じた米国陸軍より天幕病院の寄付を受け、一〇月には診療を開始した。天幕病院は正式には「米国政府医療庁野戦病院」といい、約二二五床をもち、検査部や移動式X線機械、外科用具、薬剤なども備えた病院であり、米国陸軍部隊により軍艦で運ばれ、部隊の手で設営された。さらに一九二四（大正一三）年六月には仮病院を竣工したものの、翌一九二五（大正一四）年一月には火災で全焼した。この時もすぐに再建にあたり、五月には使用可能となった。トイスラーは米国聖公会で募金を募り、毎年、米国聖公会は多額の補助金を交付した。一九二八（昭和三）年一月には新病院建築に着手し、一九三三（昭和八）年六月には建物総坪数約六九三六坪、費用約五二〇万円をかけて、六階建て地下一階の新病院が開院した［聖路加国際病院一〇〇年史編集委員会編　二〇〇二：八四－一〇六］[3]。

## （2）病院の事業内容と経営

一九二四（大正一三）年から一九四五（昭和二〇）年までの患者数は表Ⅵ-1のとおりである。関東大震災直後の仮病院であった一九二四（大正一三）年からの統計によると、火災で全焼した一九二五（大正一四）年は入院延数が減少したことにより多少患者総数が減少するが、その後漸次患者総数は増加している。新病院が開院した一九三三（昭和八）年は前年に比較して、外来一万三九四人、入院九四八一人、総数で一万九八七五人の増加、翌一九三四（昭和九）年は外来一万六八四七人、入院一万六九〇九人、総数三万三七五六人の大幅な増加となっている。

1932（昭和７）年10月、
完成間近の本館
（聖路加国際病院八十年史編纂委員会編
『聖路加国際病院八十年史』
1982年　343頁
学校法人聖路加国際大学提供）

表Ⅵ-1　聖路加国際病院　患者延数推移

| 年 | 外来延数 | 入院延数 | 合計 | 備考 |
|---|---|---|---|---|
| 1924（大正 13） | 52,927 | 20,135 | 73,602 | 6 月仮病院竣工 |
| 1925（大正 14） | 55,058 | 14,338 | 69,396 | 1 月仮病院火災で全焼するも 5 月には使用可能へ |
| 1926（昭和 1） | 63,591 | 25,511 | 89,102 | |
| 1927（昭和 2） | 61,310 | 26,572 | 87,882 | |
| 1928（昭和 3） | 75,448 | 30,035 | 105,483 | 2 月新病院起工 |
| 1929（昭和 4） | 90,631 | 30,940 | 121,571 | |
| 1930（昭和 5） | 92,524 | 28,939 | 121,463 | |
| 1931（昭和 6） | 122,060 | 37,394 | 159,454 | |
| 1932（昭和 7） | 126,408 | 37,635 | 164,043 | |
| 1933（昭和 8） | 136,802 | 47,116 | 183,918 | 6 月新病院開院 |
| 1934（昭和 9） | 153,649 | 64,025 | 217,674 | |
| 1935（昭和 10） | 147,682 | 69,508 | 217,190 | |
| 1936（昭和 11） | 153,286 | 79,024 | 232,310 | |
| 1937（昭和 12） | 150,854 | 82,401 | 233,255 | |
| 1938（昭和 13） | 145,655 | 88,295 | 233,950 | |
| 1939（昭和 14） | 142,168 | 92,693 | 234,861 | |
| 1940（昭和 15） | 144,844 | 99,841 | 244,685 | |
| 1945（昭和 20） | 5,211 | 310 | 5,521 | GHQ により建物接収、仮病院へ移転 |

（出典）聖路加国際病院八十年史編纂委員会編（1982）『聖路加国際病院八十年史』113 頁から引用し、筆者が備考を加筆。

（注 1）1941（昭和 16）年から 1944（昭和 19）年までの数字は未記入となっていたため、表から省略した。

経費をみると、一九一二（明治四五）年の『救療事業調査書』［済生会編 一九一二：二五四］では、「米国伝道会社ノ支出金及自費患者ノ薬価、診療費」で、一年間の経費は営繕費を含み約三万円であった。また米国伝道会社から直接医師等に支払うもの約四〇〇〇円で、米国伝道会社の支出総額は六〇〇〇〇円であった。なお、三〇年後の一九四二（昭和一七）年、一九四三（昭和一八）年の医業収益は各一〇〇万円であった［聖路加国際病院八十年史編纂委員会編 一九八二：一一三］。

病院はトイスラーの方針のもとに拡張し、さらに関東大震災以後、「東京市保健局および文部省と定期的接触によって新局面を展開」していった。「聖路加国際病院は、単に病院としてのみではなく、われわれが今Hospital Centerと称するところの実際的指導の中心」となり、それは「米国において行われている規準を適用することで、患者の臨床的注意、看護婦の訓練、少壮医師の再教育、戸別訪問による社会的奉仕事業、学校における公衆衛生、近代病院における各科の相互的連絡等」［聖路加国際病院一〇〇年史編集委員会編 二〇〇二：八八］を行うことであり、随時これらの事業に取り組んでいった。

当時、日本ではまだ十分取り組まれていなかった公衆衛生活動として、行政とも連携しながら、児童健康相談所や学校診療所、保健館などの事業を行った。児童健康相談所は、一九二三（大正一二）年七月、東京市長後藤新平の要請により開設したものである。人口密集地であるという点から、聖路加病院のほか、深川新富町、浅草玉姫町の三カ所に設置したが、九月に関東大震災が起こり中断した。一九二五（大正一四）年一二月には、文部省学校診療所が当院の近くに開設された。エリオット医師（Mabel E. Elliot）とヌノ看護婦（Christine M. Nuno）、定方亀代医師も診療に加わり、文部省の要請で三名の学校看護婦を派遣したが、費用は病院が負担した。対象の小学校は京橋区内一三校で、毎日午後は診療にあたり、家庭訪問も適宜行った。学童の疾病の早期発見と治療を目的に活動し、一九三一（昭和六）年頃には市内一五の小学校に看護婦を派遣した。一九三五（昭和一〇）年には東京市が内務省と協議のうえ、保健館事業を開設することに決まったが、建物がないため病院の一部を貸し、「東京市特別衛生地区保健館」の看板を掲げて事業を開始した。保健館初代館長は齋藤潔、医師として赤塚京治や奥野徹、婦長の平井雅恵、その他一二名が保健指導部スタッフとして移籍した。一九三七（昭和一二）年には保健所法制定にともない、保健館は第一号のモデル保健所となった［聖路加国際病院一〇〇年史編集委員会編 二〇〇二：八七–一〇九］。

この間、一九二八（昭和三）年二月には病院内に公衆衛生部を開設した。初代部長は医師の齋藤潔で、このほか医師は定方亀代など四名、看護婦一二名が活動した。ここで働く看護婦を公衆衛生看護婦と呼び、Well Baby Clinic(4)と築地産院(5)で出生した母子の健康相談や産前産後の保健指導、新生児の育児指導などの家庭訪問、結核相談、クッキングクラス、乳児衣類の作り方教室、母親の健康診断、父親学級、性病予防、学童検診など幅広い活動を行い、一九三二（昭和七）年頃には部員六十余名となっていた［聖路加国際病院一〇〇年史編集委員会編 二〇〇二：九二］。

また、看護婦養成は一九〇四（明治三七）年四月に聖路加看護婦学校を開校したことから始まった。当時、生徒は九～一〇名、ミッションスクールの卒業生でほとんどがクリスチャンであり、アメリカで看護法訓練を修得した初代婦長の荒木いよによる米国式の看護教育を開始した。一九二〇（大正九）年に聖路加付属高等看護婦学校が開校し、アメリカの標準に応じた専門職者としての看護婦養成をめざし、高等女学校卒業生を対象に三年間の教育を行った。一九二七（昭和二）年一一月に文部省の認可を受けて病院から独立した法人組織となり、財団法人聖路加女子学園が設立された。専門学校令に従い、三カ年の本科と一カ年の研究科が設置され、聖路加女子

表Ⅵ-2　聖路加国際病院　施療患者数

| 年 | 入院 | | 外来 | | 総数 | |
|---|---|---|---|---|---|---|
| | 実数 | 延人数 | 実数 | 延人数 | 実数 | 延人数 |
| 1908（明治 41） | 352 | 3,610 | 842 | 8,549 | 1,194 | 12,159 |
| 1909（明治 42） | 419 | 4,380 | 682 | 6,184 | 1,101 | 10,564 |
| 1910（明治 43） | 368 | 3,650 | 428 | 7,391 | 796 | 11,041 |

（出典）済生会編（1912）『救療事業調査書』254 頁。

表Ⅵ-3　聖路加国際病院　施療患者数　1935（昭和 10）年度

| | 有料 | 施療 | 健康保険 | 総数 |
|---|---|---|---|---|
| 外来 | 56,980 | 55,362 | 10,735 | 123,077 |
| 入院 | 17,420 | 6,178 | 1,007 | 24,605 |
| 総数 | 74,400 | 61,540 | 11,742 | 147,682 |

（出典）聖路加国際メヂカルセンター（1937）『聖路加国際メヂカルセンター要覧』46 頁より筆者作成。

専門学校と改称した。その後、一九三五（昭和一〇）年には学則を変更して修業年数を三年から四年に延長し、研究科の科目を本科に包含して研究科を廃止した［聖路加国際病院一〇〇年史編集委員会編　二〇〇二：七二－八二、九六、聖路加看護大学創立七〇周年記念誌編集企画委員会　一九九〇：一三］。

## （3）施療患者の受け入れ

施療患者の受け入れは開院当初から行っており、施療患者は遠方からも来院した。一九〇八（明治四一）年～一九一〇（明治四三）年の施療患者数は表Ⅵ-2のとおりである［済生会編　一九一二：二五四］。第1節第（1）項で述べたとおり、一九〇三（明治三六）年～一九〇四（明治三七）年の施療患者は七七六八人で、一九〇八（明治四一）年には一万二一五九人と四三九一人増加していることがわかる。

表Ⅵ-3に一九三五（昭和一〇）年度の患者数をまとめた。患者内訳は有料、施療、健康保険扱いに分かれており、施療扱いの患者は、外来は五万五三六二人で一般患者も含めた総数からみると約四五%、同じく入院は六一七八人で約二五%、総数では六万一五四〇人で約四二%であった。外来は有料と施療がほぼ同数だが、入院は七割が有料患者で、総数では全体の約四割が施療患者であった。

一九〇二（明治三五）年三月の『基督教週報』に掲載された外来施療部開設広告によれば、施療部の規則は、「施療を乞ふものは毎日午前九時より十時迄に来院し受付にて施療券を受取るべし」「施療患者数を一日二十名を限りとす」とあり、これに対し一般の外来診療時間は午前九時より正午までであった［基督教週報社 一九〇二］。一九一三（大正二）年の施療患者の受付時間は午前七時半、一般は担当医師により異なるが午前九時～一七時までであった［日本聖公会教務院総務局編 一九一三］。このように診察時間を一般患者より早い時間帯に設定し、患者数を制限していた。また、一九三七（昭和一二）年の外来規定摘要では、「施療患者は方面事務所又は区役所、乃至警察署其他の証明書を要」するとあり［聖路加国際メヂカルセンター 一九三七：一三四］、当初の病院で施療券を受け取る形から、救護法が制定された後は証明書を持参して施療を受ける形をとった。

このように「病院の本質からしても施療は努力すべきであったから、如何に多忙になってもできるだけ沢山の施療を取り扱った」［中村 一九八五：一二三］当院でさえも、「無料患者は北側の通りに面したボイラーのわきの入口から出入しており、西側正面の中央口は一般外来の入口と、区別されており受付時間も早くて、一般外来の診療が始まる一〇時頃までに、一応終わってしまうようになって」おり、「今からおもうとかなりの差別待遇だった」［奥野 一九七〇］と内科医の奥野が回想しているように、一般患者との歴然とした対応の区別が存在していた。

## 2　医療社会事業部の設立

### （1）創設の経緯とその後の発展

医療社会事業部は一九二九（昭和四）年に設置された。当時、アメリカの大学で社会事業、教育学を学んだ小栗将江（浅賀ふさ）[6]は、ニューヨークに一時帰国していた院長のトイスラーを、人を介して紹介してもらい、現代病院のあるべき姿のひとつとして社会事業が患者のために必要であり、日本で医療機関のモデルをめざしている聖路加病院こそ、この仕事を取り入れるべきであると主張した［日本科学者会議編　一九八〇ａ］。そして、一九二八（昭和三）年の暮れに浅賀は帰国し、翌年から社会事業部の初代の医療社会事業部員として働いている。

浅賀は入職後、最初の二年間は結核相談所で働いた。当初、病院内において医療社会事業を理解している人は誰ひとりとしておらず、浅賀自身病院内の人びとの心理を十分把握しないまま、医療社会事業の機能や目的を書いたものなどで理解してもらおうと努めるより、実際に仕事で医師の診断と治療の助けになる機会をとらえて理解してもらおうと考えたこと、また当時、結核療養所は全国で病床数四千余りで、入所を必要とする施療患者は平均一一カ月待たなければ入所できなかったため、もっともソーシャルサービスを必要とするのは結核患者であると考えたことから、相談所で仕事を始めた［浅賀　一九五九］。当院は結核相談の草分けとしてその二、三年前から事業を始めていたが、相談所は待合室、事務室、相談室のささやかな木造の建物で、結核相談に欠くことのできないX線検査室も、薬室もなく、必要な場合には本館の設備に頼るような状況だった［奥野 一九七〇］。浅賀は相談所のすべての患者と面接を行い、患者の環境、家庭、生活、態度等を理解し、問題の発見と援助を行い、医師や保健婦と協働して家庭訪問も積極的に行った。その後、しだいに他科の医師からも患者の相談にのってほしいという依頼が出されるようになり［聖路加国際病院一〇〇年史編集委員会編 二〇〇二：九二–三］、業務は拡大していき、結核患者以外のケースも担当するようになった。

一九三〇（昭和五）年に医療社会事業部に植山つるが加わったものの体調を崩して退職し、翌年、藤田（水野）鶴代が入職し、九月には米国聖公会からヘレン・シップス（Helen K. Shipps）が派遣されて主任となった。その後も部員を増員し、一九三五（昭和一〇）年度には八名、一九三七（昭和一二）年には総勢一〇名ほどになっていた［植山 一九八六：二五–六、六〇、聖路加国際病院一〇〇年史編集委員会編 二〇〇二：九三、聖路加国際メデカルセンター 一九三七：三〇、日本科学者会議編 一九八〇b］。

一九三七（昭和一二）年には吉田ますみが入職し、戦前、戦後の三五年間にわたり、強い使命感をもって当部に勤務した。一九三八（昭和一三）年に浅賀が辞任し、大畠たね（神田多称）が主任となった。太平洋戦争が勃発した際には外国人スーパーバイザーは本国に引き上げてスタッフは縮小したが、医療社会事業部の活動は継続して行われた［聖路加国際病院一〇〇年史編集委員会編 二〇〇二：九三、二九一］。

## （2）医療社会事業部の理解者

浅賀が医療社会事業を開始できたのは、院長のトイスラーがその事業を認めて、病院に取り入れたことによる。浅賀は、トイスラーが日頃、「伝統的に、進歩的にして良い仕事をとり入れ、且つ之れを良く行う事即ちモデル事業とかデモンスツレーションとして使命を持っている」と当院についてよく話していたとし、「メデカル・ソーシャル・ウォークに於ても、この伝統的精神に生きて来た」と述べるように［浅賀 一九四八］、当時、いまだ日本においては未開拓であった医療社会事業に先駆的に取り組むことは、トイスラーのめざす病院のあり方に呼応したのであろう。しかし、日本において未開拓ということは、院内においても未開拓であり、浅賀は「開拓者意識にはち切れそうな熱意」で始めた仕事ではあったものの、「一年後には見事に疲れのために肋膜で入院」するほどであった。そして「院内の職員達に何故この仕事が大切であるかを知って貰うのにも困難があったが、基督教団体であることと院長の信頼で私の仕事が支えられた」［浅賀 一九五七］と述べているように、トイスラーの存在は医療社会事業部門にとって大きな支えになっていた。

また、ソーシャルサービス委員会は、副院長の橋本寛敏（のちの第三代病院長）を委員長に各部の部長によって構成され、医療チームの構成員としての基礎を築くうえで大きな役割を果たしていた［浅賀 一九五九］。浅賀は橋本についても、「キャボット博士の様な人間性の深い理解者として」、部の育ての親であるとしている［浅賀 一九四八］。

さらに、仕事上、連携を取ることの多かった公衆衛生部の存在も大きかったと考えられる。前述したように、治療と予防に目を向けることはトイスラーの目的と合致し、公衆衛生活動は東京市や文部省に協力しながら、先駆的な実践を行った。一九二五（大正一四）年に米国赤十字社より招聘されたヌノ看護婦は、一九二七（昭和二）年斉藤みどりの助けを得て、公衆衛生看護部を創立したが、「当時公衆衛生看護部のスーパーバイザーであり、教師であったミス・ヌノが小栗将江の良き相談相手であった」［聖路加国際病院一〇〇年史編集委員会

編　二〇〇二：九二〕。浅賀は、医師、保健婦とチームを組み、結核患者への対応から仕事を始めたが、その後も「医療社会事業部と公衆衛生看護部はかなり緊密に連けいをとり乍ら活動をすすめて」〔松下　一九八五〕いたことは、後に挙げる事例からもわかる。

このように院長や副院長といった組織の中枢となる人たちから理解を得ることは、未開拓の仕事を院内に位置づけていくために、必要である。また、各部の責任者に委員会に加わってもらうという方法は、業務を院内に周知し理解を得るために、戦略的にも有効な方法であった。公衆衛生活動という生活と医療が密接に関係するフィールドでは、医療社会事業と看護は緊密に連携する必要があり、医療社会事業を理解し、その活動を支えてもらうよき仲間であったことがうかがえる。このような背景のもと、徐々に医療社会事業は院内での位置も確立していき、部員を増員することができたのではないかと考えられる。

## 3　医療社会事業部の相談員

### （1）相談員の背景

医療社会事業部の部員は、チーフのヘレン・シップスがマサチューセッツ総合病院でアイダ・キャノンの指導を受けた専門家であり〔聖路加国際病院八十年史編纂委員会編　一九八二：二一九〕、他の日本人も浅賀をはじめ、日本女子大学校やアメリカの大学等で専門教育を受けていた。植山つる、藤田（水野）鶴代、神田多祢（大畠たね）、永井（中島）さつき、吉田ますみは日本女子大学校の卒業生である。藤田は児童福祉を専攻していたため、小児科の専属となった。そのほか、駒田栄子（ミルス大学卒）、大島（ニューヨーク社会事業大学院卒）、田村（小野）キミ、佐瀬操、鈴木あい子等のソーシャルワーカーが働いた［植山 一九八六：八、浅賀：一九五九］。

中島が勤務していた一九三四（昭和九）年から一九三六（昭和一一）年の様子について、中島によれば、社会事業部は院長直轄として配属されており、担当者として、社会事業部長はヘレン・K・シップス、結核クリニック、リハビリテーションは小栗将江（浅賀ふさ）、内科は神田多祢（大畠たね）、産婦人科は駒田栄子、小児科は藤田（水野）鶴代、外科は田代（吉田）文、耳鼻科、チャリティインテークは永井（中島）さつき、セクレタリー（英文秘書）は横山すみ子であった［中島 一九八〇：一四九］。

このうち、戦前戦後を通して三五年間勤務した吉田ますみは、一九二七（昭和二）年に日本女子大学校を卒業し、駐日ソヴィエト大使館勤務の後、一九三七（昭和一二）年から一九七二（昭和四七）年まで当部に勤務した。この間、聖路加女子専門学校講師を経て、一九五八（昭和三三）年聖路加短期大学教授も兼任している。

吉田の人柄と当時の様子がわかるものとして、吉田が亡くなった当時の医療社会事業部の責任者である深沢里子の弔辞を以下に引用する［深沢 一九八五］。

昭和四二年頃だったと思いますが、三〇年内の御自分の医療社会事業家としての実践の歩みを出版なさいました。その御本の中で、先駆者としての御苦労や、又昭和の初期は、社会事業家を志す者は変人扱いを受ける時代であったにもかかわらず、先生は〝神の栄光と人類の奉仕のために〟という精神に従い毎日感謝の気持を持って働いていらしたことをお書きになり、それに続いて次のように御自分のお仕事の原点に触れておられますので読ませて頂きます。

「私にとって、三〇年の年月は、あっという間に過ぎてしまいました。若い頃には世間並みに家庭の人となるようなことを考え、そのような機会もありましたが、私を今日までこの仕事に踏みとどまらせたのは、大げさな表現かも知れませんが、この世で私に与えられた使命は、この仕事である。私の微力な働きでも、病める人、貧しき人、悩める人びとのお役に少しでも立つならば、という使命感があったからであります。家庭に入ることは狭い社会の幸福だけを求めることになる。目の前にいるこの多くの不幸な人びと、今、私を心から頼りにしている病人を捨てていってていいのだろうか、いいえ、私はこの人達のために働くことがみこころなのだ、ということで長い年月を過ごしてしまいました。けれども、こんな考えは明治生まれの人間の感傷にすぎないと思われる方も多いでしょう。」

（中略）その強い使命感、信念は、時として、周囲との妥協を拒まれ、軋轢を生じることも多かったように思います。

このように、仕事に対し強い使命感と信念をもって実践を続け、当院の医療社会事業の戦前から戦後をつなぎ、その発展に尽くした。

また、一九三八（昭和一三）年に浅賀が退職した後の主任となった神田多称は、日本女子大学校の出身で、一九四三（昭和一八）年に結婚退職し、戦後はアメリカ占領軍総司令部公衆衛生福祉部に勤務し、「アメリカ医療社会事業の移植へ貢献した」のち、立教大学教授となった［田代 一九六九：二五‐六］。

中島さつきも日本女子大学校卒業後、一九三四（昭和九）年から一九三六（昭和一一）年まで当院に勤務し、戦後は一九五一（昭和二六）年に東京都衛生局医務課に医療社会事業係が設立された時に採用され、その後、日本女子大学教授となり、日本医療社会事業協会の会長も務めた［中島：一九五八］。

### （2）浅賀ふさ

浅賀は、日本における医療ソーシャルワークの開拓者であり、戦前・戦後を通して日本の医療ソーシャルワークの発展に多大な貢献を残した。浅賀に関しては著作も多数存在し［小栗 一九三二、浅賀 一九四八、一九五九、一九八〇など］、児島［一九七二、一九八六］や小塩［二〇〇二］など、浅賀の人物像を明らかにした先行研究もあるが、ここでは当部の設立と発展の礎をつくった貢献者である浅賀を取り上げ、その人物と医療ソーシャルワークについて概観したい。

浅賀は、一八九四（明治二七）年愛知県の酒造家の七人兄妹の次女として生まれた。母親は長女だったので、一番先に嫁にいかなければならなかった自分の体験から、娘だけには「とにかく東京の一番いい学校」を探して、一九〇八（明治四一）年日本女子大学校付属女学校へ入学させたという。一九一七（大正六）年に二三歳で日本女子大学校英文科を卒業、その後、兄に同行して渡米した。さまざまな仕事をした後、扁桃腺の手術をした際、全身麻酔で意識が消えていく時の死の瞬間を思わせる不思議な体験と、麻酔から覚めた瞬間の驚異的な再生の経験をして、「生きるということを見なおすような衝動で一杯になり、いわゆる生き甲斐のある仕事をして見たい」と思ったこと、さらに、職場に体にハンディキャップをもった一人暮らしの女性がおり、「どんな不安な気持ちだろうか、と何となくそういった人間の悲しみというものに興味を持った」こと、またその職場の経営者の姉がシモンズ大学の社会事業課程の研究生であり、この経営者姉妹は物事のよくわかった良い人たちだったことからシモンズ大学院へ行くことを考え、一九二四（大正一三）年にシモンズ女子大学社会事業専門学校（大学院）へ入学してソーシャルワークを学んだ。二年後卒業し、続けてハーバード大学教育学部の就学前児童教育コースで一年間学んだ。この後、前述したようにニューヨークに一時帰国していたトイスラーに会い、一九二八（昭和三）年に日本に戻り、翌年から聖路加国際病院へ就職した［浅賀　一九五九、日本科学者会議編　一九八〇ａ］。

浅賀がアメリカで受けた教育は、その後の日本における実践に大きな影響を与えた。ハーバード大学で「パーソナリティの形成される時期に育った家庭や、親子兄弟関係が大切だ」という考え方を学び、「ケースワークを考える上でこれが非常に参考」になったと述べるように、人格形成は幼児期のあり方に負うところが大きい［日本科学者会議編　一九八〇ａ］という精神分析的アプローチの影響を大きく受けていた。

一九三一（昭和六）年の浅賀［小栗　一九三二］の論文によれば、「今後の社会事業者はたゞ心ばかりでは出来ない。心と頭と体とがバランスをもつて働かなければならない。社会事業は科学を背景にもつた芸術でなければならぬ」「我国社会事業は組織に於てもつと分化され、方法に於てもつと専門化され（勿論分業と同時に提携が完全に行はれ）、従事者の訓練に於てはもつと専門的素養が与へられたら将来必要なものとして必ず発達すると思ふ」と社会事業観を述べ、当時の社会事業の状況と今後必要な方向性について述べている。

また社会診断について、「医学上の診断に於けると同様に、治療即ち対策法を決定するものであるから、ケース・ウォーク方法論中、尤も大切な第一部を占めるもの」とし、人間の生活要素に立脚した以下の五つの類別法を紹介している。「①健康上、②経済上、③教育上、④リクリエーション（娯楽といふ言葉には足りない処があるのでわざと避ける）、⑤品性。」このうち一つがマイナス状態になったとき問題が生じるが、経済的に豊かな場

浅賀ふさ（前列左）。
手作りの人形を作り、
公衆衛生看護婦たちと活動を行った。
（聖路加国際病院100年史編集委員会編
『聖路加国際病院の100年』
聖路加国際病院
2002年　92頁
学校法人聖路加国際大学提供）

合は、その他のものが不足しても社会事業団体が世話しないことはあり得るとしている。そして社会診断用のサマリーの様式を提示しているが、それによれば前記の五つの分類を「問題」「要因」「対策」に分けて記述する形式である。ここから科学的なケースワーク、いわゆる医学モデルに立脚したケースワークを実践していたこと、社会診断を重視し、社会診断を行うための根拠となる要因を把握し、これらに基づいて社会的処置を行っていたことがわかる。

また、戦後、浅賀は、医療ソーシャルワークを以下のように定義している。「①救済事業ではない、②医師を中心とする医療チームの一員として、有効なる医療を妨げる患者の物質的、心理的、社会的障害や困難に関して患者を援助してその属する医療（又は保健）機関の目的を有効に遂行するために協力する。医療サービスチームの一員で、庶務課に属すべきではない。③ソーシャールケースワークの一分野で、医療（又は保健）問題を主要問題とした特殊ケースワークである。ケースワーク原理を基礎とした仕事である」［浅賀 一九五六：一］。

前述したように、日本では当時、医療社会事業は未知のものであったため、医療機関にその職業を根づかせるためには、当院のような病院でも相当な苦労を重ねた。浅賀によると、「どんな仕事であるかと言う事を、理解している人は、当時医者にも、看護婦にも、又事務所にも一人としていなかった事、従って、病院組織に於ける一つの有機々関として全然認識され、受入れられていない事」、「どの科に尤も多くのソーシャル・サービスが必要であるか、又どの科の医者が診断に又治療に、ソーシャル面の問題を考えているかを把握していない事」、「医療の縄張りに医者と看護婦以外の進入者が現われた事に対する一種の反感で、その強度によって、反感ともなったり、無関心な態度ともなって現われる」という状態であった。これに対し、実際に「医者の診断と治療の助けになる機会をとらえて理解の実例をつくる」ことや、「尤も問題の多い結核患者を先づ取扱う事」から始めて、

「院内縦横あらゆる層の人々と心を開いて交際する事によつて、私自身を先づ理解して貰う事」、そのうえで「仕事の報告を出す」という方法を取って、理解してもらえるように努力した［浅賀 一九四八］。このような浅賀の開拓者としての先見性や、信念をもった粘り強さ、組織の中で理解を得るための工夫などが、病院における医療社会事業部を創造することにつながったといえよう。

また、一方、婦選獲得同盟や母性保護連盟で、市川房枝や金子しげり、山田わか、加藤清子などと運動に携わり、調査部長として親子心中の記事の切り抜きを毎日行うなどの活動を行った［日本科学者会議編 一九八〇b］。

浅賀は一九三八（昭和一三）年四四歳で結婚のため当院を退職したが、戦後の一九四七（昭和二二）年厚生省児童局の事務官、一九四九（昭和二四）年には東京家庭裁判所の調停委員になり、翌一九五〇（昭和二五）年に五六歳で日本社会事業専門学校（現日本社会事業大学）の講師となった。一九五三（昭和二八）年には中部社会事業短期大学（現日本福祉大学）に移り、同年、医療ソーシャルワーカーの専門職団体である日本医療社会事業協会の初代会長にも就任した。その後日本福祉大学の教員として後進の育成と同時に、朝日訴訟や名古屋老人医療無料化請求にもかかわるなど［日本科学者会議編 一九八〇a、一九八〇b、浅賀 一九六一、一九七二］、生涯を通じて社会への関心や人権意識が高く、これらは当院での実践にも現れていたことであろう。

## 4　医療社会事業部の実践

### (1) 業務内容

一九三五（昭和一〇）年度の社会事業部の取扱事項は、おおむね以下のとおりであった〔聖路加国際メデカルセンター　一九三七：三二〕。

一、患者の社会的地位及生活状態並に其の為人を調査して、病気に関係ある資料を医師に報告提供する事。
二、医師の指揮に従ひ、患者に対して其の必要に応じて援助の計画を立てる事。
三、患者に静養の機会を与へ、或は療養所に入る事其他に就て適当の計画を立てる事。
四、病気に就ての知識を患者に与へて、療養上の指導をなす事。
尚患者の経済状態を調査して、其の必要に応じて入院料を定めて事務部に報告する。

中島は仕事の内容を、「主として担当患者および家族のソーシャルケースワークであり、面接、家庭訪問して調査した資料をもとにケース記録を書き、要点を英文になおす。ミス・シップスのＯＫ（承認）を得ると、セクレタリーが英文タイプで四枚とり、部長、会計主任、ソーシャルワーカーと病棟のカルテに挿入する」〔中島

1961（昭和 36）年当時の医療社会事業部の部員。
左から２人目が吉田ますみ。
（聖路加国際病院 100 年史編集委員会編
『聖路加国際病院の 100 年』
聖路加国際病院
2002 年　93 頁
学校法人聖路加国際大学提供）

一九八〇：一四九―五〇」としている。西田は、院内報に「SSDの仕事」と題して、当時の医療社会事業部のソーシャルワークを、「ケースワークの原理原則にもとづいたきちんとしたもので、今でも教科書に載ってもおかしくないほど専門的な援助が行われて」おり、当時の「主な活動は、生活困窮で医療を受けることが困難な人々へのソーシャル・サービス」で、「費用面だけの援助にとどまらず、生活全般に及ぶもの」であったとしている［西田 一九九四］。この姿勢は太平洋戦争下においても継続され［仲野 二〇〇六］、戦後へとつながっていった。

患者や家族への直接的な援助以外にも、「月に一回位、関係各科長（医師）との連絡会議をもつこと」や、「時には輸血、その他の問題のため済生会の清水利子、方面事務所の植山つるの方々との会合をもった」［中島 一九八〇：一四九―五〇］というように、院内で定期的に医療社会事業部の委員会が開かれ、また他院や関係機関の社会事業従事者とも連携をもっていた。その他にも、子どもを対象とした人形劇による健康教育を、小児科病棟だけではなく、東京中の幼稚園や保育所をまわって行う［日本科学者会議編 一九八〇b］など、地域住民を対象とした健康教育にも取り組んでいた。

さらに教育活動として、神田や水野、吉田は聖路加女子専門学校で「社会学・社会事業方法」「医療社会事業」「生活調整法」などを講義し、また部として同校の実習指導や「毎年、日本女子大学より一年間週一回の実習生も受け入れていた」［中島 一九八〇：一五〇、聖路加看護大学創立七〇周年記念誌編集企画委員会 一九九〇：六〇―七五］というように、看護や社会事業の専門教育のためにも尽力した。

研究活動としては、「医師の研究会に共同で発表する機会にも恵まれ、内科科長橋本寛敏先生の自宅に一同で行き、医学講座を何回かに分けて受けたこともある」と中島は当時の様子を記している［中島 一九八〇：一五〇］。また、「社会事業研究所は昭和九年に創立していたが、それから数年後にはその研究所員でケースワークに興味をもたれた数名の方々も加わって、ケース研究会などを行ったこともある」［吉田 一九六四］というように、外部の社会事業関係者との研究会も行われていた。さらに「昭和一五、一六年ごろから十数年間にわたり、現在名古屋大学の精神科の部長をしていられる村松常雄博士が、（中略）ワーカーに必要な知識としての精神衛生や心理学の面の指導をしてくださった」［吉田 一九六四］ことなどで研鑽を積んでいた。

このように、院内で他の職種と協働しながら、患者や家族に対する相談業務や家庭訪問を行ったり、教育や研究活動も行うなど、臨床、教育、研究にわたって業務を展開した。さらに院内の活動のみではなく、地域とも連携を取りながら、保健医療福祉の活動を行っていた。

### （2）相談内容と取扱件数

創設当初の一九二九（昭和四）年四月〜九月までの「取扱ケースの相談及び処置」は七五件で、以下のとおり一九項目に分類されていた［田代 一九六九：八〇］。なお、項目の後のカッコ内には件数を示す。①追求・フォローアップ（一三）、②他の社会機関に送る（一一）、③施療部に紹介（一一）、④結核患者家族への身体検査勧告（九）、⑤精神病者取扱（五）、⑥救護（五）、⑦療養所送り（三）、⑧他機関の共力《ママ》を得る（三）、⑨訪問看護部の共力《ママ》を得る（二）、⑩小学校長と会見して月謝免除（二）、⑪他の機関への手続き（二）、⑫事務と支払上の交渉（二）、⑬結核患者より子供を離す（一）、⑭食物及衛生上の注意（一）、⑮雇用主と患者の療養方法を講ず（一）、⑯託児所送り（一）、⑰職業紹介所送り（一）、⑱乳児院送り（一）、⑲患者の家族報告（一）。

当時、相談員は結核相談所で働いていたため、対象者の多くは結核患者であったと考えられるが、②、⑦、⑧、⑩、⑪、⑮〜⑱のように、他の機関や施設などの社会資源を活用し、③、⑨、⑫のように院内の他部署との連携も図りながら、広く療養上の問題を援助していたことがわかる。

のちに浅賀が、結核相談所での具体的な仕事の内容を以下のように紹介している［浅賀 一九四八］。最初は保健婦が受付をしていたが、やがて浅賀が受付と同時にソーシャル・レコードと既往病歴などをとることにした。患者の家庭の状況、経済状態、家屋、環境、職場の仕事と環境、遺伝及び接触（結核に）、心理状態、病歴等々を大体把握し、ソーシャル・レコードをカルテにつけて医師へ届ける。医師の診断に基づいて、また医師の忠告に従って療養方針が立てられ、それぞれに合わせてケースワーク・サービスが与えられる。もっとも多く行われた事項として六つ挙げている。

一、方面委員又は事務所と連絡して、療養所入所願いの手続きをし、或は有料にて入所可能の患者には、その人に尤も適した療養所に紹介する。

一、患者の療養生活と家族の生活については必ず何等かの問題が見出される。入所が出来ても、家族のうち父又は母の場合には、家族の生活調整の必要が必ずある。たとえば

イ、一家の扶養者たる夫及父が患者であった場合は、家族全体の生活問題が直接に迫っているから、親戚や職場関係等より援助や保健などの道があるかないか、又は公的生活扶助の可能があるか否か。

ロ、妻及母の病んだ場合は子供の問題、ことに乳児や幼児を抱えた母親の場合は、先づ子供の養育と感染について、よいケース・ウォークが必要である。（後略）

一、家族員の誰が患者である場合でも、患者と側近者の、

イ、正しい病気への理解

ロ、正しい療養智識と態度と実行等につき医師も保健婦もソーシャル・ウォーカーも、それ〴〵の立場で有機的関係を保って指導と監督をしてゆく、家庭でも医師の命令が実行されているかどうか。消毒、療養生活の日課、食餌の事などは保健婦が主に指導をするが、ソーシャル・ウォーカーはこの事に無関心で間違った仕方をしているのを見逃しなどしてはならない。私は食餌の選び方などは患者の好みを聞いた上で指導を盛んにしたものであった。この栄養指導は組織の大きいものでは栄養指導者がやるべき職務である。

一、療養生活指導は正しい生活法、正しい療養法の指導だけでなく、心理的、感情的、精神的生活のリアチャストメントの問題もあれば、又子供の教育や育てかたや習慣やビヘビア問題などもあった之等の問題と疾病及その治療との関係は切り離すことが出来ない場合が多い。

一、患者の家族は一人一人について、接触ケースとして、健康診査をす丶め、之を施す事として来た。（後略）

一、ファロー・アップという事は、予後の様子を検べて医師に報告することで、問題の再発を防ぐ為めに必要である。

一九三二（昭和七）年頃と一九三五（昭和一〇）年度の取扱事項を表Ⅵ－4にまとめた。一九三二（昭和七）年頃は相談員は三名（シップス、浅賀、藤田）が中心だった［田代 一九六九：八一］が、一九三五（昭和一〇）年度は八名となり、各科にわたって活動し、取扱件数も約五倍となっている。また、一九三二（昭和七）年頃は「監督、継続的取扱」「経済調査」「社会調査」「相談」「注意勧告」の順に件数が多かったが、一九三五（昭和一〇）年度は「相談」件数が非常に多く、全体の約三六％を占めることが特徴的である。

表Ⅵ-4　聖路加国際病院　医療社会事業部　取扱事項

| 取扱事項 | 1932（昭7）年頃件数 | 1935（昭10）年度件数 |
|---|---|---|
| 監督、継続的取扱 | 214 | 821 |
| 経済調査 | 159 | 672 |
| 社会調査 | 117 | 427 |
| 注意勧告 | 100 | 500 |
| 相談 | 109 | 1,615 |
| 他施設に送置 | 63 | |
| 報告 | 90 | 196 |
| 他施設の協力を求む | 32 | 241 |
| 救護 | 40 | 15 |
| 合計 | 924 | 4,487 |

（出典）田代（1969）『医療社会福祉研究』81頁、聖路加国際メデカルセンター（1937）『聖路加国際メデカルセンター要覧』32頁より筆者作成。

（注）1932（昭和7）年頃は田代によるものを転記し、1935（昭和10）年度は『聖路加国際メデカルセンター要覧』からまとめた。両者はほぼ同じ分類項目だったが、1932年の「監督、継続的取扱」は「フォローアップ及び監督」という項目名である。表中斜線は項目が掲載されていなかったものである。

表Ⅵ-5　1935（昭和10）年度　聖路加国際病院　医療社会事業部　取扱患者の内訳と委送者、施設

| 項　目 |
|---|
| 古患者 1,761　入院 329、外来 1,444 |
| 新患者 1,984　入院 143、外来 1,401、入院に際し相談を受けし者 427、再起件数 67 |
| 取扱患者総数 3,823　　取扱件数 3,126、繰越患者数 1,939 |
| 委送者　医師 1,485、看護婦 46、方面委員 263、その他 251 |
| 施設　方面委員 60、保健館 42、市立病院 17、私立病院 8、公立療養所 6、私立療養所 31、性病診療所 7、精神病院 4、その他 29 |

（出典）聖路加国際メデカルセンター（1937）『聖路加国際メデカルセンター要覧』31-2頁より筆者作成。

さらに、一九三五（昭和一〇）年度の古患者、新患者、取扱患者総数、委送者、施設については、表VI-5にまとめた〔聖路加国際メデカルセンター 一九三七：三一-二〕。入院患者に比較して、外来患者に対する援助が多いこと、依頼は医師からによるもの一四八五、次は院外の方面委員からによるもの二六三であること、活用する施設では、方面委員が六〇ともっとも多く、保健館が四二、私立療養所が三一と続いている。医師からの依頼が多いということは院内で認知された存在となっていたことを示しており、また、方面委員とのかかわりが多いことから、当時の問題は経済的問題がベースにあることがうかがえる。

## （3）援助の方法

援助の方法については、『メディカル・ケースワークの手引き下』、『社会事業個別取扱の実際』から九事例を検討する。事例の概要は巻末資料3に掲載し、表VI-6に事例のタイトル、仮名、年齢・性別、病名、援助方法についてまとめた。なお、援助方法は事例の内容から筆者が判断して分類した。番号1〜3は『メディカル・ケースワークの手引き下』の一九三五（昭和一〇）年代の吉田ますみの事例三例〔吉田 一九七〇：五-六二〕、番号4〜9は『社会事業個別取扱の実際』に掲載された当院の事例六例（田村きみ一例、吉田ますみ二例、三澤美代二例、神田たね一例）〔社会事業研究所 一九四二：一七-一三三〕[7]である。

特徴的な援助の方法は、①経済・生活状況調査、②社会資源の活用、③助言・指導、④心理的問題への援助と心理的サポート、⑤金銭的・物質的給与の五つに分けられた。以下にそれぞれの方法について、特徴的なケースを取り上げ、考察する。

表Ⅵ-6　聖路加国際病院　医療社会事業部　事例

| 番号 | 事例のタイトル、仮名、年齢・性別、病名 | 援助方法 |
|---|---|---|
| 1 | 「医療費の問題を契機として取り扱われはじめた症例」小山いち子、19歳・女、急性虫垂炎 | 経済・生活状況調査、助言・指導 |
| 2 | 「社会保障制度も皆無同様のころ慢性病の病人のあった家庭の症例」天田重郎、13歳・男、うっ血性心不全、僧帽弁不全 | 経済・生活状況調査、助言・指導、心理的サポート、社会資源の活用 |
| 3 | 「肺結核と診断されてから死にいたる1年間の患者と家族の症例」谷間百合男、26歳・男、両肺結核症 | 社会資源の活用、助言・指導、心理的サポート |
| 4 | 「家庭不和の事例」及川武夫、35歳・男、ヘモライズ、貧血症、神経衰弱 | 社会資源の活用、助言・指導 |
| 5 | 「患者谷口智恵を巡りて」谷口智恵、24歳・女、子癇、肺炎 | 社会資源の活用 |
| 6 | 「或る婦人患者の取扱について」小田野信子、26歳・女、心臓神経症 | 情報収集と診断 |
| 7 | 「杉本俊太郎とその家族の問題」杉本俊太郎、40歳・男、病名不明 | 社会資源の活用 |
| 8 | 「結核患者家庭の事例」木山利子、9歳・女、肋膜炎 | 社会資源の活用、助言・指導 |
| 9 | 「妻没後の家庭内諸問題の処置に就て」佐野かね、38歳・女、結核 | 社会資源の活用、助言・指導、金銭的・物質的給与 |

①経済・生活状況調査

吉田は昭和一〇年代の事例について、「当時のケースは、おおむね、医療費の問題に端を発し扱いはじめられるものが多かった」。「社会保障制度や公的扶助など、ほとんど整備されていなかったから、低所得階層の家庭に慢性病の病人がでるとそれこそ家庭崩壊にいたるような影響」を被ったとしている［吉田　一九七〇：二］。ここからも、多くの事例で経済的な問題がベースにあったことがわかる。九事例すべてで経済面や生活状況の調査は行われているが、ここではとくに調査を詳細に行っている事例について、本項目を援助方法として挙げた。

たとえば事例1は、医療費の問題でかかわり始めた事例だが、相談員は、医療費以外にもいろいろな問題があると判断して、夫や患者自身の生活歴を把握すべく、警視庁外事課（夫は外国人）、患者の姉を訪問している。その結果、患者の話とは相当異なる事実が判明し、相談員はそれらを社会診断に役立てている。

②社会資源の活用

社会資源の活用は、生活上の問題解決のために頻繁に使用した方法である。第4節第(2)項の相談内容からも、訪問看護部や託児所、職業紹介所、乳児院など、他機関、他施設を活用していることがわかる。

事例5では、乳幼児を抱えた母親が入院が必要になったが、親族等からの援助は難しい状況のため、預け先を探さなければならなかった。相談員は、「保育のため方面館と連絡をとり、各施設へ照会」するなど、社会資源の活用を行った。

事例7では療養のための施設入所や、経済的な問題解決のために母子保護法を活用する目的で方面委員に交渉し、蒲団入手のために中央社会事業協会へ寄付の依頼を行った。

同様に、事例8では、父親をはじめ、家族が次々と結核にかかり、入院加療のためや経済的問題、乳幼児の預け先の問題を解決するために、方面館、保健館、学校衛生部など、関係施設と交渉し、連絡調整を行うというように社会資源を活用している。

このように、生活上の問題解決のために、フォーマルなものもインフォーマルなものも含めて、積極的にさまざまな関係機関や施設と連携を取って、社会資源の活用を行った。

### ③助言・指導

事例1では、急性虫垂炎で入院した患者の医療費について、医師からの依頼で相談が開始されるが、相談員が本人と会ってみると入院費のほかにも問題があると判断し、ケースとして取り上げることとした。その問題の中心は、「患者と患者をとりまく周囲の人たちの、欲にからんだ、みにくい人間関係」［吉田 一九七〇：二］で、結局、医療費は本人の夫が支払ったが、本人の「ルーズな生活」について、「自分をよく考えることで、彼女が自分の行動に責任をもって生活できるように、助言指導など行ってゆくこと」に方針を立てた。相談員は本人に「あまり奇抜すぎることばかりやっていると、どうしようもない病気にでもなったりすると困りますよ、やっぱりご両親や年上の人たちの話も聞いて、よく考えた後で行動するほうがよいと思う」と助言した［吉田 一九七〇：一四、一七］。表面的には、助言は聞き入れられないで退院となったが、漠然としていた将来への不安を指摘されたことで、問題を少しは認識することができたのではないか、としている。

事例2は、予後不良の慢性疾患の子どもとその家族への援助で、精神的にも社会的にも問題が起こる可能性があると相談員は判断し、三年にわたりかかわったものである。家庭訪問して、本人の療養環境を少しでも整え、母親を支えつつ助言や指導を行い、発達の遅い妹について保健所の健康診断を勧め、本人の病状悪化の際には受診・入院へとつなげるなど、適宜必要な援助を行った。最終的に本人は死亡したが、家族は心の準備ができていたようで、それほど大きく落胆せずに本人の死を受け入れることができた。

このように適宜、他の方法も用いながら、助言や指導を行って、患者や家族を支えていた。

④心理的問題への援助と心理的サポート

事例6は、前年、他院で心臓病の治療をしたものの治癒しないため、当院で診断を受けるために地方より上京し、入院した二〇代の女性である。検査の結果、心臓神経症の診断を受けた。相談員は毎日のように病室で本人と面接した。患者について、「自我が強くて外部に対する興味が少なかつた。従つて自己の責任を回避する為に病気を利用してゐるかの感があつた。又、病身の故に周囲から労はられるのを喜んでゐる様であつた」が、それは「女学校時代には、患者は幼稚園の保母を希望してゐた様であつたが、母親の病気のためその実現が出来なかつた」［社会事業研究所 一九四二：六〇-一］ことが現在の病気の一つの原因と思われると、社会診断している。結局、長期入院となったため退院することになり、退院後も受療の援助を行った。

事例2は約三年、事例3は約一年と長期にわたり、患者とその家族にかかわり、適宜、心理的サポートを行いつつ、その時々の生活にかかわる問題解決を助けている事例である。長期のかかわりにより、患者や家族と相談員との信頼関係が構築されていることが事例の展開からわかる。

事例2では、「依存的で、ぐちっぽく、決断のつかない母親の気持ちを受け入れ、励ましながら」［吉田一九七〇：三四］、患者の看病をさせるという、心理的なサポートを適宜、行っている。同時に社会資源を活用したり、受診や入院の援助も行っている。

事例3では、結核診断を受けた患者の療養の場について、親族があれこれと口出しをする中で、患者の気持ちが揺れ、情緒も不安定になる。熱が下がらず、咳も痰も多くいらだっている本人が「すてばちの気持ちをぶちまけ」ると、相談員はしばらくその話を聴いたうえで、「赤ちゃんのためにもおかみさんのためにも、強くなってくださらなければ」、「どうしても健康になろうと努力する気持ちが必要なのですよ」と励ましている。また、患者死亡時、妻からは連絡がなくても、「お悔みのことばとその後の様子をたずねる手紙を出し」、その後、妻が医療社会事業部を尋ねて、経過の報告と今後の生活について相談を続けている［吉田 一九七〇：四五―六、五〇―一］。本事例は結核患者の療養について相談を開始したが、本人が亡くなった後には、残された妻と赤ん坊の生活や、金銭面、親族とのトラブルなど、さまざまな援助を行っている。

⑤金銭的・物質的給与

事例9は結核で母親が死亡した後の、父親と一二歳長女、九歳長男の三人の生活を五年にわたり援助した事例である。母親の死後三人で生活をしたが、「以前よりももつと惨めな生活」［社会事業研究所 一九四二：一二六］となり、一時期、長女は施設へ、長男は母親の実家へ、父親は住み込みで働くことになった。その後、父親の貯蓄ができ子どもたちも成長し、一家がようやく同居できるという時に父親が病気になってしまった。しかし今度は子どもたちが働くことで一家の収入をなんとか賄い、不足額は当部で補い、牛乳一合ずつ与えた。同時に父親と相談のうえ、子どもたちに生活費のやりくりができるように助言している。長女が勤めに出ることになった際には、着物や運動靴などを与えたり、長男が夜学に入学した時も入学祝金一〇円を贈っている。

このように、その家族の自立にとって必要だと判断すると金銭や物品の給与を行った。

仲野［二〇〇六］は、太平洋戦争下の一九四一（昭和一六）年から一九四五（昭和二〇）年八月一五日までに、医療費の支払い困難を主たるきっかけとして部員がかかわった一二五例を分析しているが、ケースワークの過程でさまざまな問題が浮かび上がっており、問題を以下の七つに類型化している。①医療費の問題、②著しい窮乏生活や生活の行き詰まり、③病気に対する患者や家族の理解不足の問題、④出征、応召、徴用をめぐる銃後の家族の問題、⑤療養環境の不備の問題、⑥患者個人の心理的問題、⑦退院後の生活設計、社会復帰などの問題。これらは相互に関連しあい、重層的な問題となって、対象者を苦しめていた。

さらに、これらの問題に対する援助の内容を、仲野は以下の一一項目に分けている。①公費（医療保護法、軍事扶助法、等）紹介、②受診、入院援助、③自費医療費の減額検討（病院独自の任意救護）、④家族全体へ目を向けた幅広いサポート、⑤具体的な生活指導、教育的関わり、⑥退院援助、⑦方面委員との連絡調整、⑧社会資源、施設の紹介、⑨本人の心理的サポート、⑩医師との連絡調整、連携、⑪家庭訪問。これらの援助内容の特徴的なこととして、①病気の理解を促す役割と家族関係の調整、②家庭訪問による援助、③精神医学の知見を取り入れたケースワークを挙げている。

以上のことから、相談内容と援助の方法について、次のような特徴が挙げられる。①多くのケースは経済的問題をきっかけに援助が開始される。医療費については、取扱い事項にあるように、社会事業部が患者の状況によって入院料を定める権限を有していたことも背景にあると考えられる。②多くは経済的問題を抱えている患者であるため、方面委員とかかわるケースが多い。③しかし経済的問題のみならず、生活上のさまざまな問題を有している患者と家族に対し援助を行った。④抱えている問題によって、経済・生活状況の調査、療養環境に対する助言、受診や入院の援助、家族問題の解決援助、心理的サポート、金銭的・物質的給与など幅広い援助の方法を用いた。⑤その際、関係機関との連携やインフォーマルな資源も含めてあらゆる社会資源を活用した。⑥しかし、社会資源が乏しく、入所のための待機が長い結核療養所、乳児院、託児施設など、問題解決が進まないことも多い。⑦援助は生活歴や生育歴を把握することをはじめとして情報を収集し、それをもとに社会診断をし、計画を立てて援助を行うという、ケースワークの過程に沿った援助を行った。⑧外来患者の件数が多く、家庭訪問も積極的に行った。⑨援助期間が一年以上に及ぶこともあり、長いケースでは事例9のように、五年以上にわたりかかわった。経過を追いながら患者や家族にかかわり続け、病気の状態や家族状況の変化により、当初の問題から問題が変化し、もしくは新たな問題が浮かびあがってくることもあった。

## 小括

聖路加国際病院において医療社会事業部が設置され、発展した理由として、聖公会の医療伝道により創設されたキリスト教的人道主義を掲げた病院であることから、社会事業を受け入れやすい思想的背景をもっていたことが挙げられる。また、院長のトイスラーがめざしたものは、単なる病院ではなく、「Hospital Center」と称するところの実際的指導の中心」「伝統的、進歩的に良い仕事を取り入れ、良く行うモデル事業とかデモンスツレーションとしての使命」であり、米国の規準を適用した病院であったことから、日本においては未開拓であり、アメリカで発展していた医療社会事業を受け入れやすかったことが挙げられる。さらに、ソーシャルサービス委員会の委員長で「人間性の深い理解者」である副院長の橋本寛敏など、病院運営の中核にある院長や副院長などのよき理解者の存在があった。

また、相談員の熱意や資質の高さが指摘できる。初代の部員である浅賀ふさは、トイスラーに自ら部の創設を働きかけたという経緯がある。浅賀はアメリカで受けた教育から、医学モデルに則った診断主義的な当時のアメリカのケースワークを日本でも実践した。社会事業は科学を背景にもった芸術であり、心ばかりではできないとし、ケースワークにおける社会診断の重要性を述べ、情報収集、社会診断、社会治療の過程を経て、ケースワークを行った。また、新しい仕事を病院に根づかせるために、周囲からの反感や無関心などの態度の中で、どこにどのように働きかけると効果的であるかなどを考えつつ、的確な仕事を行い、その内容を理解してもらえるよう粘り強く働きかけた。医療社会事業部が発展した背景には、このような浅賀の開拓者としての熱意や信念をもった粘り強さ、高い専門性が存在したことも大きな要因であり、同様の精神性や行動力、高い専門性はその他の相談員ももっていたものと考えられる。

ヘレン・シップスという医療社会事業の専門家がアメリカより派遣され、日米の大学等で専門教育を受けた女性が入職して医療社会事業部は発展し、一九三七（昭和一二）年には総勢一〇名ほどになった。これだけ多くの相談員が働いていたことからも病院内部での評価の高さがうかがえるが、その大きな要因の一つに相談員の仕事ぶりがあったのだろう。他の相談員も当時としては珍しく社会事業の専門教育を受けて入職しており、シップスという専任のスーパーバイザーからスーパービジョンを受けながら、専門家として成長していったであろうことは、戦後、吉田ますみ、大畠たね、中島さつきなどが医療社会事業の分野で活躍したことからも想定できる。

医療社会事業部門の業務内容の特徴は、専門性の高いケースワークで、それは面接や家庭訪問を通して行われたが、直接的な患者や家族へのかかわり以外にも教育や研究活動も行うなど、いわゆる臨床、教育、研究にわたる業務を展開し、さらに院内の活動のみではなく地域とも連携を取りながら、保健医療福祉の地域における実践を展開していた。それはまさしく現代の医療ソーシャルワークの業務と同じような実践が、当時、すでに行われていたといえよう。

〈注〉

（1）スクリバ（Jurius Karl Scriba：一八四八―一九〇五）。ドイツ人の外科医で、フライブルグ大学に勤務した後、一八八一（明治一四）年に来日し、東京帝国大学の医学部教授として教育に携わり、日本医学の近代化に大きな影響を与えた。植物学にも造詣が深かった。一九〇一（明治三四）年に東京帝国大学を退き、聖路加国際病院の外科医長に就き、病院の発展にも貢献した。

（2）ベルツ（Erwin von Bälz：一八四九―一九一三）。ドイツ人医師。一八七六（明治九）年に来日し、東京帝国大学医学部教授として教育を行い、日本医学の発展に貢献した。来日当初は生理学を講義したが、前任者が帰国したため内科学を担当し、その他に産婦人科学、診断学なども講義した。一九〇二（明治三五）年に退職するまで二六年間勤務し、教育と患者の診療にあたった。脚気の研究や温泉療法などにも多くの貢献をした。東京帝国大学退職後、聖路加国際病院の顧問となった。ベルツの日記はベルツの手紙や日記を息子のトク・ベルツが編集したもの。

（3）新病院完成の翌年、一九三四（昭和九）年八月一〇日トイスラーは心筋梗塞により五八歳で死去した。聖路加国際病院は一九三六（昭和一一）年「財団法人聖路加国際メディカル・センター」となり、その後、戦時体制下において、米国人関係者は帰国し、一九四三（昭和一八）年には政府当局の意向に従い、「大東亜中央病院」と名称を変更した。一九四五（昭和二〇）年東京大空襲にて本館前の民家も炎上し、前庭にも火の雨が降り注いだが病院は残り、九月には名称を「聖路加国際病院」と改称した。その後建物をＧＨＱに接収され、一一月閉鎖中の整形外科病院を借り受け、診療を開始した。一九五三（昭和二八）年旧館が、一九五六（昭和三一）年には本館が接収解除となった［聖路加国際病院一〇〇年史編集委員会編 二〇〇二：一〇六―五三］。なお、本書では、社会部が開設された当初の病院の呼称である「聖路加国際病院」で統一して記述する。
（4）Well Baby Clinic（乳幼児健康相談所）は、一九二六（大正一五）年四月に乳幼児の健康保護の目的で設置されたもの。
（5）当院は、一九二四（大正一三）年に東京市と協同で病院敷地内に産院と乳児院を設置した。その後、一九二五（大正一四）年三月には東京市が建築した産院の建物が完成し、産院と乳児院を含めて築地産院と称して移動した。
（6）小栗将江はのちの浅賀ふさである。本書では浅賀ふさで統一する。
（7）本事例は、社会事業研究所が都市社会事業に関する研究資料として、東京市京橋区内公私社会事業施設の職員の協力を得て、一九三九（昭和一四）年一二月から一九四二（昭和一七）年一月まで行った例会で報告されたものから、典型的なもの、あるいは特殊な事例を蒐集した事例集である。

# 第Ⅶ章　病院社会事業に関する比較検討

本章では、まず、第Ⅲ章から第Ⅵ章で論じた病院社会事業について、経営主体である病院、またその母体となる組織の成立事情、性格、具体的な事業内容、相談実践の内容について相互に比較検討し、その結果をふまえて、本書で検討した四カ所の医療機関で、なぜ病院社会事業が導入され、継続・発展したのかについて考察する。

日本の病院社会事業は、成立するにあたってその理由をたどると、経済的、社会的、思想的背景が異なっており、また史資料上の制約もあって、必ずしも同一基準のもとに比較することは不可能である。そこでまず、個別、特殊な成立事情を明らかにすることが必要であり、第Ⅲ章から第Ⅵ章において、現在入手、索出可能な限りの文献を用いて論述した。そのうえで、相互比較を行うことで、初期病院社会事業の全体像とその特徴について描き出す作業を行いたい。なお、各病院と病院社会事業部門の概要について表Ⅶ－1に整理した。

## 1　病院の性格と事業内容

病院を設置した目的や設置主体、対象とした患者や病院の機能について比較検討すると、以下のとおりである。

泉橋慈善病院は、一九〇九（明治四二）年、時代的な要請のもと、三井家総代三井高棟が開設した病院で、診療は全施療であった。病院の運営は三井財団理事会があたったが、経営は概して厳しく、不足資金は三井家からの借り入れによっての運営であった。当院は通常の診療以外に、風水害や大震災の際の特別診療、中国人の医師

社会事業の比較

| 東京市療養所 | 聖路加国際病院 |
|---|---|
| 1920（大正 9） | 1901（明治 34） |
| 東京市 | 聖公会 |
| 田沢鐐二 | ルドルフ・トイスラー |
| | 児童健康相談所、学校診療所、保健館、看護婦学校など |
| 施療→ 1932（昭和 7）年以降は有料と施療 | 有料と施療 |
| 社会部 | 医療社会事業部 |
| 1925（大正 14）～ 1931（昭和 6） | 1929（昭和 4） |
| 病院内 | 病院内 |
| 相談事業、訪問看護事業 | 相談業務、医療社会事業部の委員会、各科長との連絡会、他機関との会議、地域活動、教育活動、研究活動など |
| 婦人相談員と訪問看護婦 | ヘレン・シップス、小栗将江（浅賀ふさ）、植山つる、藤田（水野）鶴代、神田多称（大畠たね）、吉田ますみ、永井（中島）さつき、駒田栄子、大島、田村（小野）キミ、佐瀬操、鈴木あい子ら |

べてを記載する。

表Ⅶ-1　病院

| | 泉橋慈善病院 | 済生会病院 |
|---|---|---|
| 設立年 | 1909（明治 42） | 1915（大正 4） |
| 設立主体 | 三井財団 | 恩賜財団済生会 |
| 初代院長 | 田代義徳 | 北里柴三郎 |
| 事業内容<br>（通常の医療業務以外） | 特別診療（風水害や大震災の際）、医師の研修、産婆看護婦養成所など | 巡回診療、巡回看護、災害救助活動など |
| 費用 | 全施療 | 施療→ 1924（大正 13）年以降は有料と施療 |
| 病院社会事業部門名称 | 病人相談所 | 済生社会部 |
| 病院社会事業設置年 | 1919（大正 8） | 1926（大正 15） |
| 病院社会事業組織的位置づけ | 賛助婦人会に設置。独立組織 | 独立組織 |
| 病院社会事業業務内容 | 相談業務、吸入器の貸し出し、滋養糖やパンの廉売 | 救済事業、教化事業、患者慰安事業、相談事業、各種施設との連絡、調査、売店事業、託児事業、月報発行、その他 |
| 病院社会事業の相談員 | 徳本みよ、小泉マサ、西島、内田駒太郎、長島秋子、伊藤重蔵 | 清水利子、米原禎 |

（注１）東京市療養所以外は、戦前、病院社会事業は継続されていた。
（注２）業務内容や相談員は時期により異なっていたが、ここでは把握できたものす

の受け入れや産婆看護婦養成所も設置するなど、医療従事者の教育に力を入れた。診療科は内科、外科など五科で開始した後、小児科など四科を追加したいわゆる総合病院で、年々患者数が増加し、のちに経営上患者制限をしなければならないほどであった。診療は東京帝国大学医科大学の協力を得て行い、初代院長は、病院社会事業を導入した際の院長の田代義徳で、日本の整形外科の礎を築いた著名な人物であった。

済生会病院は、泉橋慈善病院と同じく明治末期に設立された病院で、貧困層の増大はもはや国家が介入しなければならないほど深刻な状態にあったことを背景として、一九一一（明治四四）年、天皇の名のもとに半官半民の性格をもって組織された団体である。施薬救療の普及のため、全国的に医療機関や巡回診療、巡回看護を設置したが、東京に設置した済生会病院は、全国の済生会の医療機関のモデルとなった病院であった。経営的には必ずしも潤沢な費用のもとでの運営ではなく、当初は全施療であったが、一九二四（大正一三）年以降は、事業資金が厳しくなったこと、大震災の影響による診療機関の不足、患者の責任感を涵養するという目的のため、有償診療を開始した。診療科は内科、外科など八科で開始し、のちにレントゲン科も追加したいわゆる総合病院であり、通常の診療以外に、巡回診療や巡回看護を積極的に行い、災害救助活動にも力を入れた。

東京市療養所は、一九二〇（大正九）年、結核予防対策の一環として政府の命により設置された結核療養所で、「療養ノ途ナキ」貧困な結核患者のための公的な医療機関であった。結核患者の増大にともない、当初の病床五〇〇床から一九三二（昭和七）年に最大一一七〇床まで増床し、日本一の収容人数を擁する結核療養所となった。結核は当時、根治療法が確立されていなかったため、治療のための入院加療というより、隔離施設の意味合いの強い療養所であった。病気の性格上、患者は死を覚悟しながらの長期療養となるため、精神面や社会復帰、残された家族も含めて経済面や生活全般に問題が生じやすいという特徴があった。社会部が活動していた一九三一（昭和六）年までは施療患者のみであったが、経営は設立時より厳しく、一九三二（昭和七）年から有料患者の受け入れも始めた。初代院長は社会部創設時の院長でもあった田沢鐐二で、結核医学界の中心的役割を担う一人であった。

聖路加国際病院は、一九〇一（明治三四）年、聖公会の医療伝道により創設された病院である。キリスト教的人道主義を掲げ、ルドルフ・トイスラー院長のもとに、当時の友好な日米関係を背景として、日本の政界関係者とアメリカの宗教団体の援助を受けながら発展していった。診療では、東京帝国大学医科大学とのつながりをもち、スクリバやベルツといった当時の著名な外国人医師の協力も得て、病院を拡大していった。トイスラーのめざしたものは、単なる病院ではなく「Hospital Center と称するところの実際的指導の中心」であり、米国の規準を適用して患者の治療にあたり、行政と連携しながら日本では十分取り組まれていなかった公衆衛生活動を興し、看護婦教育にも力を入れた。当初から患者は外国人も多く、施療と有料患者の診療を行っていた。診療科は一九一〇（明治四三）年には、内科、外科、産婦人科他六科を標榜したいわゆる総合病院であり、一九三三（昭和八）年には六階建て地下一階の大病院が新築された。

以上のことから、経営主体は私立、半官半民、公的、宗教団体によるものと、すべて性格が異なり、設立事情も異なっていたが、結核専門病院の東京市療養所以外はいずれもいわゆる総合病院であり、当時としては規模の大きな病院であった。施療の機能をもつ病院ということでは共通していたが、戦前、全施療であった病院は泉橋慈善病院のみである。しかし泉橋慈善病院も経営的には厳しく、また、済生会病院と東京市療養所は当初は施療であったが、経営難から有料患者の診療を始めている。聖路加国際病院は当初から施療と有料患者の両方を受け入れ、有料患者の収入で経営を支えていた。泉橋慈善病院以外は、訪問看護部門が存在し、いずれも病院社会事業部門とも連携を取り、積極的な活動を行っていた。

施療患者は、医療上の必要以外に、患者や家族に生活上の問題も生じやすい点から考えると、いずれにも病院社会事業のニーズが存在しており、結核患者に関しては、長期療養と隔離、不治の病という性格上、とくに精神的にも生活上も問題が生じやすかった。

第Ⅱ章で述べたように、全米ではキャボットが病院社会事業を導入して以降、その活動は広まり、一九三一（昭和六）年には、ほぼ九割の病院組織にソーシャルワーカーが配置されていた。このことから、聖路加国際病院のように、米国の規準を適用し、日本における実際的指導の中心的役割を担おうとした病院では、他の病院に比較すると病院社会事業を受け入れやすい環境が存在していたと考えられる。さらにキリスト教的人道主義に基づく病院という点も、聖路加国際病院に病院社会事業を導入しやすい条件があったといえよう。

## 2　病院社会事業部門の設置の経緯とその目的、組織的な位置づけ、経費、支援者

病院社会事業部門の設置目的や設置の経緯と組織的な位置づけ、病院社会事業の経費および支援者について比較すると、以下のことが判明する。

泉橋慈善病院の病人相談所は、一九一九（大正八）年、賛助婦人会が設立と同時に設置した組織である。賛助婦人会は、欧米からの影響と当時の国内の婦人団体の影響を受けて設立された。病人相談所の設立は、院長の田

代がアメリカのソーシャルサービスのような組織が日本にも必要で、病院と患者の中間に立って、患者の世話を徹底的にすべきだとしたように、患者の困りごとに対して世話をする中間機関というイメージだった。当院では設立者の三井高棟が各国の病院の視察を行い、船尾栄太郎理事がイギリスのレディーアルモナーやアメリカの社会事業部や婦人賛助会などを視察している。また院長の田代、船尾は東京府社会事業協会にも関係しており、東京府では一九一八（大正七）年に救済委員制度を創設していたことから、当時の日本における委員制度からも影響を受けていたことが考えられる。

以上のことから、欧米の医療ソーシャルワークと日本における委員制度の影響を受け、病院運営の中心的な立場にあった人物が、その構想を具体化し、病人相談所が設置されたといえよう。田代や船尾は病人相談所のよき理解者であり、病人相談所に関する論文を発表し、船尾は相談員へのアドバイスなども行って、病人相談所を支えた。病人相談所は賛助婦人会の経営で、病院の敷地内にあるものの、病院内の組織ではなかった。経営上の問題や、救療事業の補助機関として病人相談所を設備する考えがある一方で、それとは別に賛助婦人会に所属させることが適当だと判断したのだろう。賛助婦人会の経費は、会費とその利子、寄付金によって運営された。

済生社会部は一九二六（大正一五）年、事務所を病院内においたが、病院からは独立した組織として設置された。生江孝之によれば、海外で見聞したケースは病院外の施設として経営するものが多かったためとしているが、生江が済生会で導入を主張してから実現までに七年間かかっており、その理由は経費がかかるためで、経営は当初より厳しかったことが背景にあった。そのため、独立した組織として経営を行う方法を取ったが、実質的には済生会の事業だった。病院社会事業の導入を主張した生江は、米国でキャボットの病院社会事業を見聞してきて、その影響を強く受けている。生江は社会部創設時以降二〇年間、理事長の職にあり、その活動を支えた。

また、その導入には、原泰一、宮島幹之助などの社会事業関係者もかかわり、救療部長であった紀本參次郎は社会部導入後、機関誌『済生』にたびたび社会部の記事を執筆しており、部の運営に尽力した。

済生社会部の設置の目的は、恩賜財団済生会本来の目的を達成するため、病苦に悩んでおり、生活上にももっとも不運な患者を援助することであった。済生社会部の経費は、寄付金、売店売上金、雑収入、助成金で賄った。まずは売店経営を行い、その利益と寄付金で業務を開始したが、当初は「なでしこの会」という済生会病院の篤志婦人団体の寄付金に頼っていた。その後、独自に演芸会やバザーや含嗽薬の販売を行うなど、社会部自らで安定的に事業が行えるよう努力した。

東京市療養所の社会部は、一九二五（大正一四）年に設置された。社会部は、相談事業と訪問看護事業の機能があり、治療上必要な安静を保つための心配ごとの除去、入所待機者への対応、結核撲滅へつなげるための退所後の世話がその設置目的であった。社会部の設置は、院長の田沢の言う、欧米における「Social Service と Public Health Nurse」を模倣したもので、田沢が欧米へ視察して二年後に設置された。田沢は、一九二七（昭和二）年の第五回結核病学会において、「東京市療養所ノ所謂『ソシアル、サーヴィス』ト巡回看護婦ノ事業成績ニ就テ」と題して、社会部の業務と有用性について報告するなど、院内のみならず外部に向かっても社会部の必要性を唱えた。社会部は、創設二年後には「社会部掛」として組織の中に正式に位置づけられた。七年間の活動の後、一九三一（昭和六）年、社会部は、入院外の患者に対する援助を大塚健康相談所へ委任する形で廃止されたが、入所中の患者や家族に対する相談業務は、「福滋会」がその機能を代替したと推測される。

聖路加国際病院医療社会事業部は、一九二九（昭和四）年に設置された。アメリカで社会事業を学んだ浅賀ふさが、院長のトイスラーに直接アピールしたことにより採用された。浅賀は、もっともニーズをもつ者は結核患者であると考え、結核相談所で業務を開始し、しだいに業務を拡大していった。設置目的は、医療機関の目的を有効に遂行するために、患者の環境、家庭、生活、態度等を理解し、問題の発見と援助を行い、医師や保健婦と協働することであった。当初より医療社会事業部という名称で、病院の組織の中の一つの部門として位置づけられていた。医療社会事業部の理解者としては、院長や副院長などが挙げられる。また、公衆衛生部門とはその後も緊密に連携をとりながら活動し、院内の他部門からの理解も活動を行ううえで大きな支えとなった。

以上に示したように、病院社会事業を導入したのは、いずれも病院長、理事長といった病院の運営に大きな権限と責任をもつ人びとであった。そしていずれの組織も、病院社会事業の開始には、理論的、思想的に欧米のソーシャルサービス、キャボットの病院社会事業の影響を受けていたことがわかる。また泉橋慈善病院は、同じ頃に創設された当時の日本における救済委員制度や東京府社会事業協会からの影響も受けていた。設置の目的は、施療病院の本来の目的を十分、有効に達成するために、患者の「困りごと」に対して援助をするためであり、現場のニーズがあったことが病院社会事業の開始の理由に挙げられる。

また、病院社会事業の支援者も、この事業を導入した院長や理事長、事務長であり、相談員の相談に応じ、アドバイスを行ったり、病院社会事業について論文や学会で発表して外部へもアピールした。聖路加国際病院では、医師の研究会に医療社会事業部の部員たちが協同で発表する機会や、同じく密接な連携を取っていた公衆衛生部門の理解も大きな活動の支えであったと考えられる。

泉橋慈善病院は賛助婦人会が、済生会では済生社会部が、いずれも病院からは独立した組織として病院社会事業を設置し、経費も各団体で賄っていた。しかしいずれも病院と同じ敷地内に設置され、実質的には病院の組織に属するともいえる状況だった。いずれの機関も経営上余裕はなかったことからわかるように、このような外部組織として病院社会事業を設置した理由は、医療機関が経済的に厳しかったためであり、病院の経営と切り離すことで、財政的な基盤ができ、病院社会事業が導入できたのである。

## 3　病院社会事業部門の業務内容

泉橋慈善病院の病人相談所の主要な業務は相談業務であり、「煩悶解決、病気快復後ノ就職口ノ紹介斡旋其他諸般ノ相談相手トナリ又ハ入院患者慰問等」や「家庭訪問」を行い、他にも、吸入器の貸し出し、小児の人工栄養用の滋養糖やパンの廉売なども行った。

済生社会部の設置当初の一九二七（昭和二）年の業務内容は、主として困っている患者に物品や金品を給与もしくは貸与する「救済事業」で、一九二八（昭和三）年には患者相談所を設置し、「相談事業」を開始した。一九三三（昭和八）年に、外来患者の子どもを一時預かるための託児所を設置、一九三六（昭和一一）年の事業は、「救済事業」「教化事業」「患者慰安事業」「相談事業」「各種施設との連絡」「調査」「売店事業」「託児事業」「月報発行」「その他」であった。このように、活動の資金が準備できたところで業務を順次開始していった。また、済生会では巡回看護婦が活発に地域社会の中で活動していたが、済生社会部とも十分な連絡のもとに活動を行うという方針があり、具体的には、訪問先の家庭の窮迫状況が厳しい場合に、牛乳の配給や入退院時の自動車代、退院時の衣服の支給を社会部から受けることなどが行われていた。

東京市療養所社会部の業務内容は、相談事業と訪問看護事業で、「在所患者ノ身上、家事上等ノ問題ニテ療養ノ妨ゲトナルモノヲ除ク可キ様患者ノ世話ヲナスコト」「既ニ退所セル患者ノ相談ニ対シ出来ル丈ケノ世話ヲナスコト」「入所申込者ヲ訪問シテ応急療養及ビ周囲ノ健康者ニ対シ予防心得等ヲ懇篤ニ指示シ且ツ患者及患家ノ実情ヲ調査シ彼我ノ疎通ヲ図リテ静ニ入所許可ノ通知ヲ待タシムルコト」「本所情況不明ノタメ入所申込ヲ躊躇スルモノ、相談ニ応ズルコト」であった。

聖路加国際病院医療社会事業部の業務内容は、「患者の社会的地位及生活状態並に其の為人を調査して、病気に関係ある資料を医師に報告提供する」「医師の指揮に従ひ、患者に対して其の必要に応じて援助の計画を立てる」「患者に静養の機会を与へ、或は療養所に入る事其他に就て適当の計画を立てる」「病気に就ての知識を患者に与へて、療養上の指導をなす」ことであった。また「患者の経済状態を調査して、其の必要に応じて入院料を定めて事務部に報告する」ことも業務であった。患者家族へのケースワーク以外に、各科長（医師）との連絡会議、他機関との会議、医療社会事業部の委員会、小児科の子ども、幼稚園や保育所など地域住民を対象にした人形劇による健康教育、聖路加女子専門学校での講義や実習生の受け入れなどの教育活動、研究活動などであった。なお、前述したように公衆衛生活動は当院で先鞭をつけた活動であったが、初代の相談員である浅賀がまず取り組んだ結核患者と家族への支援は、医師、保健婦とチームを組んで行われた活動で、公衆衛生看護部門とは緊密に連携を取りながらその後も活動を進めていった。

以上から、いずれの病院でも病院社会事業の業務内容は、相談業務のみではなく、幅広い業務を行っていたことがわかる。泉橋慈善病院や済生社会部では、事業を行ううえでの資金の問題があり、資金を得るための活動も含まれていた。済生社会部は設置目的が、済生会本来の目的を十分に達成するために病苦と生活上に苦しむ患者を援助することで、そのためには前記のような幅広い事業が必要であった。済生社会部の業務のうち、救済や教化、慰安事業は、泉橋慈善病院では、本章第2節で述べたように病人相談所の母体の賛助婦人会がその事業として取り組んでいた。

東京市療養所社会部は、訪問看護事業と同じ部門であることが特色だが、当時の療養所が抱えていた入所待機者の増大への対応は喫緊の課題であり、社会部はそのための役割期待があったため、入所相談と入所待機者への応急療養や予防心得の指導といった業務が、とくに求められていた。

聖路加国際病院では、直接相談業務のみではなく、各種会議や委員会といった直接相談業務を行ううえで欠かせない、いわゆる間接的な業務が行われていた。臨床、教育、研究は現在でも教育機関の付属病院におけるソーシャルワーカーの必須業務であるが、教育機関も兼ねていた当院では、当時の相談員にも期待される役割であったことがうかがえる。また、地域住民を対象とした健康教育といった地域活動も行っていた。

## 4　相談員の背景と待遇、実践に臨む態度や姿勢、他機関の相談員との交流

泉橋慈善病院の相談員は、時期により異なり、一～三人体制で、複数体制の場合は女性と男性の組み合わせであった。一九二三（大正一二）年から一九四二（昭和一七）年度までに病人相談所で相談業務を行ったのは、徳本みよ、小泉マサ、西島（僧侶）、内田駒太郎（神職）、長島秋子、伊藤重蔵（法学士）の六名であった。このう

ち内田は、病院の相談員になるまでの職歴として、教誨師、貧民学校校長、救済委員、方面専任委員を経験し、社会事業の知識や経験をもっていた。相談員の月給は、一九二五（大正一四）年度の男性相談員は八五円、一九二三（大正一二）年度の女性二名は七〇円と五五円であり、当時の高等小学校専科教員とほぼ同等の給与であった。最大限の社会資源を使い、自らも最大限、患者や家族の問題解決を担えるように活動をしていた。援助の際に貫かれていた姿勢は、徹底的に世話をするという姿勢で、これは田代や船尾が考えていた援助のあり方でもあるが、気の毒と認めた場合は金銭の恵与も行った。同様に援助では、船尾の方針である「親切に取り扱いなるだけ大声を出さない」「いかなる場合も腹を立てない」などが、相談員の患者や家族に対する姿勢であったと考えられる。

済生社会部の相談員は、一九二九（昭和四）年から清水利子が、その後、米原禎も相談員として入職し、少なくとも一九三六（昭和一一）～一九三八（昭和一三）年は、清水と米原の二名が業務についていた。このうち清水は、日本女子大学校で専門教育を受け、また生江からも学んでいる。卒業後、中央社会事業協会の社会事業研究生制度による研究生として一年間の教育・訓練を受けた際、済生会で実習をしており、その後、済生会に勤務した。生江は、相談員に対して、社会事業に関する広い知識をもち、他職種や他機関と連携を取り、社会資源を活用し、患者や家族への調査研究を行う専門性と、堅牢不抜な意志と忍耐力、人類愛に燃える犠牲的精神という態度や姿勢を求めていた。生江の教えを反映して、相談部では、「愛と同情の心を以て、これ等の人々を抱擁すること」「それは単なる事務ではない、単なる調査ではない、物質を超越した魂と魂との接触である」というい わゆる「相談部精神」で実践を行ったが、個別の対応のみの限界も感じていた。清水は、貧困の根本的な問題に遡って考えることが必要で、その原因の大部分は無知によるものだとし、教育の必要性を指摘していた。相談員の待遇面は、嘱託職員で、一九二九（昭和四）年に清水が入職した当時の月給は五〇円、泉橋慈善病院の相談員と比較すると、同等もしくはそれ以下であった。

東京市療養所社会部には、相談業務を担当する婦人相談員と、訪問看護業務を担当する看護婦が配置されていたが、詳細は把握できなかった。

聖路加国際病院の相談員は、初代の相談員である浅賀をはじめ、日本女子大学校やアメリカの大学や大学院で専門教育を受けた者が担当した。一九二九（昭和四）年に医療社会事業部が創設され、翌年に米国聖公会より派遣されたチーフのヘレン・シップスは、マサチューセッツ総合病院でアイダ・キャノンの指導を受けた専門家であった。植山つる、藤田（水野）鶴代、神田多祢（大畠たね）、吉田ますみ、永井（中島）さつき、駒田栄子、大島、田村（小野）キミ、佐瀬操、鈴木あい子等が相談部員として業務を行っていた。給与面は把握できなかったが、医療社会事業部は院内で独立した部門であり、アメリカからスーパーバイザーが派遣され、部員も一九三七（昭和一二）年には総勢一〇名ほどになるなど、当時としては非常に珍しい恵まれた職場環境であったといえる。浅賀は、社会事業は科学を背景にもった芸術であり、心ばかりではできないとし、当時の日本の社会事業の非科学性と専門性の不十分さに対して批判的な意見を述べている。導入当初、医療社会事業に関する認識が院内の他職種にはなかったため、相当な苦労をした。浅賀は、新しい仕事を病院に根づかせるために、もっとも問題の多い結核患者から取り扱い、院内のあらゆる関係者と親しく交際し、仕事の報告を行い、業務内容を理解してもらえるよう粘り強く働きかけた。病院に医療社会事業部が根づいていった背景には、このような浅賀の開拓者としての熱意や信念をもった粘り強さ、高い専門性が存在していたといえよう。同様の精神性や行動力、高い専門性は、その後の相談員も多かれ少なかれ保持していたであろう。そのことが、部のさらなる発展の大きな要因のひとつだと考えられる。

病院社会事業の他機関との組織的な交流は、第一回の医療社会事業研究会が一九三六（昭和一一）年、医療社会事業関係者相互の連絡交渉を図る目的で開催された。世話人は聖路加国際病院の浅賀、済生会の清水で、出席者は松澤病院、清瀬病院、救世軍病院、白十字会、興望館セツルメント、聖路加国際病院、済生会等より二十数名が集まった。この後の会の活動については把握できなかったが、このような組織的な集まりのニーズがあり、相互の交流や意見交換などが行われるようになっていた。

また、東京市療養所の年報によれば、済生会病院の清水や、聖路加国際病院の浅賀が病院を訪問をしており、おそらくこれは結核療養所という社会資源を把握するための訪問と考えられるが、このような機会に相談員同士の交流を深めたことも考えられる。聖路加国際病院でも、時には輸血や、その他の問題のため、済生会の清水や方面事務所の植山つるらと会合をもっており、相談員同士、機関を超えて、情報や意見交換をして問題解決を行っていたことがわかる。


以上から、泉橋慈善病院では、教育機関で社会事業の専門教育を受けて雇用された相談員は確認できなかったが、社会事業の経験をもった僧侶や神職といった宗教関係者が相談員であった。そもそも日本における大学や専門学校での社会事業教育の始まりは、大正中期から後期にかけてであった［阪野　一九八〇b］。泉橋慈善病院の病人相談所が設立されたのは一九二〇（大正九）年、東京市療養所が一九二五（大正一四）年であり、ごく一部の教育機関で社会事業教育が開始されたばかりの頃であった。したがって、当初の相談員は教育機関で社会事業の専門教育を受けていないのは当然のことでもある。

日本の社会事業教育の始まりは、明治期仏教教団によって着手された教誨師養成のための講習会に求めることが定説化しているが、その後、一九〇八（明治四一）年九月には内務省による第一回感化救済事業講習会が開催され、一九二〇（大正九）年からは名称を社会事業講習会と改め、一九二二（大正一一）年に各府県主催の社会事業講習会が各地で開催されるようになり、一五年間にわたって開催した内務省の講習会は終了した。大学等における社会事業教育が始まるまで、この講習会により多くの慈善事業、社会事業の従事者を生み出していた［阪野 一九八〇ａ］。泉橋慈善病院の内田は教誨師の経歴をもち、西島は僧侶であった。泉橋慈善病院や東京市療養所の相談員がこれらの講習会を受講していたことも考えられるだろう。

済生社会部と聖路加国際病院では、大学等において専門教育を受けた者が業務を担当していた。とくに聖路加国際病院は、アメリカからスーパーバイザーとして医療ソーシャルワークの専門家が派遣されるなど、大変珍しい職場であった。

給料面で泉橋慈善病院と済生社会部を比較すると、ほぼ同等、もしくは済生社会部のほうがむしろ低賃金で、身分は嘱託職員であった。一九二二年（大正一一）年の社会事業研究所調査によれば、女性は平均三七円二〇銭で、無給も従事者の半数ほどおり、給与だけでは生活が困難で、住居や食事、衣服が現物支給されていた。このことを考えると、当時の女性の社会事業従事者の五〇～五五円といった給料は、他の社会事業従事者に比較すれば、むしろ高い給料だったともいえよう。ただし、当時の東京市の各区の書記の平均給与は一カ月約八六円、一九二三（大正一二）年度の高等小学校専科教員は約八三円、女性は約七一円であり、泉橋慈善病院はほぼ同等で、いわゆる専門職としての評価に値する金額であったと考えられるが、済生社会部の給料はやはり専門職と比較すると低かったといえよう。

このような待遇の中でも、相談員は熱意や強い使命感、粘り強さをもって業務を行っていた。これは当時の社会事業従事者に求められた共通のエートスであり、病院社会事業の実践者にも同様に求められたものであった。また、困難な仕事を開拓し、継続していくうえで、同業者との横のつながりは大きな支えとなったと思われる。日常の業務上でも連絡を取り合い、一九三六（昭和一一）年には、医療社会事業研究会が開催され、相談員として組織的活動に発展する可能性があったものと考えられる。

## 5　相談内容と件数、援助の方法

泉橋慈善病院病人相談所の相談内容は、その分類が時期により異なるが、一九二二（大正一一）年から一九四二（昭和一七）年度の二一年間についてみると、四四項目と多岐にわたっている。当初は項目数が多かったが、一九三四（昭和九）年度を境に七項目に整理された。それまで「入院患者の慰問」は多数の相談件数を占め、「入院患者の家族訪問」とともに病人相談所が自発的積極的に行った業務であったが、項目から削除され、新たに「入院患者家計調査」が加わり、「治療法について」「入院希望について」の相談数が大きく増加している。相談員の異動を契機に相談内容の見直しが行われたものと考えられた。また、患者の状況に合わせて相談内容が変化し、ニーズに応じた援助活動を行っていたと考えられる。援助方法は、「生活全般へのかかわりと社会資源の最大限の活用」「慰問、家庭訪問、調査と問題の把握」「問題解決の主体である相談員」「家族の代行」という四点が挙げられた。慰問は、言葉どおりに判断すると訪問してなぐさめることが目的だが、同時に患者や家族の「困りごと」を把握するきっかけにもなっていた。また、援助では、患者や家族の話を聴き、状況を把握したうえで、相談員が今後の方向性についての判断や方針を立てて援助をしており、これは素朴な形ながらケースワークの過程をたどっていると考えられた。

済生社会部の相談事業の相談内容は、「入院」「就職」「救療」「保護」「有償入院より施療入院移転」「退院期日延期」「身元調査」「食費免除」「その他」の項目に分類されていた。一九二八（昭和三）年度から一九三七（昭和一二）年度までの一〇年間の総計では、「身元調査」が約八割で業務のほとんどを占め、次に「保護」が四・七％「入院」が三・二％の順となっていた。済生社会部の援助の方法は、「心理的問題への援助」「慰安、物質的給与」「社会資源の活用」「家族問題への援助」であった。ケースワークの展開という視点からみても、社会調査、社会診断、社会的処置を行っていたこと、患者の「人格的潜在力の喚起」や「自ら問題を解決する自己支持力」の回復や増進につながる実践であったことがわかる。

東京市療養所社会部の相談内容は、一九二五（大正一四）年度のみ八項目で、翌年からは七項目であった。これらの傾向をみると、「入所ノ相談ニ応シ又ハ入所手続キノ世話」が約四七％、「応急療養及予防心得指示、並ニ実情調査」が約四五％であり、これら二項目で業務のほぼ九割を占めた。要するに、入所の手続きを含む相談と、入所を待つ間の訪問指導と調査が、業務の大部分を占めていた。具体的な相談方法については、今回、事例の蒐集ができなかったため検討はできないが、業務分担については、看護婦が入所を待つ間の訪問指導と調査を行い、専任の相談員はそれ以外の業務を主として行っていたと考えられた。

聖路加国際病院医療社会事業部の相談内容は、創設当初の一九二九（昭和四）年四月から九月までの半年間は以下の一九項目であった。「追求・フォローアップ」「他の社会機関に送る」「施療部に紹介」「結核患者家族への身体検査勧告」「精神病者取扱」「救護」「療養所送り」「他機関の共力《ママ》を得る」「訪問看護部の共力《ママ》を得る」「小学校長と会見して月謝免除」「他の機関への手続き」「事務と支払上の交渉」「結核患者より子供を離す」「食物及衛生上の注意」「雇用主と患者の療養方法を講ず」「託児所送り」「職業紹介所送り」「乳児院送り」「患者の家族報告」。一九三二（昭和七）年頃は「監督、継続的取扱」「経済調査」「社会調査」「注意勧告」「相談」「他施設に送置」「報告」「他施設の協力を求む」「救護」の九項目、一九三五（昭和一〇）年度は「他施設に送置」を除いた八項目となり、一九三五年度は「相談」件数の増加が著しく、全体の約三六%を占めた。

一九三二（昭和七）年頃と一九三五（昭和一〇）年を比較すると、相談員も三名から八名に増加し、件数が約五倍となっていた。さらに一九三五（昭和一〇）年度の取扱患者の内訳と依頼者、施設についてみると、入院患者に比較して、外来患者に対する援助が多いこと、依頼は約七割が医師からによるものであり、次は院外の方面委員からによるものであること、活用する施設では、療養所をはじめ公私の医療機関が多いが、やはり方面委員も多く、次に保健館であった。当時のケースはおおむね医療費の問題に端を発したが、同時に家族問題や就労問題、学業問題、養育問題、さまざまな療養上の問題を抱えており、相談員はそれらの問題に対して、「経済・生活状況調査」「社会資源の活用」「助言・指導」「心理的問題への援助と心理的サポート」「金銭的・物質的給与」などのあらゆる方法を用いて援助を行った。その援助は五年以上にわたって続くようなケースもあり、病気の状態や家族状況の変化により、当初の問題から問題が変化もしくは新しく問題が浮かびあがってくることもあった。家庭訪問も積極的に行われた。援助は生活歴や生育歴を把握することをはじめとして情報を収集し、それをもとに社会診断をし、計画を立てて援助を行うという、ケースワークの過程に沿った援助を行った。

以上のことから、各病院で相談内容や統計方法などは異なっていたが、入院や入所に関する相談や、家族や就労、学業、養育など幅広い生活上の「困りごと」の相談を行っていたことがわかる。また、その視点は患者のみならず家族全体を対象としていた。

援助の方法は、情報収集や調査を行い、可能な限りの社会資源を用いて、生活全般に目配りし、助言や指導、慰安や慰問、心理的サポート、金銭的・物質的給与を行いつつ問題解決を図った。泉橋慈善病院や聖路加国際病院の事例や援助項目からは、家庭訪問が頻繁に行われていたことがわかる。

ケースワークの手法という点では、事例が蒐集できなかった東京市療養所を除き、情報収集し、それをもとに社会診断を行い、援助の方針を立てて社会的処置を行うという一連の過程をたどっていることがわかった。

## 6　病院社会事業を導入、継続できた要因

最後に、ここまで述べてきたことをふまえて、病院社会事業を導入し、継続できた要因について考察する。

### (1) 現場のニーズと日本の状況、海外の影響と病院社会事業を導入した人びとの存在

まず、日本の医療の現場の状況として、施療病院の対象は貧困患者であり、医療の必要以外に、患者や家族に生活上のニーズが生じやすかったという事実がある。そして、それらの問題を解決することが、本来の病院の果たすべき使命のひとつであるというとらえ方をしたのが、病院社会事業を導入した医療機関であった。

同時に、イギリスやアメリカの医療ソーシャルワークの活動から学び、実践に共鳴し、自らの医療機関に取り入れようという先見の明をもった、病院運営の中核にかかわる立場の医師や理事が存在したことが、病院社会事業導入の大きな要因であった。それは、泉橋慈善病院でいえば、田代義徳や船尾栄太郎であり、済生会病院では生江孝之、東京市療養所では田沢鐐二、聖路加国際病院ではトイスラーであった。

また、当時の日本では、方面委員や救済委員の活動が始まっていたが、このような貧困者を対象としたケースワークの手法を用いた実践が行われていたことは、病院社会事業の導入に影響があった。

繰り返しになるが、これまでの研究では、病院社会事業に対するこのような人びとの貢献の評価は、田代の先行研究で触れられることはあっても、ほぼ皆無に等しかったが、これらの病院運営に携わる院長や事務長、理事が重要な存在であったことが本研究により明らかとなった。

### (2) 経済的基盤があること

施療病院ではいずれも経営的に厳しい状況であったため、もし病院社会事業を導入しようと考えたとしても、そのような余裕はなかったものと考えられる。たとえば生江は、キャボットの病院社会事業の報告を内務省と済生会で行ったが、経費を要することで実現に時間がかかり、訪米の七年後にようやく社会部の設置が実現した。泉橋慈善病院は賛助婦人会が、済生社会部も独立した組織として、いずれも病院とは別組織、別経営で運営する方法を取った。済生社会部は活動のために、自らも売店を経営するなどして収入を得る努力を重ねた。このように泉橋慈善病院と済生会病院は、病院社会事業を外部組織に位置づけることで財政的な基盤ができたため、病院社会事業を導入して活動を続けていくことが可能となったのである。

泉橋慈善病院の賛助婦人会や済生会病院の「なでしこの会」は、病院の活動を幇助するために結成された上流階級の婦人による団体で、泉橋慈善病院賛助婦人会は病院社会事業の母体団体であり、「なでしこの会」は済生社会部の活動を寄付金などで支えていた。このような婦人による団体は、明治初期、婦人による集団活動や団体活動が盛んに行われ、その流れの中で結成された私立大日本婦人衛生会や精神病者慈善救治会といった、女性による団体活動の影響を受けたものと考えられる。当時の時流に乗った形で団体を結成したことも含めて、全体の構想をイメージし、具体化して初めて、病院社会事業の導入が可能となったと考えられる。泉橋慈善病院賛助婦人会が母体団体であったことはこれまでも指摘されていたが［田代 一九六九：五五―六〇］、泉橋慈善病院では本団体を含めて初めて病院社会事業の構想が実現されたことや、「なでしこの会」にいたっては、このような団体の存在が活動を支えていたことはもとより、その存在すらこれまでの研究では明らかにされていなかった。これらは本研究により明らかになった点である。

### （3）活動を支える人びとの存在

第（1）項で指摘した病院社会事業を導入した院長や理事長は、その後も部門の良き理解者であり、その継続と発展を支えた。相談員へアドバイスをしたり、共同研究や、病院社会事業について論文や学会発表を行い、外部にもアピールした。このように病院運営の中核にある人びとによる導入と活動への支援は、その後、院内で病院社会事業を定着・発展させるためには不可欠であったと考えられる。

また、院内の他部門からの理解は業務を続けていくために大きな力となるが、聖路加国際病院では公衆衛生部門と密接な関係があり、浅賀が入職当初の苦労していた時代、公衆衛生看護部のスーパーバイザーであったヌノが浅賀の良き相談相手であった。同様に、済生会では訪問看護事業が活発に行われていたが、巡回看護婦と社会部とは十分な連絡を取り合い、患者や家族を支える活動が行われていた。

さらに、他機関の相談員同士の横のつながりも確認できた。実務上の情報交換は実践に役立てることができ、またその存在は精神的な支えにもなったと考えられる。医療社会事業研究会はその後、組織的活動に発展する可能性もあったものと考えられる。

### （4）相談員のもつ能力

相談員の背景は、社会事業の経験をもった僧侶や神職といった宗教関係者、法学士、社会事業の高等専門教育を受けた者など、病院により傾向が異なり、また待遇も高等小学校専科教員とほぼ同等の賃金の病院もあった一方、比較すると低賃金で嘱託職員であるなど、さまざまであった。しかし、共通していたことは熱意や強い使命感、粘り強さで、当時の困難な状況にある人びとを援助していくためには、このような思いや態度や姿勢が必要であった。これは同時代の社会事業従事者に共有されたエートスであったともいえるが、病院社会事業でも同様であった。とくに周囲の理解が十分にない時代と環境のもとで、新規の事業を展開していくためには、欠かせない資質であったと考えられる。

また、相談内容は各病院で異なっていたが、患者とその家族全体に対して、受診・受療に関することのみでなく、病気になることから生じる幅広い生活上の問題への対応を行い、そうすることで対象者の人格を発達させる実践を行った。このような視点や援助の対象とその問題のとらえ方を、相談員はもっていた。社会資源が乏しい状況で、可能な限りの社会資源を用いて、他機関と連携を取り、助言や指導、慰安や慰問、心理的サポート、金銭的・物質的給与を行いつつ問題解決を図った。家庭の訪問も頻繁に行われていたが、それは、家庭の状況から施療病院の患者かどうかを判断するいわゆる調査、患者の生活状況を把握して医師の診断や治療に役立ててもらうこと、また相談員自身が必要な援助を行うこと、通信手段のない当時、患者の様子を家族に伝えるといった役割の場合もあった。

また、泉橋慈善病院のように素朴な形の実践もあるが、情報収集、調査を行い、それをもとに社会診断を行い、社会的処置を行う一連のケースワークの過程をたどっていたことがわかった。

# 終章　初期病院社会事業の全体像

## 1　各章の要約

本書は、戦前の病院社会事業はなぜ一部の限られた施療病院でのみ行われたのか、導入・継続された要因は何かについて考察し、日本における初期の病院社会事業の生成過程について検討を行い、その全体像を明らかにすることを目的としたものである。

まず、考察を深めるために、各章の論旨をたどり、概要を確認しておく。

第Ⅰ章では、本書が研究対象とする明治時代から昭和戦前期の時代背景と、疾病と貧困の密接な関係、医療提供体制と医療専門職、生活困窮者に対する医療問題への対応について述べた。病院社会事業が導入される背景となる社会的情勢と、医療提供体制や社会保障制度の状況は、病院社会事業の検討を行ううえで不可欠であるため、まず第Ⅰ章で論述した。

第Ⅱ章では、病院社会事業の実践に影響を与えたと考えられる戦前の医療ケースワーク論と病院社会事業に関する論述、日本の病院社会事業全体へ多大な影響を与えたキャボットの病院社会事業、病院社会事業以外の病者へのケースワーク活動として方面委員活動、公衆衛生看護活動、患者への支援活動として患者慰安活動について検討した。本章は病院社会事業の主として活動と実践という点を検討する際に必要となってくる、当時の時代的な状況について考察したものである。

第Ⅲ章から第Ⅵ章は、各病院の病院社会事業について、それが導入された背景と具体的な内容について明らかにした。

第Ⅲ章で取り上げた泉橋慈善病院は、三井家が設立した民間の施療病院であり、病人相談所は賛助婦人会に設置された。院長や理事といった病院運営の中心的な立場にあった人物が、患者や家族の生活上の問題への対応の必要性を認識し、東京府社会事業協会や救済委員制度、欧米からの影響を受けて、その構想を具体化したものと考えられた。

確認できた相談員は六名で、社会事業の経験をもった宗教関係者、法学士などが判明した。相談内容は多岐にわたり、援助の特徴的な方法は、①生活全般へのかかわりと社会資源の最大限の活用、②慰問、家庭訪問、調査と問題の把握、③問題解決の主体である相談員、④家族の代行という四点が挙げられた。その際、相談員自身のもつ「技能」や「私的なネットワーク」も含めてあらゆる社会資源を導入して、病から生じるさまざまな「困りごと」に対応していた。援助では、徹底的に世話をするという姿勢で、金銭の恵与、慰問、説諭、代行という方法も用いて援助した。相談員は、患者や家族から話を聴き、その状況を把握したうえで何らかの判断をもって援助を行い、これは素朴な形ながら情報収集と社会診断を行っていたと考えられた。

第Ⅳ章では、済生会病院の病院社会事業について論じた。済生会は政府が行った典型的な感化救済事業で、全国に施薬救療の普及を図ることを目的とした事業であった。病院社会事業は、生江孝之が米国でキャボットの病院社会事業を知り、済生会で導入することを主張したことをきっかけとし、済生社会部という外部組織として設立された。また「なでしこの会」からの寄付金は社会部の助けとなっていた。済生社会部の設立と発展には、生江のほか、原泰一、宮島幹之助などの社会事業関係者もかかわっていた。

済生社会部の目的は、「済生会の事業を幇助し、患者の苦痛軽減を図る」ことであり、「売店事業」「相談事業」「教化事業」「患者慰安事業」「各種施設との連絡」「調査」「月報発行」「その他必要なる諸事業」といった幅広い事業を行った。相談員は二名の女性が判明し、うち一名は生江から直接教育を受けた日本女子大学校出身の清水利子である。二名とも生江の教えである「相談部精神」で実践を行う一方で、個別の対応のみの限界も感じ、貧困の根本的な問題に遡って考えることが必要だと考えていた。援助の方法は、①心理的問題への援助、②慰安、物質的給与、③社会資源の活用、④家族問題への援助であった。ケースワークの展開という点からみると、社会調査、社会診断、社会的処置を行ったもので、また、患者の「人格的潜在力の喚起」や「自ら問題を解決する自己支持力」の回復や増進につながる実践を行っていた。

第V章では、東京市療養所の病院社会事業について論じた。東京市療養所は、結核患者で「療養ノ途ナキ」貧困者を対象とした公的な医療機関であった。戦前の結核患者は死と隣り合わせであり、患者の精神面、経済面、社会復帰などに問題が生じやすいという特徴があった。病状の経過は精神状態の影響を受けると考えられていたため、慰安や娯楽にも力を入れ、患者や家族の相談に応じることは治療上も必要なことであった。さらに、療養所の入所待機者の増大や、退所後の対応策として訪問看護が有効であると考えられたため、欧米における Social Service と Public Health Nurse をイメージして、院長により積極的に導入された部門が社会部であり、院長はその後の部の発展にも寄与した。社会部は、相談業務を担当する婦人相談員と、訪問看護業務を担当する看護婦により構成された。

社会部の業務内容は「入所ノ相談ニ応シ又ハ入所手続キノ世話」「応急療養及予防心得指示、並ニ実情調査」の二つの項目で、全体の約九割を占め、まさしく期待されていた役割を果たしていた。社会部は七年間で閉鎖したが、業務の大半を占めていた外部患者に関する業務を大塚健康相談所へ委譲し、入所中の患者に関する相談業務は、結核撲滅事業を後援する内部の団体である福滋会に継承されていったことが推測された。

第Ⅵ章では、聖路加国際病院の病院社会事業について論じた。聖路加国際病院は、聖公会が開設したキリスト教的人道主義を掲げた病院である。院長のトイスラーがめざしたものは、「Hospital Center と称するところの実際的指導の中心」であり、米国の規準を適用して患者の治療を行った。医療社会事業部の創設は、直接的には初代部員の浅賀ふさが、トイスラーに社会事業の導入を申し出たことによるが、病院のめざした方向性と合致した取り組みとトイスラーが判断したからこその設置であり、その後も院長や副院長など、病院運営の中核にある人びとが部の発展を支えた。医療社会事業部には、アメリカからスーパーバイザーが派遣され、日米の大学等で社会事業の専門教育を受けた女性が入職して発展し、一九三七（昭和一二）年には総勢一〇名ほどになった。浅賀は当初、新しい仕事を根づかせるために相当な努力をして業務を行った。開拓者としての熱意や信念をもった粘り強さ、高い専門性は創設期の医療社会事業部門には不可欠な要素であった。

医療社会事業部の業務内容は、患者と家族へのケースワーク以外に、教育や研究、地域活動なども行った。患者や家族へのかかわりは、経済的問題以外にも家族、就労、学業、養育など、さまざまな療養上の問題があり、相談員は、「経済・生活状況調査」「社会資源の活用」「助言・指導」「心理的問題への援助と心理的サポート」

「金銭的・物質的な給与」などあらゆる方法、あらゆる社会資源を活用して援助を行った。また、生活歴や生育歴の把握など情報を収集し、それをもとに社会診断をし、計画を立てて援助を行うという、専門的な援助が行われていた。

第Ⅶ章では、まず、第Ⅲ～Ⅵ章で論述した病院社会事業について、次の五点を比較、考察した。①病院の性格と事業内容、②病院社会事業部門の設置の経緯とその目的、組織的な位置づけ、経費、支援者、③病院社会事業部門の業務内容、④相談員の背景と待遇、実践に臨む態度や姿勢、他機関の相談員同士の交流、⑤相談内容と件数、援助の方法。その結果をふまえて、最終的に⑥病院社会事業を導入、継続できた要因について考察を行った。

病院社会事業を導入、継続できた要因については以下の四点が明らかになった。①現場のニーズと日本の状況、海外の影響と病院社会事業を導入した人びとの存在、②経済的基盤があること、③活動を支える人びとの存在、④相談員のもつ能力。これらの要因が存在したことで、病院社会事業が導入され、継続することができたのである。

## 2　初期病院社会事業の全体像

以上の各章のふりかえりをふまえて、日本における初期の病院社会事業の全体像について、以下、論述する。まず初めに、本書の全体的な構成から筆者がめざしたところを明らかにしておきたい。

病院社会事業は、欧米においても日本においても、近代科学の発達にともない、医学、医療分野の著しい進展とともに始まったことを指摘しておく。近代医療の発達は診断、治療の専門化、組織化を必然的にもたらした。こうした中で、医療機能が十分に働き、効果を上げるためには、患者の仕事や家族、住居、心配ごとや栄養などの情報が必要であることに気づいた医師が、「投薬をするということは、重すぎる荷物を乗せて、坂道を足をひきずりつつ登っていく疲れきった馬に、薬を与えるのと同じく不合理であった。必要なのは馬車の荷をおろすか、馬を休ませるかであった」[Cabot＝一九六九：一八]という認識をもち、そのための手助けをする職種の必要性を認識した。さらに病者のアフターケアの機能が医療システム内部から必要とされ、さまざまな実践が行われるようになった。

このことに注目するなら、本書の研究テーマとしては、まず近代医療制度の成り立ちとそこにみられた実践の特徴を整理し、それが病者の問題とどうかかわるのかが最初に問うべき課題となる。そこで第Ⅰ章において、明治以後の近代化に即して展開された医療政策や医療機関の展開、推移に目を向けた。このことは病院社会事業がなぜ医療システムの中で必要とされるようになったのか、またそれはどのように導入、展開されたのかという問いに応えるために、必要な作業である。病院社会事業の必要性が大正時代に紹介、導入され、昭和初期にかけて専門事業として開始されるようになったという、その前提、あるいは条件整備のプロセスを明らかにするためには、こうした歴史を展望することは必要であり、第Ⅰ章はそうした目的、意図から歴史的な整理を試みている。病院社会事業を成り立たせるための時代的背景、社会的背景を明らかにする作業と位置づけてもよい。

次に、第Ⅱ章では、医療ケースワークの導入過程をたどる検討作業を行った。日本における病院社会事業の幕開けは、同時にケースワークという専門技術、または援助方法の幕開けと重なる。このことは、事業の展開とともに、両者が密接につながりあって発展してきたことによって確かめることができる。第Ⅰ章において病院社会事業を「外から」、歴史的、社会的成立条件を明らかにすることを意図したことに比べると、第Ⅱ章において意図したことは、病院社会事業を「内から」、それを支える技術的、方法的な成立条件を明らかにすることを意図している。

本書の中核を構成しているのは、第Ⅲ章から第Ⅵ章で論じた、各病院における病院社会事業の成立から展開過程である。これは従来、この分野の先行研究がほとんど取り上げてこなかったところであるが、史資料を蒐集しながらその実態を明らかにしようと試みた。結果的に、原史資料の欠如、災害や戦争等により、今日では焼失、紛失、廃棄されてしまった史資料により、研究を十分に展開できなかったという限界もあったことを、筆者の努力不足も含めた反省としてここに記しておく。

第Ⅶ章では、第Ⅲ章から第Ⅵ章で、筆者が蒐集することのできた史資料とその分析結果を受け、相互比較と、内容検討を行った。大正末期から昭和初期というほぼ同時代に、次々と現れた病院社会事業を、可能な限り事実に即して比較検討し、そこにみられる共通性、差異性、経営主体・実践主体におけるさまざまな特徴を明らかにすることを試みた。なぜなら、個々に展開した事業をそのまま並べて時代の古い順からたどってみても、全体像は判明しないからである。必ずしも十分な成果を示しうるまでに至ってはいないが、病院社会事業の成立期にみられた社会事業現場における特徴が、比較・検討によって立体的に描けたものと考えている。

明治時代から昭和戦前期、日本は大きく近代化へと踏み出し、資本主義社会が発展する一方、貧困や疾病などの生活問題が顕在化した。そのような中、病院社会事業は、施療病院において、疾病から生じる生活上の問題に対応すべく生まれた組織的な事業であり、実践である。

組織的な活動として成立するためには、現場のニーズを把握し、それらを問題解決することが、本来の病院の果たすべき使命であるととらえること、欧米の実践から学んだこと、経済的基盤づくりをすること、それらを構想し、具体化する強力な指導者が存在したことがその要件であった。

病院社会事業には、病院により差異はあったが、相談業務以外にも、事業を行う資金確保のための演芸会やバザーの開催などの活動、自ら社会資源をつくり提供する託児事業、牛乳などの滋養品や旅費の支給などの救済事業なども含まれた。これらは患者の苦痛を軽減し、不安や「困りごと」を解消するためという病院社会事業の目的に合致した事業であった。

また、患者や家族の相談では、これまで前近代的だとされている救済や慰安や保護を含み、教化や説諭、指導という方法も用いていた。社会保障制度が未発達で、十分な社会資源が存在しない中、自らのもつ個人的な技能も含めてあらゆる社会資源を活用して、その問題解決にあたった。一方でかかわりの過程は、情報収集、社会診断、社会的処置といった一連のケースワークの展開をたどり、人格的潜在力の喚起や、自ら問題を解決する自己支持力の回復や増進につながるケースワーク実践を行ったといえよう。

相談員の背景も、社会事業の経験をもった宗教関係者や法学士、高等専門教育を受けた者などさまざまであったが、十分な待遇とはいえない中で、患者や家族の抱える問題に対し、熱意と強い使命感、忍耐力をもった同時代の社会事業従事者のエートスをもって、問題解決に取り組んでいた。

本書では、先行研究の評価にみられたように、「慈善、恩恵的な傾向の強い実践」「ケースワークの専門訓練を受けた人たちによって行われたものではない」として排除してしまうとみえてこない、初期病院社会事業の全体像を、すべて同じ土俵にあげて検討すること、実践をその当時の医療や社会保障制度の状況と併せて丁寧にみていくことで、明らかにできたものと考える。

病院社会事業は社会福祉の歴史的展開からみると、慈善事業から感化救済事業、社会事業への移行期に生じたものである。それは思想的にも対象者へのかかわり方にも、また専門教育を受けたいわゆる専門家としての従事者かどうかという点からも、慈善事業の時代から受け継いでいるもの、新しく取り入れられたものなど、混沌としながら行われた実践であり、事業であった。

## 3　内発性について

序章で述べたように、本書では、内発を「内からの要求により、自主的に自らの社会に適合するように、外来の知識や技術、制度を導入して活用するもの」とする。この考えを病院社会事業に援用すると、病院社会事業は、明治以降の近代化への道をたどる社会や医療システムの中で生じてきた貧困と病気、そこから生まれる生活上の問題を抱えた人びとに対処すべく現場のニーズが存在し、その内からの要求に基づき、欧米の病院に設置された社会事業部や婦人賛助会、レディーアルモナー部や、キャボットからその思想や実践、システムを学び、日本に導入し、それらを日本の社会事業の実践の中に取り入れようと創造した事業、実践であったといえる。

そして、アメリカの近代的なケースワークのみがケースワークだというのではなく、初期の実践を点検することでわかる、日本的なケースワークのあり方がみえてくる。それは、各病院の独自性はあるにせよ、慰安や救済も含み、自らの「技能」や「私的なネットワーク」も用いるなど、あらゆる社会資源を活用して問題解決にあたり、入院中や外来通院中の患者のみならず、退院後も必要とあれば家庭訪問を行い、次々と生じる生活上の問題解決に徹底的にかかわる、という実践であった。

本格的に医療ソーシャルワークが開始されたのは、戦後のGHQからの移植によるものととらえられているが、しかし、①戦前に病院社会事業が存在していた。病院数は少なかったとしても、このような組織的な実践を行っていたことの重要性とユニークさの意義は正当に評価されてしかるべきである。②それは内発性に基づくもので、戦後、移植された医療ソーシャルワークとは異なるものであった。外圧による「皮相上滑りの開化」［夏目 一九一一］ではなく、先進国のモデルをお手本にするとしても、自発性に基づく移入と日本社会への適応をめざしたものであったと考えられる。

これらを今一度、丁寧にたどることによって、今日の日本の医療ソーシャルワークを点検する作業にもつながるものだろう。

## 4 病院社会事業の医療ソーシャルワーク史上における位置づけと戦後への継承

病院社会事業をこのようなものととらえると、戦後の医療社会事業、医療ソーシャルワークにそのまま継承されているものと、そうではないものがあると考えられる。病院社会事業の戦前と戦後の継承について考えると、実践という点では、病気をもった人の生活上のさまざまな「困りごと」にかかわるという基本的視点は、現在に至るまで変化はない。

たとえば、聖路加国際病院で戦前・戦後にわたり実践を続けた吉田ますみは、昭和一〇年代から四〇年代までの事例をまとめた事例集を執筆しているが、「世の中が変わったといっても、ソシアル・ワークそのものには変わりはない」「クライエント関係において、その時代、その問題、その人がどんなであろうと、おのおののケースの解決に努力してきた」と述べている。その時代、その社会で生きるクライエントが抱える生活上の問題の解決に努力する実践は、戦前から現在に至るまで続いている。

反面、戦前、病院社会事業として行われていた、相談業務以外の売店事業、託児事業、救済事業などは、その機能をなくすか、もしくは他の部門や機関へ委譲して、戦後の病院社会事業や医療ソーシャルワークにはみられなくなった。戦前の病院社会事業は、相談業務としてケースワークの実践も行っていたが、患者や家族の「困りごと」を解決するという観点で、このような事業も包含していた。戦後は、より「専門的」な相談業務に特化した業務のみに変化した。GHQによる講習を受けて各地で実践を担ったソーシャルワーカーたちは、方法や技術を主として学び、その後のソーシャルワークのあり方も海外からの理論を積極的に紹介することに比重がおかれているのが現状だろう。

そして、このような観点に立って医療ソーシャルワークの歴史をみていくと、本書で展開したような病院社会事業を、あるものは前近代的で医療ソーシャルワークの前史であるとして切り捨て、その全容を明らかにする作業もなされず、あるものは医療ソーシャルワークの出発点だとして後世に残し、明確に区分することがこれまで行われてきたのである。この背景には、まさしく後発国である日本は、欧米の先進国のモデル＝ソーシャルワークのみが医療社会事業であり医療ソーシャルワークであるといった、従来の近代化論が色濃く現れているように思われる。そうすることによって、本来あるべき日本における混沌とした時代の実践が捨象されていたことに、本書は光を当てる作業を行ったものである。

欧米の理論を取り入れるのみではなく、それをお手本にしつつ、内発性に基づいた実践でなければ真の意味での発展はない。現代の日本におけるソーシャルワーク実践を振り返っても、その地域の特性、社会のあり方、人びとの意識や価値観や社会資源のあり方によって異なっているはずであり、そのような実践や研究を尊重しなければならないと考える。地域の多様性に富むソーシャルワークを尊重し、事例検討を重ね、海外からの理論や実践も柔軟に取り入れることが、今日のソーシャルワーク実践をより豊かにすることに通じるのではないだろうか。

最後に、本研究は戦前期を対象としたものであるが、戦後の病院社会事業史との関連性、問題提起について触れたい。

まず第一に本研究で再三言及したことであるが、これまでの医療ソーシャルワーク史研究においては、聖路加国際病院がその中心的役割を果たしてきたという理解が大勢を占めてきた。もちろんそこには当該病院の実践を担った者が戦後の斯界を指導していったことからもわかるように、すぐれた人材を抱えていた事実は認められる。しかし、本研究が明らかにしたように、その初発は、単一、個別の医療機関のみにその成立根拠を求めることはできない。むしろ、複数の機関による動きが、比較的短期間に起こったと考えることが歴史的事実である。海外の先行する病院社会事業を移入、紹介し、実践場面においてそれを消化する試みは、偶然性、必然性をまじえながら、この時期に次々と行われていったということが実態であった。

次に、前述したことではあるが、「内発」という概念をふまえ、実践の内容を検討すると、引用した事例が示しているように、病院社会事業が展開した実践は、海外の先行する理論と実践を、そのまま日本に移植しようとしたものではなかった、ということである。方面委員活動、救済委員活動にその例をみるごとく、伝統的な隣保相扶の慣行や、民間の地域的な相互扶助活動がすでに展開され、一定の成果を重ねてきた文化土壌がすでにあったところへ、欧米の専門的方法、技術が紹介され、実践に適用されたのである。こうした、いわば複合的な実践の系譜は、戦前においてばかりでなく、戦後の、しかも今日の医療ソーシャルワーク実践の中にも認められることではないだろうか。これをひとつの戦後病院社会事業史に対する問題提起として記しておきたい。

さらに筆者は、戦前期の実践から明らかになった特徴として、実践主体論の形成、確立をいかにすべきかというテーマがあったことにも触れておきたい。確かに戦前と戦後では、時代状況、政治体制、なによりも社会福祉をめぐる基盤整備や、公私関係の分離、分立や経済的保障にかかわる条件が大きく異なっている。しかし、そうした違いをふまえたうえでも、困難な対象と向き合う実践主体が示した、そして共有したエートスの重要性、あるいは課題解決にあたって示したその有効性、有為性は、今日の実践に通じ合う何物かを私たちに遺しているように思われる。いわば実践を導く「理論」とともに「思想」の重要性を、戦前の開拓者たちは、事例を通して私たちに教えるところが少なくない。このことも、本研究に携わって、筆者が知り得た結論のひとつである。

## 5　残された課題と今後の展望

最後に本書における残された課題と今後の展望について述べる。

第一に、本研究では病院社会事業の全体像を明らかにするために、その事業の内容を検討したが、その実践をケースワークの実践という観点から詳細に検討するには不十分であったことである。本研究では、ケースワークの手法を用いた病院社会事業という観点からの検討は行ったが、当時の理論がどの程度、実践に影響を与えたのかについては明確には把握できなかった。さらに、他の分野のケースワーク実践との比較検討などを通して、当時のケースワーク全体の中での病院社会事業の実践の位置づけがみえてくるのではないか、と考えられる。

第二に、当時の女性のおかれた立場と病院社会事業の関連についての検討である。泉橋慈善病院には男性の相談員が存在していたことが判明したが、他の病院では判明した限りにおいてすべて女性がその業務を担っていた。とくに戦前の男女の権利や役割の差別が明確に存在していた時代に、女性が主たる従事者であったことが、病院社会事業の内容にどのような影響を与えていたか、という点も検討する必要があるだろう。

第三に、相談活動と慰安や慰問についての検討である。本論の中では相談の中に慰安の要素が含まれており、明確に区分することが難しいとしたが、慰安という行為は現在でも行われており、慰安と相談の関係を時代背景を念頭におきながら、検討する作業も今後の課題である。

第四に、病院社会事業と公衆衛生看護の関係についてである。保健所法の制定や戦時下の人口政策に関する法律の制定により、保健婦は社会事業から公衆衛生領域へ、とはっきりと転換を図り、看護の知識や技術という点では公衆衛生看護婦は独自のものを保有していたと考えられるが、とくに地域生活を送っている患者や家族の生活と健康を守るという点では、社会事業と機能的には重なる部分も多い。この間の比較、分析も今後に残された課題である。

第五に、病院社会事業の実践が、日本のソーシャルワーク分野の専門職化、専門教育に与えた影響はどのようなものがあったのか、戦後にどうつながっていくのかという問題である。本研究で示した戦前の実践は、戦後の本格的な広がりをみせる実践にどのような影響を与えたのかについて、この点も今後の課題としたい。

以上が本書において十分に検討することができなかった点であり、可能な限り実証的研究を行うことを念頭におきながら、今後の課題としたい。

# 資料編

# 文献（アルファベット順）

秋元晴留夫編　一九三八『救治会会報』五七号、救治会。

秋元晴留夫編　一九三九『救治会会報』五八号、救治会。

青木正和　二〇〇三『結核の歴史——日本社会との関わりその過去、現在、未来』講談社。

青木純一　二〇〇四『結核の社会史——国民病対策の組織化と結核患者の実像を追って』御茶の水書房。

浅賀ふさ　一九四八「我国に於ける初期医療社会事業の想出」『社会事業』三一-六・七：九-一五。

浅賀ふさ　一九五六『医療社会事業従事者養成講習会講義テキスト　医療社会事業』全国社会福祉協議会。

浅賀ふさ　一九五七「医療社会事業の過去と未来」『白十字』復刊一三号：一。

浅賀ふさ　一九五九「私の仕事をかえりみて——医療社会事業黎明の頃」『社会事業』四二-六：三八-四六。

浅賀ふさ　一九六一「朝日行政訴訟事件控訴審第五回公判における私の証言要旨」『福祉研究』一〇号：六八-七九。

浅賀ふさ　一九七二「老人医療無料化直接請求の起る背景——封建性の流れを追って」『日本福祉大学研究紀要』二〇-二一号：四〇七-五九。

浅賀ふさ　一九八〇「私とMSWの出会い——R・C・キャボットとI・M・キャノンに関する覚えがき」内田守・岡本民夫編『医療福祉の研究』ミネルヴァ書房：二四一-五八。

ベルツ、トク編、菅沼竜太郎訳　一九七三『ベルツの日記　第一部上』岩波書店。

Bloch, Marc (1928) *Pour une histoire comparée des sociétés Européennes*, Revue de Synthèse Historique.（＝一九八六、高橋清徳訳『比較史の方法』創文社）

Cabot, Richard C. (1919a) *Social Work : Essays on the Meeting-Ground of Doctor and Social Workker*. Houghton Mifflin

Company.（＝一九二一、内務省衛生局訳『医師と社会事業』内務省衛生局）
Cabot, Richard C. (1919b) *Social Work : Essays on the Meeting-Ground of Doctor and Social Worker.* Houghton Mifflin Company.（＝一九六九、森野郁子訳『医療ソーシャルワーク――医師とソーシャルワーカー』岩崎学術出版社）
Cannon, Ida M. (1923) *Social Work in Hospitals.*（＝一九二五、簡易保険局訳『病院社会事業』簡易保険局）
同志会　二〇〇九『同志会百年史――基督教学生寮百有余年の歩み』同志会。
土曜会歴史部会　一九七三『日本近代看護の夜明け』医学書院。
江草篤子　一九三四「地区の雑記帳から（一）」『済生』一一-一一：一五-九。
深沢里子　一九八五「弔辞　吉田ますみ先生」『明るい窓』聖路加国際病院広報サービス、二九-三：三三-四。
船尾栄太郎　一九二〇『欧米の施療事業――特に病院に就て』（泉橋慈善病院役員会における報告演説筆記）。
原泰一　一九二一「医療事業への三提唱」『済生』三-四：二四-七。
林俊一　一九六九「〝農村医学〟の提唱」医学史研究会・川上武編『医療社会化の道標――25人の証言』勁草書房：三四九-六五。
猪狩周平　二〇一〇『病院の世紀の理論』有斐閣。
池田敬正　一九九二「恩賜財団済生会の成立」後藤靖編『近代日本社会と思想』吉川弘文館：一三五-八二。
池田敬正・土井洋一編　二〇〇〇『日本社会福祉綜合年表』法律文化社。
井上なつゑ　一九四二『保健婦事業の実際』國光印刷。
諫山貞一郎　二〇〇六「日本聖公会の歴史資料の分類、整理に関する一考察」『日本聖公会史談会報』日本聖公会史談会、一：五二-六七。
岩橋よね子　一九三四「看護婦セツルメントの其の後」『済生』一一-六：三三-四。
岩井弼次　一九六九「大阪周辺での無診の活動」医学史研究会・川上武編『医療社会化の道標――25人の証言』勁草書房：一三五-一四三。

岩美恭子　二〇〇三「第五章三　農村社会事業の台頭と実態」菊池正治・清水教恵・田中和男ほか編著『日本社会福祉の歴史　付・史料――制度・実践・思想』ミネルヴァ書房：一一四‐八。

泉橋慈善病院　一九二三「泉橋慈善病院賛助婦人会報告　大正一一年」『泉橋慈善病院第一五回報告』泉橋慈善病院。

泉橋慈善病院　一九二四「泉橋慈善病院賛助婦人会報告　大正一二年」『泉橋慈善病院第一六回報告』泉橋慈善病院。

泉橋慈善病院　一九二五『泉橋慈善病院第一七回報告』泉橋慈善病院。

泉橋慈善病院　一九二六「泉橋慈善病院賛助婦人会報告　大正一四年」『泉橋慈善病院第一八回報告』泉橋慈善病院。

泉橋慈善病院　一九二七「泉橋慈善病院賛助婦人会報告　大正一五年、昭和一年」『泉橋慈善病院第一九回報告』泉橋慈善病院。

泉橋慈善病院　一九二八「泉橋慈善病院賛助婦人会報告　昭和二年」『泉橋慈善病院第二〇回報告』泉橋慈善病院。

泉橋慈善病院　一九二九「泉橋慈善病院賛助婦人会報告　昭和三年」『泉橋慈善病院第二一回報告』泉橋慈善病院。

泉橋慈善病院　一九三〇ａ『泉橋慈善病院第二二回報告』泉橋慈善病院。

泉橋慈善病院　一九三〇ｂ『泉橋慈善病院理事故船尾栄太郎氏追悼会記事』泉橋慈善病院。

泉橋慈善病院　一九三一「泉橋慈善病院賛助婦人会報告　昭和五年」『泉橋慈善病院第二三回報告』泉橋慈善病院。

泉橋慈善病院　一九三二「泉橋慈善病院賛助婦人会報告　昭和六年」『泉橋慈善病院第二四回報告』泉橋慈善病院。

泉橋慈善病院　一九三三「泉橋慈善病院賛助婦人会報告　昭和七年」『泉橋慈善病院第二五回報告』泉橋慈善病院。

泉橋慈善病院　一九三四「泉橋慈善病院賛助婦人会報告　昭和八年」『泉橋慈善病院第二六回報告』泉橋慈善病院。

泉橋慈善病院　一九三五「泉橋慈善病院賛助婦人会報告　昭和九年」『泉橋慈善病院第二七回報告』泉橋慈善病院。

泉橋慈善病院　一九三六「泉橋慈善病院賛助婦人会報告　昭和一〇年」『泉橋慈善病院第二八回報告』泉橋慈善病院。

泉橋慈善病院　一九三七「泉橋慈善病院賛助婦人会報告　昭和一一年」『泉橋慈善病院第二九回報告』泉橋慈善病院。

泉橋慈善病院　一九三八「泉橋慈善病院賛助婦人会報告　昭和一二年」『泉橋慈善病院第三〇回報告』泉橋慈善病院。

泉橋慈善病院　一九三九ａ「泉橋慈善病院賛助婦人会報告　昭和一三年」『泉橋慈善病院第三一回報告』泉橋慈善病院。

泉橋慈善病院　一九三九b『泉橋慈善病院三十年略誌』泉橋慈善病院。
泉橋慈善病院　一九四〇「泉橋慈善病院賛助婦人会報告　昭和一四年」『泉橋慈善病院第三一回報告』泉橋慈善病院。
泉橋慈善病院　一九四一「泉橋慈善病院賛助婦人会報告　昭和一五年」『泉橋慈善病院第三三回報告』泉橋慈善病院。
泉橋慈善病院　一九四二「泉橋慈善病院賛助婦人会報告　昭和一六年」『泉橋慈善病院第三四回報告』泉橋慈善病院。
泉橋慈善病院　一九四三「泉橋慈善病院賛助婦人会報告　昭和一七年」『泉橋慈善病院第三五回報告』泉橋慈善病院。
泉橋慈善病院賛助婦人会病人相談所　一九二四「賛助婦人会病人相談所報告（取扱事項）」泉橋慈善病院賛助婦人会病人相談所。
加賀谷一　二〇〇三『結核作業療法とその時代――甦る作業療法の原点』協同医書出版社。
篭山京　一九六七「医療社会化の地域性」篭山京編『社会保障の近代化』勁草書房：二一一－七〇。
看護史研究会　一九八三『派出看護婦の歴史』勁草書房。
看護史研究会編　一九八九『看護学生のための日本看護史』医学書院。
川上武　一九六五『現代日本医療史――開業医制の変遷』勁草書房。
川上武　一九八二『現代日本病人史――病人処遇の変遷』勁草書房。
川上裕子　二〇一一「日本における保健婦事業の成立と展開――戦前・戦中期を中心に」お茶の水女子大学大学院人間文化研究科　平成二二年度博士学位論文。
健和会編　二〇〇一『地域医療・福祉の五〇年――東京下町・柳原そして三郷　通史編』ドメス出版。
菊池正治　二〇〇三「第五章二（一）　都市労働者の生活と社会運動」菊池正治・清水教惠・田中和男ほか編著『日本社会福祉の歴史　付・史料――制度・実践・思想』ミネルヴァ書房：一〇一－二。
紀本参次郎　一九二八「済生社会部に就て」『済生』五－二：三三－四。
木下安子　一九八五「保健婦の歩み」小栗史朗・木下安子・内堀千代子『保健婦の歩みと公衆衛生の歴史』医学書院：九〇－一五三。

橘高通泰　一九九八「医療ソーシャルワーク」京極高宣監修、小田兼三他編『現代福祉学レキシコン』雄山閣出版：四五〇–一。
基督教週報社　一九〇二　マイクロフィルム版『基督教週報』五–四、日本図書センター。
児島美都子　一九七二「浅賀ふさ教授のたどった足どり――MSWの歴史の中で」『日本福祉大学研究紀要』二〇–二一号：三七七–四〇五。
児島美都子　一九八六「浅賀ふさ先生をしのぶ」『福祉大学評論』三八号。
国立癩療養所多磨全生園編　一九四二「園内社会事業団体」『年報』昭和一六年。
国立療養所中野病院編　一九七〇『創立五十年の歩み』国立療養所中野病院。
甲田良由　一九三一a「欧米に於ける病院社会事業の機能（一）」『済生』八–五。
甲田良由　一九三一b「欧米に於ける病院社会事業の機能（二）」『済生』八–六。
甲田良由　一九三一c「欧米に於ける病院社会事業の機能（三）」『済生』八–七。
甲田良由　一九三二「病院社会事業と其効用」『社会事業』一六–四：三六–四一、七七。
厚生省公衆衛生局保健所課監修　一九六一『保健所三十年史』日本公衆衛生協会。
厚生省医務局編　一九七六a『医制百年史　記述編』ぎょうせい。
厚生省医務局編　一九七六b『医制百年史　資料編』ぎょうせい。
黒丸五郎　一九七〇「国立療養所中野病院創設当時の思い出」国立療養所中野病院編『創立五十年の歩み』国立療養所中野病院：二八–九。
救治会　一九三二「救治会会報創立満三〇年記念号第二五号」（復刻：二〇一一、岡田靖雄・小峯和茂・橋本明編『精神障害者問題資料集成　戦前編　第五巻』六花出版：四九–一〇一）。
松下和子　一九八五「吉田ますみ先生の思い出」聖路加国際病院『明るい窓』二九–三：三四–六。
松下吉衛編　一九二五『東京府管内社会事業要覧』東京府社会事業協会。

三井文庫　一九八〇『三井事業史　本篇三　上』三井文庫。
三井八郎右衛門高棟伝編纂委員会編　一九八八『三井八郎右衛門高棟』三井文庫。
三井慈善病院　一九〇九『財団法人三井慈善病院第一回報告』三井慈善病院。
三井慈善病院　一九一三『財団法人三井慈善病院第五回報告』三井慈善病院。
三好豊太郎　一九二四「『ケースウォーク』としての人事相談事業」『社会事業』八-七：五一七-二四。
三好豊太郎　一九三九『社会事業精義』三省堂。
望田幸男　二〇〇四「比較史の方法と意味——体験からの試論」『政策科学』一一-三：三〇九-一九。
百瀬孝　一九九七『日本福祉制度史——古代から現代まで』ミネルヴァ書房。
村上顕一　一九三六「済生社会部の事業概況」『済生』一三-三：四-一四。
村松常雄編　一九三二「救治会々報第五二号」(復刻：二〇一一、岡田靖雄・小峯和茂・橋本明編『精神障害者問題資料集成　戦前編　第五巻』六花出版：四九-一〇〇)。
村山秋子　一九三五「巡回看護事業の研究（三）」『済生』一二-五：二六-三四。
長峯ハスヨ　一九三三「済生社会部託児所半歳の記」『済生』一〇-八：二〇-三。
内閣統計局編　二〇〇二『日本の死因統計集成一四』東洋書林。
内務省衛生局　一九二二「救療事業概要」(復刻：一九九二、社会福祉調査研究会編『戦前日本社会事業調査資料集成　第七巻』勁草書房：七七一-九四二)。
内務省衛生局編　一九一九『結核病院及療養所並結核予防会概況』内務省衛生局。
中島さつき　一九五八「医療社会事業について」『社会福祉』日本女子大学文学部社会福祉学研究会：二〇-四。
中島さつき　一九六六『医療社会事業』誠信書房。
中島さつき　一九八〇『医療ソーシャルワーク』誠信書房。
仲野真由美　二〇〇三「太平洋戦争下の日本における医療社会事業実践——聖路加国際病院のケース記録の分析」『社会

福祉学』四四‐二：八七‐九七。
仲野真由美　二〇〇六「太平洋戦争下の日本における医療ケースワーク――心理社会的問題への援助」『医療と福祉』八〇号：七一‐九。
中尾仁一　一九五六『医療社会事業』メヂカルフレンド社。
中村徳吉　一九八五『聖路加国際病院創始者ルドルフ・ボリング・トイスラー小伝』聖路加国際病院。
中西よしお　一九九三「慈恵的救療と民衆――成立期済生会事業の特質について」『社会福祉学』三四‐二：一‐二〇。
中西良雄　一九九八「救療事業」京極高宣監修、小田兼三他編『現代福祉学レキシコン』雄山閣出版：九五。
生江孝之　一九一一「巡回看護婦事業」『慈善』三‐一：四五‐九。
生江孝之　一九二三『社会事業綱要』（一番ヶ瀬康子編　一九八三『社会福祉古典叢書四　生江孝之集』鳳書院）。
生江孝之　一九二六「病院内の社会事業に就て」『済生』三‐一一：四‐八。
生江孝之　一九二八「病院社会事業の主張及内容」『済生』五‐九：二‐六。
生江孝之先生自叙伝刊行委員会　一九八八『わが九十年の生涯　付・唐人お吉に関する調査研究』（伝記・生江孝之）大空社。
成瀬麟・土屋周太郎編　一九一三『大日本人物誌――名現代人名辞典』（復刻：一九九四、『明治人名辞典Ⅲ下巻』日本図書センター）。
夏目漱石　一九一一「現代日本の開化」（収録：二〇〇三、『現代日本の開化ほか』教育出版、六‐四三）。
日本科学者会議編　一九八〇a「科学者のあゆんだ道　浅賀ふさ氏に聞く　その一」『日本の科学者』水曜社、一五‐九：二五‐九。
日本科学者会議編　一九八〇b「科学者のあゆんだ道　浅賀ふさ氏に聞く　その二」『日本の科学者』水曜社、一五‐一〇：三三‐七。
日本看護歴史学会編　二〇〇八『日本の看護一二〇年――歴史をつくるあなたへ』日本看護協会出版会。

日本結核病学会編　一九二五「東京市療養所ノ『ソーシャル、サーヴィス』」『結核』三。
日本結核予防協会　一九二五『人生の幸福』二九巻、日本結核予防協会。
日本結核予防協会　一九二九『人生の幸福』一二―一、日本結核予防協会。
日本聖公会歴史編纂委員会編　一九五九『日本聖公会百年史』日本聖公会。
日本聖公会教務院総務局編　一九一三『日本聖公会要覧』日本聖公会教務院総務局、広告一二。
日本赤十字社　一九八〇『九十年のあゆみ――日本赤十字社東京都支部』日本赤十字社東京都支部。
西田知佳子　一九九四「SSDの仕事」『明るい窓』三八―四：六。
西川潤　一九八九「内発的発展論の起源と今日的意義」鶴見和子・川田侃編『内発的発展論』東京大学出版会：三―四一。
小笠原慶彰　二〇〇三「恩賜財団済生会と済生会大阪府病院移転前後――権利としての社会福祉から見た天皇制慈善」『京都光華女子大学研究紀要』四一：二五三―六九。
小栗将江　一九三一「ソシアル・プリズム」『社会福利』一五―六：八二―六。
岡田靖雄　一九八六「呉秀三先生にまなぶもの――精神病者慈善救治会のこと、ほか」『日本医史学雑誌』三二―二：一四五―五三。
岡田靖雄　二〇〇二「第四章　精神病者慈善救治会設立とその後の展開　第一節　設立の歴史」日本精神衛生会編『図説日本の精神保健運動の歩み』日本精神衛生会：六〇―二。
岡田靖雄　二〇〇三「日本の精神運動の歴史――精神病者慈善救治会を中心に」『精神医学史研究』七―一：六〇―三。
岡本民夫　一九七三『ケースワーク研究』ミネルヴァ書房。
奥野徹　一九七〇「私が勤務した頃――聖路加と公衆衛生活動」五〇年史編集委員会『聖路加看護大学五〇年史』聖路加看護大学：六一―四。
大国美智子　一九九五『保健婦の歴史』医学書院。
大西イエ　一九三〇「萎縮腎患者の家庭」『済生』七―四：二七―八。

大谷繁次郎　一九二八「病院内の福祉事業に就て」『済生』五―一：二六―七。
小沢一　一九二五a「組織社会事業とその元則――オーガナイズド・チャリチーとケース・メソドの発達」『社会事業』九―一：二―一五。
小沢一　一九二五b「方面委員制度の社会的機能に就て（一）」『社会事業』九―七：五六―九。
小沢一　一九二五c「方面委員制度の社会的機能に就て（二）」『社会事業』九―八：五六―六一。
小沢一　一九三二a「社会事件の取扱方法（ケース・ウォークの理論と実際）（一）」『社会事業』一六―二：三五―四三。
小沢一　一九三二b「社会事件の取扱方法（ケース・ウォークの理論と実際）（二）」『社会事業』一六―三：八七―一〇五。
小沢一　一九三二c「社会事件の取扱方法（ケース・ウォークの理論と実際）（三）」『社会事業』一六―四：四九―五七。
小沢一　一九三二d「社会事件の取扱方法（ケース・ウォークの理論と実際）（四）」『社会事業』一六―五：七九―八七。
小沢一　一九三二e「社会事件の取扱方法（ケース・ウォークの理論と実際）（完）」『社会事業』一六―六：九二―一〇三。
小沢一　一九八二「第三部　小沢一編　救護事業指針」『社会福祉古典叢書六　渡辺海旭・矢吹慶輝・小沢一・高田慎吾集』鳳書院：一七一―三一七。
小塩和人　二〇〇二「浅賀ふさ（小栗将江）と世紀転換期のアメリカ合衆国における医療社会事業教育」『日本女子大学総合研究所紀要』五号：一八八―九四。
癩予防協会編　一九三一『癩の話』癩予防協会（編集復刻版：二〇〇二、藤野豊編『近現代ハンセン病問題資料集成（戦前編）第二巻』不二出版：三五四―九）。
癩予防協会編　一九三七「昭和一〇年度事業成績報告書」（編集復刻版：二〇〇五、藤野豊編『近現代ハンセン病問題資料集成　補巻六』不二出版：五〇―一）。
癩予防協会編　一九三八『財団法人癩予防協会事業成績報告書　昭和一一年度』癩予防協会。
佐口卓　一九八二『医療の社会化　第二版』勁草書房。
済生会　一九二八a『恩賜財団済生会道府県救療費及同患者数概覧』済生会。

済生会　一九二八b「『済生社会部』の保護事業」『済生』五‐七：二‐四。
済生会　一九二九「済生社会部記事」『済生』六‐八：六七‐九。
済生会　一九三三「三月十三日より開所せられたる済生社会部が東京市芝本会病院内に新設の外来患者一時託児所」『済生』一〇‐三：口絵写真。
済生会　一九三四a「恩賜財団済生会京都府病院　済生会社会部の現況」『済生』一一‐五：五九。
済生会　一九三四b「炎天下に活動せられる「看護婦セツルメント」の諸姉」『済生』一一‐九：四三‐四。
済生会　一九三六「巡回看護婦打合会」『済生』一三‐一：六八。
済生会　一九六四『恩賜財団済生会五十年誌』済生会。
済生会　一九八二『恩賜財団済生会七十年誌』済生会。
済生会編　一九一二『救療事業調査書』済生会。
済生会編　一九三七『恩賜財団済生会志』済生会。
済生社会部編　一九三八『済生社会部の仕事』済生社会部。
阪野貢　一九八〇a「第一章　近代社会事業の成立と社会事業教育（その一）――大学・専門学校における社会事業教育」菊池正治・阪野貢『日本近代社会事業教育史の研究』相川書房：五‐一五。
阪野貢　一九八〇b「第五章　近代社会事業の成立と社会事業教育（その二）――大学・専門学校における社会事業教育」菊池正治・阪野貢『日本近代社会事業教育史の研究』相川書房：九七‐一一二。
阪野貢　一九八〇c「第六章　中央社会事業協会による社会事業教育」菊池正治・阪野貢『日本近代社会事業教育史の研究』相川書房：一四一‐一六〇。
酒井シヅ　一九八二『日本の医療史』東京書籍。
佐藤正　一九二九「救療事業」『社会事業大系第二巻』中央社会事業協会：一‐四六。
聖路加看護大学創立七〇周年記念誌編集企画委員会　一九九〇『聖路加看護大学の七〇年』聖路加看護大学。

聖路加国際病院八十年史編纂委員会編　一九八二『聖路加国際病院八十年史』聖路加国際病院。
聖路加国際病院一〇〇年史編集委員会編　二〇〇二『聖路加国際病院の一〇〇年』聖路加国際病院。
聖路加国際メデカルセンター　一九三七『聖路加国際メデカルセンター要覧』聖路加国際メデカルセンター。
清水利子　一九三六「済生社会部だより」『済生』一三—七：三八—九。
真宗本願寺派本願寺・真宗大谷派本願寺編　一九二七『日本監獄教誨史（上）』真宗本願寺派本願寺。
新村出編　一九九八『広辞苑第五版』岩波書店。
私立大日本婦人衛生会編　一八八八「婦人衛生会雑誌一号」（復刻：一九八六、中嶌邦監修『日本の婦人雑誌　壱』大空社）。
創立七十周年記念誌発行委員会編　一九九〇『創立七十周年記念誌』国立療養所中野病院。
杉山章子　二〇〇六a「西洋医学体制の確立」新村拓編『日本医療史』吉川弘文館：二二五—四八。
杉山章子　二〇〇六b「産業社会と医療」新村拓編『日本医療史』吉川弘文館：二四九—六五。
硯川眞旬　一九八〇「日本医療社会事業論史序説——文献解題をもとに」内田守・岡本民夫編『医療福祉の研究』ミネルヴァ書房：二八〇—三一九。
社団法人尚友倶楽部・櫻井良樹編　二〇〇〇『阪谷芳郎　東京市長日記』芙蓉書房。
社会事業研究所　一九四二『社会事業個別取扱の実際——都市に於ける社会事業個別処遇事例集』（復刻：一九九七、『戦前期社会事業基本文献集五五』日本図書センター）。
社会事業研究所　一九九六『戦前期社会事業基本文献集四五　現代保健・医療並救療問題検討』日本図書センター。
社会看護事業連盟（発行年不明）『看護婦セツルメント要覧』。
立川昭二　一九七一『病気の社会史　文明に探る病因』ＮＨＫブックス。
髙橋恭子　二〇〇四「患者を支える医療と福祉の関連する実践者——方面委員の活動」『神奈川県立保健福祉大学誌（神奈川県立保健福祉大学紀要）』一—一：九五—一〇四。

髙橋恭子　二〇〇七「初期病院社会事業の実践――泉橋慈善病院　病人相談所について」『社会福祉学』四八―一：一一七―一二九。
髙橋恭子　二〇一〇「東京市療養所の病院社会事業――初期病院社会事業に関する検討」『東京社会福祉史研究』四：五七―六九。
竹内愛二　一九三三「個別社会事業」『看護婦』三―二三：一五―二一。
竹内愛二　一九三五a「訪問婦事業に於けるケース・ウォークの役割」『看護婦』五―四二。
竹内愛二　一九三五b「社会学とケースウォークとの関係の史的考察」『社会事業研究』二三―六：八―一八。
竹内愛二　一九三六「ケースウォークの職能と其遂行過程の研究」『社会事業研究』二四―一：二九―三九。
竹内愛二　一九三七「軍事扶助と新しきケース・ウォーク」『社会事業研究』二五―一一：八―一五。
竹内愛二　一九三八『ケース・ウォークの理論と実際』巌松堂書店。
竹内愛二　一九四〇「方面委員事業の技術的再編成」『社会事業』二四―八：一―一七。
竹内愛二　一九四一a「社会事業技術と従事者の養成」『社会事業』二五―九：二〇―九。
竹内愛二　一九四一b「教育的個別厚生事業序説」『社会事業研究』二九―一二：七―一一。
田代国次郎　一九六九『医療社会福祉研究』童心社。
田代義徳　一九二七a「病人相談所に就て」東京府社会事業協会『東京府社会事業協会報』三二：一―五。
田代義徳　一九二七b「泉橋慈善病院入院患者家庭訪問調査成績」東京府社会事業協会『東京府社会事業協会報』東京府社会事業協会、三二：六三―九。
田澤鐐二　一九二九「東京市療養所ノ所謂『ソシアル、サーヴィス』ト巡回看護婦ノ事業成績ニ就テ」『結核』五―三：四一―八。
田沢鐐二伝刊行委員会編　一九六九『平和の父 田沢鐐二』財団法人平和協会。
逓信省簡易保険局　一九三一『簡易保険健康相談所利用実話』逓信省簡易保険局。

寺尾殿治　一九三四「健康相談事業の実際」『人生の幸福』一七－一：二一－四六。
東京大学医学部整形外科教室開講七〇周年記念会編『田代義徳先生　人と業績』一九七五　東京大学医学部整形外科教室開講七〇周年記念会。
東京大学医学部創立百年記念会、東京大学医学部百年史編集委員会編　一九六七『東京大学医学部百年史』東京大学出版会。
東京府編　一九三四a『東京府管内社会事業施設便覧』東京府。
東京府編　一九三四b『東京府管内社会事業施設要覧』東京府。
東京府　一九三六『東京府社会事業概要』東京府。
東京府慈善協会　一九一八『東京府慈善協会報第五号』東京府慈善協会。
東京府社会事業協会　一九二七『東京府社会事業協会一覧』東京府社会事業協会。
東京慈恵会医科大学百年史編纂委員会　一九八〇『東京慈恵会医科大学百年史』東京慈恵会医科大学。
東京市編　一九二八『東京府管内社会事業施設一覧』東京市。
東京市編　一九二九『東京府管内社会事業施設概要』東京市。
東京市編　一九三二『東京市社会事業要覧』東京市。
東京市編　一九三三『東京市内外社会事業概要』東京市。
東京市編　一九三四『東京市内外社会事業施設一覧』東京市。
東京市編　一九三五『東京市内外社会事業施設概要』東京市。
東京市編　一九三六『東京市内外社会事業施設一覧』東京市。
東京市編　一九三七『東京市内外社会事業施設概要』東京市。
東京市編　一九三八『東京市内外社会事業施設一覧』東京市。
東京市編　一九三九『東京市内外社会事業施設一覧』東京市。

東京市編　一九四二『東京市内外社会事業施設一覧』東京市。
東京市保健局編　一九二五『東京市衛生施設概要』東京市保健局。
東京市保健局衛生課　一九三二『昭和五年 東京市公衆衛生年報』東京市役所。
東京市立築地病院　一九三四『東京市立築地病院報 第一七回』東京市役所。
東京市療養所編　一九二三『東京市療養所年報 第一回』（大正九年・一〇年）、東京市療養所。
東京市療養所編　一九二四『東京市療養所年報 第三回』（大正一二年）東京市療養所。
東京市療養所編　一九二六『東京市療養所年報 第五回』（大正一四年）東京市療養所。
東京市療養所編　一九二七『東京市療養所年報 第六回』（大正一五年・昭和元年）東京市療養所。
東京市療養所編　一九二八『東京市療養所年報 第七回』（昭和二年）東京市療養所。
東京市療養所編　一九二九『東京市療養所年報 第八回』（昭和三年）東京市療養所。
東京市療養所編　一九三〇『東京市療養所年報 第九回』（昭和四年）東京市療養所。
東京市療養所編　一九三二『東京市療養所年報 第一一回』（昭和六年）東京市療養所。
東京市療養所編　一九三三『東京市療養所年報 第一二回』（昭和七年）東京市療養所。
東京市療養所編　一九三五『東京市療養所年報 第一四回』（昭和九年）東京市療養所。
東京市療養所編　一九三七『東京市療養所年報 第一六回』（昭和一一年）東京市療養所。
東京市役所編　一九二七『第二三回 東京市統計年表』東京市役所。
東京都福祉事業協会七十五年史刊行委員会　一九九六『東京都福祉事業協会七十五年史――明日の社会福祉のために』東京都福祉事業協会。
東京都済生会中央病院　一九六七『東京都済生会中央病院五〇年史』東京都済生会中央病院。
鶴見和子　一九八九「内発的発展論の系譜」鶴見和子・川田侃編『内発的発展論』東京大学出版、四三-六四。
上野一雄　一九三八「ケース・ウォーカーとしての巡回看護婦（一）――恩賜財団済生会に於ける巡回看護婦とその協力

者」『社会事業』一二一八：五一一七。
植山つる　一九八六『大いなる随縁――植山つるの社会福祉』全国社会福祉協議会。
氏家幸子・福本恵・依田和美・阿部トモ子　二〇〇八「看護教育の変遷」日本看護歴史学会創立二〇周年記念事業プロジェクト委員会編『日本の看護一二〇年――歴史をつくるあなたへ』日本看護協会出版会：六九―九六。
海野幸徳　一九三一a「病院社会事業（一）」『済生』八―四：二一―一五。
海野幸徳　一九三一b「病院社会事業（二）」『済生』八―五：五一―一〇。
海野幸徳　一九三一c「病院社会事業（三）」『済生』八―六：四―一五。
海野幸徳　一九三一d「病院社会事業（四）」『済生』八―七：三三―七。
海野幸徳　一九三一e「病院社会事業（五）」『済生』八―七：一六―二二。
和歌森太郎・西山松之助・萩原龍夫ほか　一九八一『文京区史　巻三』文京区役所。
山田明　一九九二「近代日本の無能力貧民問題と社会事業調査の展開――老人・障害者・医療保護について」社会福祉調査研究会編『戦前日本社会事業調査資料集成第七巻 老人・障害者・医療保護』勁草書房：一―六五。
『読売新聞』一九二八年八月九日朝刊（『ヨミダス歴史館』読売新聞社）。
米原禎　一九三六「済生社会部たより　相談部精神」『済生』一三―八：三七。
米原禎　一九三七「恩賜財団済生会芝病院内『済生社会部』米原女史の相談部こぼればなし」『済生』一四―二：二二。
吉田久一　一九八二「解説　小沢一」『社会福祉古典叢書六　渡辺海旭・矢吹慶輝・小沢一・高田慎吾集』鳳書院：五九二―六〇〇。
吉田久一　一九九〇『吉田久一著作集三　現代社会事業史研究』川島書店。
吉田久一　一九九三『吉田久一著作集二　改訂版日本貧困史』川島書店。
吉田久一　二〇〇四『新・日本社会事業の歴史』勁草書房。
吉田ますみ　一九六四『高等看護学講座一三　医療社会事業』医学書院。

吉田ますみ　一九七〇『メディカル・ケースワークの手引き下——ケースワークと展望』医歯薬出版。
吉原健二・和田勝　一九九九『日本医療保険制度史』東洋経済新報社。
吉沢千恵子　一九八六「『婦人衛生会雑誌』改題『婦人衛生雑誌』機関誌」『日本の婦人雑誌解説』大空社：二一二―二一四。
全国民生委員児童委員協議会編　一九八八『民生委員制度七〇年史』全国社会福祉協議会。

# 資料1　泉橋慈善病院　賛助婦人会　病人相談所　事例

出典：①「泉橋慈善病院賛助婦人会報告（取扱事項）」（三井文庫所蔵）一九二四（大正一三）年四月：事例1、3～8、10～13、②田代義徳「病人相談所に就て」『東京府社会事業協会報』三二、一-五：事例2、9、14、15

注：事例は、事例番号、事例タイトルに続いて、個人の基本情報を史料のままに転載する。したがって、基本情報は事例によって情報量が異なっている。また、プライバシーに配慮するため、住所は区名、氏名は名字のみの記載とする。なお、読みやすさに配慮し、句読点を適宜補い改行を行ったものもある。

**事例1　「死亡患者ヲ読経回向ス」浅草区、玩具商女、故西野、三才**

中毒症ニテ本院ニ入院セシガ不幸ニシテ死亡シタリ。

病人相談所ニテハ西島書記ガ院内遺族室ニ父親ヲ訪ヒ慰問セシガ、其後家族訪問ニ行キシトコロ、遺骨ヲ菩提寺ニ埋葬セントセシカド住持ハ災後未ダ墓地ノ整理サレザルニ付埋葬ヲ許サズ、且読経ニモ来ラザレバ両親ハ愛子ヲ喪ヒシ悲哀ト、菩提所ニ対スル怨恨ニ胸塞ガリ居タリ。依テ西島書記ハ正善童女ノ法名ヲ授与シ、懇ニ読経シテ小サキ霊ヲ浄土ニ引導シタリ。

両親ハ非常ニ喜ビタリ。其後初七日ト四十九日ノ回向ヲ頼ミニ来リシ故、請ハル、マ、ニ出張シテ追善回向ヲナシタリ。同家ノ郷里ハ福井県ニシテ時期ヲ見テ遺骨ヲ郷里ニ埋葬スルコトニ決シタリ。其ノ時マデ西島書記ノ知己ナル北品川善福寺へ預ケルコト、ナレリ。

事例２　「家庭の状態気の毒と見て救助金を与ふ」某、一歳

右父は馬力にして子供十一歳、八歳、七歳、一歳の四人に夫婦と六人生活なり。十一歳の子は学校に通ふ、八歳の子は足腰起たず、七歳の子と三人を置きて父は仕事に出る、母は一歳の子に附添ひて病院に居る。其家庭に臨む。三人の子は顔の色青し、特に不具の子あり、気の毒な家なり。隣家の人に聞く、私が面倒を見て居ります。父は子供を置きて仕事に出る、生活の状態は実に気の毒なりと聞く、依て隣家の人に托して金壱円を恵与す。

事例３　「身上相談ニ関シテ」某運送店女中、町田、十八才

本人ハ幼少ノ折両親ト死別シ伯父ノ許ニ世話ニナリ居リシガ、伯父ハ貧困ナル故伯父ノ勧メニ従ヒ昨年十二月十日ニ上京シ、某運送店ノ女中ニ月手当六円ノ約束ニテ住込ミタリ。然ルニ今年ニ至リ固疾ノ眼病重クナリタレバ本院ノ外来患者トナリ、施療ヲ受ケ居タリ。主人ハ本人ガ本院ニ通フ様ニナリ、万事ノ用ニ差支ヒヲ生ジ来リシカバ、役立タザルヲ理由トシテ本人ニ手当ヲ支払ハズ剰ヘ十二月ハ用事多端ノ折柄ナル故、療治ニ通フコトヲ禁ジタリ。本人ハ漸次重リ行ク眼疾ヲ憂ヒ、是非通ハセテ貰ヒタシト、只管主人ニ願ヒシカド主人ハキカズ、若シ主命ニ反シナバ解雇スル旨ヲ宣告シタリ。本人ハ詮方ナク本院ニ入院ノ上療治セントテ来院シ、相談所ニ入院方ヲ依頼シタリ。

本人ハ身体ハ健ニシテ其ノ眼疾モ入院セズトモ療治シ得ル程度ノモノナレバ、本人ガ通フニ便宜ナル主人ニ仕

ヘサセント講究シタルガ、ハシナクモ本人ガ当日来院ノ途次、日本橋横山町金物商ノ妻女ト道連レトナリ、其ノ方ニ己ガ身上ヲ物語シ所、非常ニ同情シテ自宅ノ女中ニ雇ヒ、通院ノ便宜ヲ与ヘヤラント申セシ由ヲ本人ガ語リタレバ、兎ニ角相談所ヨリ其ノ家ヲ訪ネテ真偽ヲ確メ、然ル後、本人来院スル由ナレバ其際報告セント申含メテ○《不明》シタリ。

　相談所係員ハ横山町ヲ訪ネ、妻女ニ面会シテ事ノ真偽ヲ確メタルニ、本人ノ申セシコトノ相違セザリシカバ、本人ヲ雇ヒテ貰ヒタシト頼ミシトコロ、妻ノ妹ノ家（官吏）ニテ女中ヲ捜シ居レバ、妹ニ交渉シ其諾否ハ来院シテ回答スベシト約シタリ。其後二人ハ来院シ本人モ亦来リ、相互ニ会見談合ノ上本人ハ雇ハル、コト、ナレリ。本人ハ喜ビテ、其日前主人ニ暇モ貰ヒ横山町ニ女中トナリ、引続キ来院療治ヲ受ケツ、アリ。

**事例4**　「孤児院収容ニ関シテ」日本橋区、浅水、三十五才、三女五才、二男二才《ママ》

　浅水ノ妻女ハ昨年九月下旬ニ産婦トシテ本院ニ入院シ男児ヲ分娩セシガ、産後ノ経過悪ク終ニ死亡シタリ。然レ共産児ハ壮健ニシテ本院ニ収容サレ居リシガ、半月余リ経過スレ共未ダ親元ヨリ引取ニ来ラズ、院内ニテハ非常ニ困リタリ。依テ相談所ヨリ係員ガ浅水家ヘ乳児ノ引取方ノ交渉ニ出張シタリ。

　浅水ハ元古本ノ露店商ヲ営ミ居タルガ震災後失業シ、前記実兄ノバラツクノ一隅ヲ借リテ住ミ居タリ。浅水ニハ産児ノ外、九ツ、八ツ、五ツ、三ツノ四人ノ子供アリ。兄ノ妻ハ乳児ヲ抱エ居レバ保育スルコト能ハザルニ付、其上産児ヲ引取ツテ育ツルハ不可能ノコトナリ。兄モ家計豊ナラザルガ故ニ弟ノ家計ヲ助クルコト能ハズ。弟ハ当時区役所ノ配給米ヲ貰ヒ居リシ故辛クモ生活ナシ得ルモ、軈《やが》テ配給廃止サレナバ一家糊口ニ窮スルハ必定

ナリ。浅水ハ何等カノ職ニ就キテ生計費ヲ得ザルベカラズ。手足纏ヒノ三女ト産児アリテハ仕事ニ出ラレズ途方ニ暮レ居タリ。

依テ相談所ノ係員ハ浅水ト実兄ト鳩首相談ノ上、或ル時期マデ二児ヲ孤児院ニ収容スルコトニ話マトマリタレバ、係員ハ直チニ東京府社会課ヘ行キ、福田会育児院入院ノ手続ヲ了シ浅水ヲシテ本院ヨリ産児ヲ引取ラシメ、三女ト共ニ同育児院ニ収容セシメタリ。

**事例5　「家族救護ニ就テ」下谷区、元蒲団製造業、山田、三十一才**

山田ハ元蒲団製造業ヲ営ミ相当ニ暮シ居タルガ、昨年ノ五月頃ヨリ早発性痴呆症トナリタリ。妻ハ震災前マデ辛ウジテ家業ヲ継続シテ廃疾者ナル夫ニ仕ヘ子供ヲ養育シ来リタルガ、今回家財一切は烏有ニ皈シ終ニ貧困者トナリタリ。

現在ハ焼跡ニ一坪バカリノ焼亜鉛板造ノ小屋ヲ建テ、煉瓦ノ下敷ノ上ニ古蓆ヲ敷キテ住ミ居レリ。妻女ハ妊娠出産ノ期満チタレバ本院ニテ出産セリ。妻ハ災後下谷区義弟ノ所ニ行キテ蒲団ノ製造ヲ手伝ヒ、日給八十銭ヲ貰ヒテ一家ノ糊口ノ資トナシ来リタルガ、今回ノ乳児ヲ抱ヘル身トナリシ故、働クコト能ハザレバ乳児ヲ孤児院ニ収容方ヲ相談所ヘ依頼シタリ。

相談所係員ハ同家ヘ調査ニ出張セシトコロ、夫ト二人ノ子供ハ、一枚ノ煎餅蒲団ニクルマリ寒サニ慄ヘ居ル有様ニテ、産婦ノ申告ト相違セザリケレバ、此ノ旨ヲ綿谷婦長ニ話セシトコロ大ニ同情シテ蒲団其他ノ衣類数点ヲ恵与サレタリ。相談所ニテハ更ニ東京府社会課ニ出頭シ乳児保護係主任ニ図リシトコロ、保育所ノ乳児保育ハ死亡率多キニ鑑ミ、或ル時迄妻ノ日給八十銭ヲ一ヶ月ニ計美シテ、月額二十四円ヲ居宅救助トシテ下附スルコト、ナレリ。猶ヨク病夫ノ世話ヲナシ乳児ヲ育テ居レリ。

事例6 「養育院へ収容サセル迄」災前ノ住所：神田区、災後ノ住所：麻布区、川原、四十三才

本人ハ四年前ヨリ脊髄麻痺トナリ、身体ノ自由ヲ失ヒ居タリ。妻ハ本人発病以来、当時神田ニテ下宿業ヲ営ミ居リシ前記安田方ノ女中トナリテ若干ノ給金ヲ得、本人ノ実弟ヨリ月額二十円ノ生活補助費ヲ受ケ、只管本人ノ療養ニ努メタルガ、病勢次第ニ進ミ行クバカリナルヲ以テ、昨年五月下旬本院ニ来リ、医員ノ厚意ニヨリテ入院スルコトヲ得タリ。

爾来二百数十日ヲ経過シタレ共、容体ハ良好ナラズ、退院スルノ止ムナキニ到リタリ。本人ノ引受人ハ妻ノ姉婿ニ当ル牛込区星野某ナルガ、言葉ヲ左右シテ引取ラズ。本人ノ弟一家ハ震災後何レヘ立退キシカ消息不明ナリ。妻は雇ハレノ身ナレバ、カヽル重病人ヲ引取ルコト能ハズ。途方ニ暮レシ結果、夫婦合議ノ上相談所へ来談、養育院入院方ヲ依頼シタリ。

相談所ニ於テハ、夫婦関係ヲ割カザル様ニ処遇セントテ、実際ニ当リ種々ノ方法ヲ攻究シタル結果、詮方ナク養育院収容ノ手続キヲ履ムコトニ決シタリ。先以テ警察署及ビ区役所へ出頭シ事情ヲ訴ヘテ、本人ノ収容方ヲ願ヒ出シガ、妻アリ親戚アル身ナレバ容易ニ許サレズ。二、三ノ救済機関ヲ訪ヒテ之レガ救護法ヲ講究中、本人ノ妻ハ主家ヨリ暇ヲ貰ヒテ何処ヘカ姿ヲ隠シタリ。依テ京橋区月島市方面委員長稲垣氏、同嘱託塩澤氏ニ事情ヲ明シ、本人ヲ本院ヨリ腕車ニテ月島ノ渡マデ送リ、両氏ノ助力ニテ月島署ニ行路病人トシテノ入院手続キヲ了シ、

終ニ収容サレタリ。

事例7　「身ヲ寄スルニ家無キ退院者ノ処置ニ就テ」住所不定、竹原、六十三才

本人ハ二十年前妻ト死別シテヨリ自暴自棄トナリ、大酒ト放蕩ノ為ニ家財ヲ蕩尽シタリ。爾来自由労働者トナリ、一定ノ住所トテ無ク今日ニ至ル迄、木賃宿カラ木賃宿ヘト転々流浪シ来リシガ、大酒ガ禍シテ心臓及ビ腎臓ヲ患ヒ、今年一月初旬本院ニ入院シタリ。

本人ハ病気癒エ退院スルコト、ナリタレド、最早老年ナレバ再ビ労働者トシテ立ツコト能ハズ。身ヲ寄スル家トテ無ク、前途ヲ悲観シテ来談、養老院入院方ヲ依頼シタリ。

本人ハ養老院ニ収容サル、程ノ無能力者ニアラザレバ、適当ナル仕事ニ就カシムル必要アルヲ認メ、三月十日本院退院ノ翌日、懇々ト飲酒ヲ誡メシ上、汽車賃ヲ与ヘテ、神奈川県藤沢町藤沢中学校ヘ出頭セシメ、同中学ノ小使トシテ月手当十円ニテ住ミ込マセタリ。

事例8　「身元引受トナル」神田区、長島、二十九歳

本人ハ震災後池ノ端ノ市立臨時病院ニ収容サレ居リシトコロ、赤痢ナルコト判明シ駒込病院ニ送ラレ、病気癒エテ退院シ前記ノ所ノ雇人ニ住込ミタリ。本人ハ其後感冒ニ罹リ、固疾ノ喘息再発シテ本院ニ通ヒ居タルガ入院スルコト、ナリタリ。本人ハ独身者ニシテ親戚モナク泉養軒ニテハ身元引受ヲ承諾セズ。途方ニ暮レシ末相談所

ニ依頼シ来レリ。依テ相談所ニテ本人ノ身元引受トナリ本人ハ入院スルコトヲ得タリ。病気全快シテ退院シ王子町ノ印刷工場ノ職工トナリタリ。

**事例9　「仮引受人となりたる件」某、五十一歳**

右は元料理人なりしが、不景気の為め解雇せられ人夫となり木賃宿に泊る。病気となりて、当病院に来りし処、入院を許可されたり。然るに市川に兄弟居り、大井町に叔母あると雖も番地不明にて、引受人は栗原某に頼むと云ふ事なれば、相談せしも本人は私方へ一夜泊りの客にて身元の引受は出来ずとのことにて、本人は非常に困りたり。依て当相談所にて引受人となり、入院治療を受くること丶なりたり。

**事例10　「納骨ニ関スル取扱」浅草区、元火ノ番、故春日**

故人ハ罹災患者ニシテ永ラク本院ニ入院シ居タルガ、十月十五日ニ死亡シタリ。故人ノ遺族ハ妻女ト長男七ツ、長女五ツノ三人ナリ。玉姫長屋ノ焼跡ニ焼亜鉛板ニテ二坪バカリノバラックヲ造リテ、他ノ家族ト同居ス。故人ト妻トハ以前養育院ニ収容サレ居タルモノナルガ、同院ニテ結婚シテ退院シ九年前ヨリ市設玉姫長屋ニ居ヲ構へ、細キ烟ヲ立テ居タリ。カヽル状態ナレバ菩提所モナク遺骨ノ埋葬ニ困リ居タリ。依テ十月十八日相談所ヨリ西島書記ガ故人ノ居ヲ訪ネテ、其ノ霊ヲ弔ヒ遺骨ハ東京府下北品川善福寺ニ納メタリ。因ニ故人ノ遺族ハ保護ニ就テハ所轄警察署へ願ヒ出ヅベク手続ヲ教へ置キタリ。

事例11　「求職ニ関シテ」浅草区、中里、二十四才

本人ノ姉ハ肋膜炎ニテ本院ニ入院シタルガ、昨年十二月退院シタリ。西島書記ガ同家訪問ノ砌《みぎ》リ、本人ガ災後失職シテ困リ居リシカバ、直ニ本人ノ就職ニ関シ、東京府日暮里職業紹介所ニ依頼シタリ。其後本人ハ同紹介所ノ紹介ニテ日暮里町ノ某飴製造業者ノ職人トナリ、日給壱円五拾銭ヲ支給サル、ニ至レリ。

事例12　「養老院ニ収容サセ迄《ママ》」元本所区、高柳、六十六才

本人ハ災後寺島臨時病院ヨリ本院ニ転院シタルナリ。本人ノ病気ハ神経痛ニシテ病気モ略癒エ、退院ノ期トナレルモ引取人来ラズ、依テ相談所ニテハ親戚知己数軒へ書状ヲ持チテ引取方ノ交渉ヲ重ネシモ、何等ノ返信モ無ク本人ハ更ナリ、病院ニテモ困リ居タリ。

相談所ノ係員ハ実弟ノ家ヲ訪ネシガ、同家ハ全焼シテ家族ノ立退場明カナラズ。下谷ノ親戚ヲ訪ネシトコロ、親戚トハ名ノミニシテ何等ノ血縁ナシト刎《は》ネツケラレ、詮方ナク、出入職人ナリト云フ職人ガ向島請地ニ居ルト聞キ、同家ニ或ハ引取人ガ避難シ居ルナラント訪ネシトコロ、妻ノミ居タリ。其ノ談ニヨレバ最早縁ナキモノナレバ、世話スルコトハ出来ヌトノコトナリ。本人ノ引取人ニ関スル交渉ノ道ハ全ク絶エタルニヨリ、詮方ナク滝ノ川養老院へ手続キヲ履ミ、十一月一日車ニテ本人ヲ〇《不明》院へ送リタリ。

事例13　「肺結核患者ノ処置ニ就テ」　浅草区、元古着商、布施、二十四才

本人ハ本院ニ入院希望セシガ医員ノ診察ノ結果、慢性咽頭結核ナル為、本院ノ規定上入院不可能トナリタリ。本人ノ母ハ相談所ヘ来リ、他ノ施療病院ヘ入院方ヲ相談セリ。相談所ニ於テハ、浅草区方面委員相良長輝氏ヘ、市ノ結核療養所ヘ入院方ノ手続ヲ依頼シタリ。同氏ノ助力ニヨリテ本人ハ市療養所ヘ入院スルコトヲ得タリ。

事例14　「東京市より救助を得せしむるやう斡旋したる件」　某、三十八歳

右は馬力にて子供四人あり、一家六人の生活なり。不景気の為め収入なく、勿論貯へとてなき処病気となり、当病院に入院し家庭の生活は忽ち差支へ困難の状態。依て当相談所にては、方面委員事務所に至り家庭救助法に依頼し、市の救助金を受くる様斡旋せり。

事例15　「慈恵資金を分与し養育院に送りしもの」　某、三十四歳

右は長らく当病院に入院中の処病気もよくなり、退院して静養することゝなりたるも身元引受人は行方不明となりたり。依て当所にては保証人捜索方を警察署に依頼せしも不明にて、他に知己もなく養育院に送ることゝなりたり。又た本人は少しの小遣銭とてなく気の毒に思ひ、金参円を恵与することゝなりたり。

# 資料2　済生会病院　済生社会部　事例

出典：「済生社会部だより」『済生』一三-七、一九三六年七月、三八-九頁

御承知のように病気による苦痛と不安とは屢々一般人と異つた心理を構成するものでありますが、特に病気が慢性のもので長期の療養を要する結核患者等には特に夫がみられます。

ですから多くの場合周囲の人々の愛情ある注意と慰安がありませんと、全く闘病力を失つて絶えず死の恐怖におそはれ凡ゆるものに不信をもち総てを呪ひ、精神の安定を失ふて死を早める患者が少くありません。

そこで私共は始終患者の悩みとなる色々な問題を解消する様努力してゐるのでありますが、偶々問題の表面だけに捉はれて一人の少年を危く死に至らしめ様としたことがありました。

K少年　十四歳　結核性腹膜炎　（担当：清水利子）

結核病棟入院の小児科患者が突然発狂して乱暴を働くので退院の方法を講じてもらひたいと、受持医員から依頼がありました。

患者は父親と二人家族で入院前に神田の某薬店で小僧働きをしており、父親は商売を失敗じつて知人の家に寄食する様な有様で、到底本人を引取ることの出来ない事情にありました。で私は受持医員と相談し何分の方法を

講ずるまで、個室に収容することとし父親を附添はせてその食事を当部から給与いたしました。

二、三日してこの患者を見舞つたところ、少年が発狂する様な悩みのある事に気がつきませんでしたので、簡単な慰めの言葉を以て突然の発狂に注意の足りないまゝでした。

トニ角患者の生活経路を知ることが必要でありますが、父親は非常に之を嫌つて病気の原因も本人の不摂生によると申立てるのみでありました。

然し患者は父親に逢ふことを極度に嫌ひ、あらゆる悪口雑言を浴せ、あたりのものを投げつける等、乱暴の限りをするのでした。

是によつて患者の精神錯乱の原因が父親を中心としてその家庭にあることを知りましたので、附添つてゐる父親を帰らせ附添人を当部からつけました。

先づ患者が働いてゐたといふ神田の某薬店を訪ね次の事情が分りました。患者は父親の失敗を救ふため前借百五十円で小僧に住み込んだといふこと、尚十数貫もある荷物を車に積んで少年の身に余る労働を毎日させられてゐたこと等。

サテ入院中のK少年は病状愈々重く、十数回も下痢をするといふ有様で衰弱ひどく、受持医員から到底回復の見込ない旨報告がありました。

私は父親を呼んで病状を話し、若し母親がゐるならばセメテ不幸な患者に逢せてやつて呉れる様、その冷淡さをなじりました。死の床に横はる子供の姿に少しは父の愛を呼び戻したのでせうか、父親は家族の生活経路について翌日長文の手紙を届けて参りました。その内容は、

家族は土地の豪族で父親は何の苦労も知らず相当の教育を受けてゐる、早婚の習慣は父親九歳母親十三歳で結

婚させ、父親が十八歳の折に患者は第三子として出生。朝鮮人であることを非常に嫌つて父親は家族を棄て浄土宗の外国語学校に入学、ある伝道師に世話されて京都の大呉服店の店員となり、努力は報ひられて相当な地位に進み、やがて奉天の支店長代理として赴任一家族を引取つて再び一緒に生活する様になつた。けれ共、父親は無智な家族と生活することに耐えられず、それに親子夫婦の愛情を少しも覚えないため家にゐつかず、自然遊里に足繁く通ふ結果店の信用を失ひ、遂には夜逃げ同様家族を棄てヽ上京、小切れを商つて第二の妻を迎え相当な貯蓄までしたが相場で又々失敗して了つた。

郷里の妻は本人に愛想をつかしてか患者とその弟を残して家出して了つたので患者は父を尋ねて朝鮮より上京、ところが間もなく継母は病臥して了つた（肺結核で一年半後死亡）。

以上の告白と患者が父親に対する暴言とから、少年は長い間愛情のない父親と継母とに全く他人同様居候並に扱はれ、又酒乱の父に虐待されて来たことも分りました。

この親らしい心のない父親に患者を委ねておくことは危険でありますので、父親に対し子供の幸福を希ふならば今後一切当方の指示に従ふと、それが不承知であれば即刻患者を引取る様厳しく申渡しました。

父親は一切此方の処置にお委せすると申しますので、先づ父親の面会を禁じ、一日数回患者の病室を訪れて気持の和ぐ様、悩みの少しでも消える様に努め、家庭の問題には一切触れず、将来に希望を持つ様な話題を選びました。又時折本人の好く食べ物などを撰んだりしては慰めました。

患者の心は次第に溶けて、明るい顔を見る日が多くなり、医療の方も日増しに効果を挙げ、斯様にして半ヶ年患者の心身は見違へる許りの姿となりました。

けれ共医師からは今後尚一ヶ年位保養しなければならないとの話でしたので、此際このまヽ父親に渡すことは到底出来ませんでしたので、虚弱児童を保護する一ノ宮学園に収容方を児童保護協会に依頼しました。ところが患者は学校児童でないこと、夫から結核患者であるといふ様な次第で許されませんでした。

処で、幸ひ中野の某医師の同情によつてそこの書生として保護を受けることになり、温い家庭に育まれて少年はスッカリ健康を取り戻しました。尚この間子供の居所は一切父親に知らせず両人の間の用事は社会部を通じて足して来ました。

父親もその後スッカリ心に悟り、紙問屋の商売も盛んになり、第三の妻と今では患者を引取つて明るい生活にはげんでおります。痩せにやせた当時の患者が今は二十貫近い立派な身体になつて働いてゐるのは愉快です。

# 資料3　聖路加国際病院　医療社会事業部　事例

出典：①吉田ますみ『メディカル・ケースワークの手引き下　ケースワークと展望』医歯薬出版、一九七〇年、五一六二頁：事例1～3、②社会事業研究所『社会事業個別取扱の実際——都市に於ける社会事業個別処遇事例集』一九四二年（復刻：『戦前期社会事業基本文献集五五』日本図書センター、一九九七年、一七一一三三頁）：事例4～9

注：事例は、事例番号、事例タイトル、担当者に続いて、個人の基本情報等を記載する。そのうえで、各事例は長文であること、図書として公刊されていることから、ここでは筆者が〈概要〉として、事例を要約したものを掲載する。なお、基本情報は事例によって情報量が異なっている。また、プライバシーに配慮するため、住所は区名のみとする。氏名は原史料に仮名で記載されている。

**事例1　「医療費の問題を契機として取り扱われはじめた症例」**（担当者：吉田ますみ）

取り扱い開始日：昭和一三年一二月五日、患者氏名：小山いち子（仮名）一九歳、住所：M区、病名：急性虫垂炎

〈概要〉

急性虫垂炎で入院した患者の医療費について医師からの依頼でかかわりはじめたが、会うと入院費以外にもいろいろ問題があると思われてケースとして取り上げることにした。昨年結婚した医大の留学生の夫は経済的能力はあるものの、本人を人前では女中だと言い、医療費を支払おうとしない。夫は本人と同棲する前に十数人の女性と関係があり、同棲前は本人にも優しく親切で高価なプレゼントなどもくれたが、結婚すると人柄が変わり、

残酷な扱いをするようになったと本人は話すも夫と別れるつもりはない。相談員は、警視庁外事課で本人と夫の情報を収集し、外事課から本人の姉にも会ったほうがよいと言われて姉の連絡先を聞き、姉宅を訪問した。本人は、同胞一二人の末子で幼い頃に養子に出たため、実の兄弟姉妹とは疎遠で自分を邪険にすると相談員に語ったが、事実は異なり、小学四年時には姉が呼び寄せて、姉の家から小学校を卒業していたことが姉の話からわかった。親も兄弟姉妹も本人を心配してまじめな人間になってほしいと願っているが、うそを言うしルーズな生活を好んでいるので、自覚するまでどうにもできないだろうと考えていた。結局、医療費は本人が警視庁の名をかたり、夫を騙してお金を出させ、一〇日間の入院で退院していった。退院前日には本人と面接し、相談員は、あまり奇抜すぎることばかりやっていると、どうしようもない病気にでもなると困る、両親や年上の人たちの話も聞いてよく考えて行動するほうがよいと思うと助言した。本人は叔母のところへあやまりに行こうと思うと話すも、うわべだけではなく心から悪かったとわかってからでないとすぐにうそはわかってしまうと相談員は意見を述べた。

本事例では、相談員は自分をよく考えることで、本人が自分の行動に責任をもって生活できるように、助言指導など行っていくことに方針を立てた。表面的には、相談員の助言は本人には聞き入れられないで退院となったが、つねづね心の中を往来していたかもしれない、漠然としていた将来への不安、それを指摘されたことで本人は問題を少しは認識することができたのではなかろうかと考察している。

事例２　「社会保障制度も皆無同様のころ慢性病の病人のあった家庭の症例」（担当者：吉田ますみ）

取り扱い開始日：昭和一四年五月一一日、患者氏名：天田重郎（仮名）一三歳、住所：K区、病名：うっ血性心不全、僧帽弁不全

〈概要〉

予後不良な慢性疾患で治療が長引き、精神的にも社会的にも問題が起こる可能性があると判断して、三年にわたり関わった事例。父や姉の収入があるも経済的に余裕はなく、本人の病気のために家賃も滞納するといった状況。相談員は、自宅療養をしている本人のもとへ家庭訪問をしながら、母親に清潔保持や食事についての療養上の注意を与えたり、知恵遅れのまま放置している妹に関して保健所の精神相談を勧めたり、本人が栄養不足だと思われると方面館から牛乳を給付してもらうように調整した。本人の状態が悪化すると医師へ相談し、ベッドの準備をしてもらい、受診・入院へつなげた。入院費用は経済状態を調査して、減免の手続きをとった。退院するとまた家庭訪問を再開した。病状が悪化し二度目の入院後、なんとか退院したが二カ月もたたずに突然急変し死亡した。しかしこの間、家族は心の準備ができていたようでそれほど大きく落胆せずに、母親は口では残念がったが、なんとなくほっとしたという様子であった。相談員は長期間、本人の療養生活と家族全体の問題解決を支え、依存的で、ぐちっぽく、決断のつかない母親の気持ちを受け入れ、励ましながら関わった。

事例３「肺結核と診断されてから死にいたる一年間の患者と家族の症例」（担当者：吉田ますみ）

取り扱い開始日：昭和一五年八月二七日、患者氏名：谷間百合男（仮名）二六歳、住所：Ｋ区、病名：両肺結核症

〈概要〉

開放性結核と診断され、結核療養所紹介のために相談員へ連絡があった事例。新婚夫婦で妻は臨月で働けなくなり経済的なことや、本人は入院後の妻子のことなどを心配しているため援助を開始した。家庭訪問を中心に援助を行っている。実家とは絶縁関係の本人には、叔父が唯一近くにいる親戚で相談できる相手だが、療養所の入所に反対し田舎に行ってのんびりしたら良くなるなどといい、本人もそれにすがりたいという気持ちもあったが、相談員が治療を受けないで帰ったら心配が離れないのではと説明し、本人も納得のうえで入所した。しかし、食事への不満や、療養所が病人に対してひどい扱いをするので精神的に耐えられないとの理由で、二週間で本人は退院してしまった。

その後、故郷から実兄が上京し、帰ってくるようにと勧めてくれたため、本人はすっかりその気になって待っていた。この間、発熱や痰も咳も多く、本人はいらだち、「どうせこの病気は手をかけたってよくならない」などすてばちの気持ちをぶちまけるのを、相談員はしばらく聴いたうえで、「赤ちゃんのためにもおかみさんのためにも強くなってくださらなければ」「どうしても健康になろうと努力する気持ちが必要なのですよ」と励ますことなどを行いつつ、妻には感染を十分に気をつけるように指導を行った。本人が帰省したいと国もとへ手紙を出したところ、妹の縁談が決まりかかっていることなどを理由に断りの手紙が届いた。本人は大きなショックを

受けたが、自ら療養所へ再入院し、子どもは施設に預け妻がどこかで働くという方向性を決め、相談員へ相談をもちかけた。相談員が療養所の利用を支援し一カ月もたたずに入所することができた。併せて妻に方面委員への相談も勧め、その結果、すぐに子どもは乳児院へ預かってもらえることになった。妻は以前働いていた派出婦の仕事をしたいとの意向だったので、東京都職業紹介所に問い合わせ、派出婦人会の連絡先を紹介した。

本人は入所して二カ月後に死去したが、妻からなんの連絡もないため、お悔みのことばとその後の様子をたずねる手紙を出したところ、妻が当部を訪れ、信用していた叔父が妻の実印を使って、本人の保険金を自分の口座に入れてしまったと妻から相談があった。法律に詳しい専門家を紹介したものの、法律的に罰することは難しく、却って専門家が入るよりお互いの話し合いで解決するようにと助言された。叔父はのらりくらりとかわしたり、妻を叱りつけたりしてなかなかお金を返さなかったが、最後には妻が警察へ相談して間に入ってもらったことで、ようやく保険金を返してもらえた。この間、子どもが耳鼻科へ五三日間入院し、相談員は医療費の問題にも関わった。子どもが退院するとすぐ、妻は自分の実家へ子どもを連れて帰り、元気に生活していたが二カ月後に子どもが突然死亡してしまった。相談員は最後にお悔やみの手紙を出して援助は終了となった。

事例4　「家庭不和の事例」（担当者：吉田ますみ）

患者氏名：及川武夫（仮名）、職業：某官庁臨時自動車運転手、家族：武夫（患者）三五歳、後妻二五歳、先妻の子（長男）一一歳

〈概要〉

ヘモライズ（出血する痔疾）の手術のため入院の必要がある患者として当部へ依頼があり関わった。メディカルチャートと本人との面接で、重い貧血症で相当ひどい神経衰弱にかかっていることがわかり、何か社会的な煩悶があるのではないかと診断して関わった。患者の病気のため経済的に厳しく、息子は兄夫婦の許で育てられており、患者の姉の家で夫婦は四畳半の間借をしていたが、病状は悪化し、夜中に眠れず電燈をつけたり消したりするなどで姉夫婦との関係も悪化していた。相談員は退院後気兼ねなく暮らせる住居を探し、ある外人の家に夫婦は住み込み、妻を女中として雇ってもらうことになり、半年後には非常に健康になった。

その後、妻の実家から父親が重病だからすぐ帰ってくるようにと手紙が届いた。これまでもうそを言って帰郷させて子どもの金を取っているので、心配したところ一〇日後に妻は弟を連れて戻ってきた。父親は精神に異常を起こして時々暴れ、今回もその発作が起きたとのことだったが、妻は弟を引き取るからこれ以上父親の面倒はみられないと約束してきた。相談員は、妻にいくら自分が多少の収入を得ているとしても、夫の意見も聞き、雇主の了解も得て行動すべきだと話した。その後、三人で暮らしていたが、あまりうまくいっていないと妻から聞き、患者が外来のときに事情を聞くと、弟が割り込んだことが面白くないということだったので、それはもっともだと思うから、三月の卒業まで我慢して、その後は住み込みで働かせるようにするからと話した。

### 事例5　「患者谷口智恵を巡りて」（担当者：三澤美代）

家族（全て仮名）：世帯主―谷口忠雄　三三歳、自動車運転手、尋常小学卒、妻―智恵（患者）二四歳、尋常小学卒、長

男—哲雄　四歳、未就学、長女—伸子　二歳、未就学、次男—俊二　一歳、未就学

〈概要〉

患者（妻）が急病とのことで、夫が来室したことにより関わりが始まった。社会事業部病床の空床があったため、受診の結果、出産後の子癇での疑いで即日入院となった。そのため、乳幼児の保育の問題が生じた。次男は乳児のため、当院に哺乳ケースとして特別入院を小児科にて行い、他の二人の幼児は相談員が保育のため方面館と連絡をとり、各施設へ照会するも保育は難しく、夫が休職して面倒をみることになった。その後、次男は退院の許可が出るも相談員より入院継続を依頼し、ようやく患者が退院するときに同時に引き取らせた。

しかし、退院翌日、患者は再発し、また乳幼児の世話の問題が生じるも、託児施設は満員のため、まずは夫を激励指導して保育にあたらせた。そのうち、乳児院に空床ができ、相談員が直接交渉をして入所させた。長男も方面館託児部へ預け、長女は友人に預けるものの一日でうまくいかなくなり、当部へ相談があった。しかし相談員は患者の実家への依頼を勧め、夫は渋々連れて行った。間もなく実家の父親が病気になり、長女は連れ帰されたため、再度夫は休職することになったが、患者の退院が近かったため、そのままにした。

再度患者が肺炎のために入院、再び夫は休職し育児にあたることになったが、託児所入所を方面館に交渉し、併せて救療手続きも行った。同時に長男が麻疹に罹患したため、自家療法を指示し、方面館より往診券を受けさせて受診をすすめ、また長女の種痘のための照会も保健館に行った。

この間、相談員は再三、家庭訪問を行い、家屋状態や家族の生活状況を把握し、また夫婦の生育歴の把握も行っている。入院のベッドの確保と入院費を決定することも行った。

事例6 「或る婦人患者の取扱について」（担当者：田村きみ）

患者氏名：小田野信子（仮名）、住所：青森県青森市、家族：世帯主―小田野二郎 二九歳、妻―ちよ 二二歳、妹―信子 二六歳

〈概要〉

前年、心臓病にかかり、他院で治療したものの治癒しないため当院で診断を受けるために地方より上京して入院したケースである。検査の結果、心臓神経症の診断を受けた。相談員は毎日のように病室で本人と面接し、患者について「自我が強くて外部に対する興味が少なかつた。従つて自己の責任を回避する為に病気を利用してゐるかの感があつた。又、病身の故に周囲から労はられるのを喜んでゐる様であつた」とし、それは「女学校時代には、患者は幼稚園の保母を希望してゐた様であつたが、母親の病気のためその実現が出来なかつた」ことが現在の病気の一つの原因と思われると、社会診断している。結局、長期入院となったため退院し、葉山へ転地療養をした経過がよくないため、精神科医の診療を受けたいという手紙があり、調整を行った。同じ診断だったが、快癒には相当長くかかるという診断だった。その後、実家へ戻り、三週間後には患者は元気で医者にかかりながら、寝たり起きたりしているとのことだった。

## 事例7 「杉本俊太郎とその家族の問題」（担当者：吉田ますみ）

家族：世帯主―俊太郎（仮名）四〇歳、病気、理髪師、尋小卒、妻―そめ　三七歳、健、内職、尋小卒、長女―しの　一九歳、健、給仕、尋小卒、長男―俊一　一五歳、健、新聞社給仕、商業在学、次女―千代　一二歳、健、小学在学中、三女―たみ　一〇歳、健、小学在学中、四女―たき　六歳、健、未就学、二男―辰男　二歳、健、未就学

〈概要〉

方面カード持参し受診、即入院の必要があるとして依頼されてくるも空床がないため、他院への入院交渉を行った。妻は夫の重病に不安が強いため、入院は他院にしても相談相手になるためにケースとして取り扱うことになった。その後は主として、聖路加女子専門学校の実習生が担当した。他院入院中も本人を見舞い、退院後も家庭訪問で様子を把握していたが、一カ月後より顔にむくみが出てきて近医で治療を受けたが、その後動けなくなり、結局、退院して四カ月後に死亡した。

その後、長男が通学しながら、働き、学費と交通費を得ていたが、体調を崩し、肋膜炎となった。相談員は、長男が療養のため親戚のある田舎へ行くと、静養の注意や日課表を郵送し、帰宅後は、家庭訪問をして療養指導を行い、一家の経済的な問題の解決のために、方面委員に母子保護法の適用を依頼するなどを行った。その後も療養先の調整や受診時の援助、転地療養の際の蒲団の世話で中央社会事業協会へ寄付を依頼し、長男の学校に訪問して今後のことについて相談を行い、休学手続きのことなどの援助を行った。

事例8　「結核患者家庭の事例」（担当者：三澤美代）

世帯状況：父―木山盛二郎（仮名）四一歳、元建築請負師、現在肺結核にて療養中、母―水島君子　三五歳、方面館にて内職、姉―木山照子　一二歳、肺門琳巴線《(ママ)》腫脹、叔父の許に於て静養中、患者―木山利子　九歳、肋膜炎、弟―木山盛一　五歳、健在、託児所利用、妹―木山洋子　一歳、健在、自宅

〈概要〉

当院の患者利子の父親はすでに肺結核で療養所へ入院後、外で家を借りて静養中、姉も田舎で静養したものの、病勢が進み療養所へ入所していた。一家は物質的にも精神的にも困窮し、母子保護法の扶助を受けていたが、生活不能に陥った。その後、相次いで三人が死亡し、狂いそうだという母親を励まし、乳幼児二人の預け先について調整を行った。この間、受療のため、経済的な問題のため、保育のため、母親が頼りにしている叔母の力も得ながら、方面館、保健館、学校衛生部など、関係施設と交渉や連絡調整などを行うなどの社会資源の活用を行った。

事例9　「妻没後の家庭内諸問題の処置に就て」（担当者：神田たね）

家族：佐野源治（仮名）四三歳、草履職人、尋小卒、かね　三八歳、栄子　一二歳、正雄　九歳

〈概要〉

結核で療養所入所のための手続きを問い合わせるために、当部へ母親（かね）が来室したことがきっかけで関わった。入所手続き中に母親が死亡し、父親と二人の子どもの三人の生活を五年にわたり援助した事例である。母親の死後、母親の実家で子どもの面倒を見てもよいと言われたが、子どもの他に楽しみがないからと三人で暮らす決心をしたものの、「以前よりももっと惨めな生活」となり、一時期、長女は施設へ、長男は母親の実家へ、父親は住み込みで働くことになった。

その後、父親の貯蓄ができ、子どもたちも成長し、各々の卒業や進学、就労とともに、一家がようやく同居できるという時に父親が病気になってしまった。しかし今度は子どもたちが働いて収入を得られる年齢になっていたので、長女は施設を出て働き、長男も夜学に行きながら昼間は働くことで、一家の収入をなんとか賄い、不足額は父親が働けるまで、当部で補い、牛乳一合ずつも与えた。同時に父親と相談員で相談のうえ、子どもたちに生活費の予算、日々の支出、献立を帳面に書き込ませて、やりくりできるように助言した。また、長女が勤めに出ることになった際に、着物二枚、運動靴一足、靴下一足を与えたり、長男が夜学に入学した時も入学祝として一〇円を贈った。

| 済生会病院 | 東京市療養所 | 聖路加国際病院 | 社会状況 |
|---|---|---|---|
| | | | 7.28 地租改正条例制定<br>12.27 秩禄奉還 |
| | | | |
| | | | |
| | | | 8.5 金禄公債証書発行条例制定 |
| | | | 2. 西南戦争勃発<br>コレラ全国で大流行 |
| | | | |
| | | | |
| | | | |
| | | | |
| | | | |
| | | | |
| | | | |
| | | | |
| | | | |
| | | | |

## ■初期病院社会事業関連年表

| 年 | 医療、社会福祉関連事項 | ケースワーク・病院社会事業文献等 | 泉橋慈善病院 |
|---|---|---|---|
| 1873（明治6） | | | |
| 1874（明治7） | 5.2 東京府病院設立<br>8.18 医制を三府（東京、京都、大阪）に布達<br>12.8 恤救規則公布 | | |
| 1875（明治8） | 4.8 悪病流行ノ節貧困ノ者処分方概則公布 | | |
| 1876（明治9） | 5.18 天然痘予防規則制定 | | |
| 1877（明治10） | 4.12 東京医学校、東京開成学校を合併し東京大学創設。医学校は「医学部」と改称<br>5.3 佐野常民ら博愛社設立（87. 5. 日本赤十字社と改称）<br>6.7 東京府施療券及牛痘施療券発行規則公布<br>8.27 虎列剌病予防法心得制定 | | |
| 1879（明治12） | 3.3 同愛社設立<br>6.26 虎列剌病予防仮規則制定<br>8. コレラ各地に蔓延、各県に避病院建設<br>12.27 中央衛生会職制及事務章程と地方衛生会規則布達 | | |
| 1880（明治13） | 7.9 伝染病予防規則公布 | | |
| 1882（明治15） | 3.24 ロベルト・コッホ、結核菌発見を発表<br>8.10 有志共立東京病院開設 | | |
| 1883（明治16） | 2.18 大日本私立衛生会結成<br>10.23 医師免許規則及び医術開業試験規則制定 | | |
| 1885（明治18） | 10. 有志共立東京病院看護婦教育所開設 | | |
| 1886（明治19） | 9. 京都看病婦学校開設<br>11. 桜井女学校付属看護婦養成所開設<br>11.17 博愛社病院開設 | | |
| 1887（明治20） | 9.10 私立大日本婦人衛生会設立 | | |
| 1888（明治21） | 2.9 大阪慈恵病院設立許可<br>2. 帝国大学医科大学看病法練習科開設 | | |
| 1889（明治22） | 須磨浦療病院建設 | | |
| 1890（明治23） | 4.1 日本赤十字社病院看護婦養成所開設 | | |

| 済生会病院 | 東京市療養所 | 聖路加国際病院 | 社会状況 |
|---|---|---|---|
| | | | |
| | | | 8.1 日清戦争開戦 |
| | | | 4.17 日清講和（下関）条約調印 |
| | | | 7.5 労働組合期成会発起人会開催 |
| | | | |
| | | 2.2 トイスラー来日 | 3.10 治安警察法公布 |
| | | 2. トイスラー、佃島に施療診療所開設 | 4.20 日本女子大学校創立<br>5.18 社会民主党結成（5.20 禁止） |
| | | 2. 築地病院を聖路加病院と改称し、診療開始<br>9. スクリバが病院スタッフとなる | |
| | | | 4. 農商務省、『職工事情』刊行<br>10.23 平民社結成 |
| | | 4. 聖路加看護学校開校 | 2.10 日露戦争開戦 |
| | | | 9.5 ポーツマス条約調印 |
| | | | 2.24 日本社会党結成 |
| | | | 1.20 東京株式相場暴落（戦後恐慌）<br>2.4 足尾銅山暴動<br>6.4 別子銅山暴動 |
| | | | |
| | | | |

| 年 | 医療、社会福祉関連事項 | ケースワーク・病院社会事業文献等 | 泉橋慈善病院 |
|---|---|---|---|
| 1891（明治 24） | 11. 鈴木まさ、慈善看護婦会開設 | | |
| 1894（明治 27） | | | |
| 1895（明治 28） | 1. 医師免許規則改正法案（漢方医継続案）否決 | | |
| 1897（明治 30） | 4.1 伝染病予防法公布 | | |
| 1899（明治 32） | 3.2 北海道旧土人保護法公布<br>3.22 罹災救助基金法公布<br>3.28 行旅病人及行旅死亡人取扱法公布<br>7.19 産婆規則公布 | | |
| 1900（明治 33） | 3.10 精神病者監護法公布<br>7. 東京府看護婦規則制定 | | |
| 1901（明治 34） | | | |
| 1902（明治 35） | 10.10 精神病者慈善救治会設立 | | |
| 1903（明治 36） | 東京市長尾崎行雄、施療病院の設立を計画 | | |
| 1904（明治 37） | 2.4 肺結核予防ニ関スル件公布<br>4.2 下士兵卒家族救助令公布 | | |
| 1905（明治 38） | 5.8 鐘紡共済組合設立<br>岐阜県に学校看護婦配置 | リチャード・C・キャボット、マサチューセッツ総合病院に医療ソーシャルワークを導入 | |
| 1906（明治 39） | 3.2 医師法、歯科医師法公布<br>5. 田代義徳、東京帝国大学医科大学整形外科講座開講 | | 10.3 財団法人三井慈善病院設立許可 |
| 1907（明治 40） | 3.19 法律第 11 号 癩予防ニ関スル法律公布<br>5.1 帝国鉄道庁現業員共済組合設立 | | 9. 病院工事着工 |
| 1908（明治 41） | 6.12 ロベルト・コッホ来日<br>9. 第 1 回感化救済事業講習会開催<br>10. 中央慈善協会設立 | | |
| 1909（明治 42） | 1.1 報恩会設立 | | 3.21 三井慈善病院開院、田代義徳初代院長就任 |

| 済生会病院 | 東京市療養所 | 聖路加国際病院 | 社会状況 |
|---|---|---|---|
| | | | 5.25 大逆事件 |
| 2.11 施薬救療の勅語発布<br>5.30 恩賜財団済生会設立 | | | 3.29 工場法公布 |
| 4. 全国救療方針決定<br>8. 本所診療所、深川診療所設立<br>9. 浅草診療所、下谷診療所、小石川診療所設立 | | 新病院後援会結成 | |
| 9.1 済生会神奈川県病院開設 | | | |
| 1.10 東京市内巡回診療班活動開始<br>2.19「行政庁ヲシテ委嘱ニ依リ恩賜財団済生会ノ事業ヲ施行セシムルノ件」（勅令第 18 号）公布 | | | 8.23 第一次世界大戦参戦 |
| 12.1 済生会病院（東京）開設、北里柴三郎初代院長就任 | | | |
| 10.10 済生会大阪府病院事業開始 | 6.7 東京市療養所設立認可 | | 9.1 工場法施行 |
| | | 4. 聖路加国際病院と改称<br>浅賀ふさ、日本女子大学校卒業 | |
| | | | 8.3 富山県で米騒動勃発、全国へ波及 |

| 年 | 医療、社会福祉関連事項 | ケースワーク・病院社会事業文献等 | 泉橋慈善病院 |
|---|---|---|---|
| 1910（明治43） | | | 4-11. 三井高棟一行欧米視察 |
| 1911（明治44） | 9. 社団法人実費診療所開設<br>第1回東京市細民調査 | | |
| 1912（明治45・大正1） | 東京市・大阪市の一部で第2回細民調査 | | 4.5 船尾栄太郎事務長に就任 |
| 1913（大正2） | 2.11 日本結核予防協会設立 | | |
| 1914（大正3） | 3.30 肺結核療養所ノ設置及国庫補助ニ関スル法律公布<br>11.7 第一区府県立全生病院患者慰安会設立 | | |
| 1915（大正4） | 6.30 看護婦規則制定<br>7.20 東京、大阪、神戸に市立療養所の設置命令<br>8.28 私立看護婦学校看護婦講習所指定標準ノ件 | | |
| 1916（大正5） | 6.28 保健衛生調査会官制公布<br>7.15 商工青年慰安会設立<br>11.10 大日本医師会創立総会 | | |
| 1917（大正6） | 2.11 東京府慈善協会設立<br>5.12 岡山県、済生顧問制度設置<br>7.20 軍事救護法公布<br>賛育会健康相談所創設 | | 3.31 船尾栄太郎理事兼任<br>4. 船尾栄太郎、東京府慈善協会理事就任<br>6. 田代義徳、東京府慈善協会第三部会長就任 |
| 1918（大正7） | 6.13 東京府慈善協会救済委員制度設置<br>10.7 大阪府、方面委員制度設置 | | 内田駒太郎、東京府慈善協会救済委員に選任 |

| 済生会病院 | 東京市療養所 | 聖路加国際病院 | 社会状況 |
|---|---|---|---|
| 生江孝之米国保護事業大会出席 | | | |
| 8.1 済生会大阪府病院患者慰安会常設 | 5.29 東京市療養所開院、田沢鐐二初代院長就任 | 9. 聖路加付属高等看護婦学校開校 | 3.15 株価暴落（戦後恐慌）<br>3.28 新婦人協会発足<br>5.2 日本初のメーデー |
| | | | |
| | 1. 日本結核病学会創立。田沢は学会幹事となり、事務所を療養所に設置 | | |
| 10.12 震災救療活動のため臨時救療部設置 | 2. 田沢鐐二欧米視察<br>4. 日本結核病学会第1回総会 | 7. 児童健康相談所開設<br>9.1 関東大震災により病院焼失<br>10.13 米国陸軍より天幕病院設営 | 9.1　関東大震災 |
| 1.26 赤羽乳児院開設<br>1. 臨時巡回看護班設置<br>6.1 済生会病院有償診療に関する件決定<br>7. 巡回看護班を常設化し、深川、本所、浅草、下谷診療所に配属 | | 6. 仮病院竣工、天幕病院撤去 | 12.13 婦人参政権獲得期成同盟会発足（1925婦選獲得同盟と改称） |
| 4.1 なでしこの会設立<br>5.10 済生会大阪府病院患者慰安会館設置 | 東京市療養所社会部設置<br>東京市の衛生課員と療養所員が小石川区大塚に健康相談所開設 | 1. 仮病院火災で全焼<br>12.1 文部省学校診療所が近隣に開設。当院からも医療スタッフを派遣し、費用を負担 | 4.22 治安維持法公布<br>5.14 衆議院議員選挙法改正（男子普通選挙実施） |
| 10.30 済生社会部設立、売店事業開始 | 6.12 福滋会設立<br>800床へ増床 | | |

| 年 | 医療、社会福祉関連事項 | ケースワーク・病院社会事業文献等 | 泉橋慈善病院 |
|---|---|---|---|
| 1919（大正8） | 2. 島根県青原村産業組合に医療部設置<br>3.27 精神病院法公布<br>3.27 結核予防法公布<br>3.27 トラホーム予防法公布 | リチャード・C・キャボット『Social Work：Essays on the Meeting-Ground of Doctor and Social Worker』（1921年『医師と社会事業』翻訳出版） | 3-10 船尾栄太郎欧米視察<br>4. 財団法人泉橋慈善病院に改称<br>秋、賛助婦人会設立 |
| 1920（大正9） | | 船尾栄太郎『欧米の施療事業—特に病院に就て』 | 1.12 船尾栄太郎事務長退任<br>4.7 賛助婦人会発会式<br>病人相談所設置 |
| 1921（大正10） | | 原泰一「医療事業への三提唱」 | 2. 産婆看護婦養成所設立認可<br>2.10 田代義徳院長退任 |
| 1922（大正11） | 4.22 健康保険法公布<br>9.8 簡易保険健康相談所規則制定 | | 相談員2名（氏名は不明） |
| 1923（大正12） | 3.19 医師法改正、日本医師会の設置を規定<br>11. 東京帝大セツルメント設立 | アイダ・キャノン『Social Work in Hospitals』（1925年『病院社会事業』翻訳出版） | 相談員（徳本みよ、小泉マサ、西島） |
| 1924（大正13） | 馬島僴、労働者診療所設立<br>精神病者救治会、精神病者相談所開設 | 三好豊太郎「『ケース・ウォーク』としての人事相談事業」 | |
| 1925（大正14） | 岩井弼次、公衆病院設立 | 小沢一「組織社会事業とその元則—オーガナイズド・チャリチーとケース・メソドの発達」「方面委員制度の社会的機能に就て（一）（二）」 | 相談員（徳本みよ、小泉マサ、内田駒太郎） |
| 1926（大正15・昭和1） | 7.1 健康保険法一部施行<br>12. 政府、地方に小児保健所設置を勧奨 | | 小泉マサ退職し相談員2名に（徳本みよ、内田駒太郎） |

| 済生会病院 | 東京市療養所 | 聖路加国際病院 | 社会状況 |
|---|---|---|---|
| 10. 済生社会部救済事業開始 | | 11.22 財団法人聖路加女子学園設立。専門学校令により聖路加女子専門学校と改称<br>吉田ますみ、日本女子大学校卒業 | |
| 3. 清水利子、日本女子大学校卒業。中央社会事業協会の社会事業研究生となる<br>8. 済生社会部相談事業開始 | 10. 清水利子、療養所見学 | 1. 新病院建設着手<br>2. 公衆衛生部開設<br>浅賀ふさ帰国 | |
| 4. 清水利子採用<br>7.2 済生会京都府病院開設 | 6.27 870 床へ増床<br>6. 浅賀ふさ、療養所見学 | 3. 医療社会事業部設置<br>浅賀ふさ初代部員に | 10. ニューヨークで株価大暴落（世界恐慌）<br>11.21 金解禁の省令公布（1930.1. 施行） |
| | | 植山つる入職 | 昭和恐慌はじまる |
| 5.13 患者の少額自弁開始 | 6. 大塚健康相談所設立、社会部廃止 | 藤田鶴代入職<br>9. ヘレン・シップスが派遣され主任に | 9.18 柳条湖事件（満州事変はじまる）<br>12.13 金輸出再禁止<br>農村不況激化 |
| 5. 済生会大阪府病院慰安会、社会部と改称<br>7.1 芝恩賜財団済生会病院と改称（東京） | 3.28 1170 床へ増床<br>4.1 有料患者受け入れ | | 5.15 5・15 事件 |
| 2. 済生社会部託児所開所<br>10. 済生会京都府病院社会部設置 | | 6. 新病院開院 | 3.27 国際連盟脱退 |
| | | 8.10 トイスラー死去<br>中島さつき入職 | 9.29 母性保護法制定促進婦人連盟結成（1935年、母性保護連盟と改称） |

| 年 | 医療、社会福祉関連事項 | ケースワーク・病院社会事業文献等 | 泉橋慈善病院 |
|---|---|---|---|
| 1927（昭和 2） | 1.1 健康保険法全面施行<br>4.3 花柳病予防法公布<br>7.23 大阪乳幼児保護協会発足<br>7.23 大阪乳幼児保護協会創設<br>9.8 聖ステパノホーム設立<br>10. 第 1 回全国方面委員会議開催 | 田代義徳「病人相談所に就て」「泉橋慈善病院入院患者家庭訪問調査成績」 | |
| 1928（昭和 3） | 5. 東青信用購買利用組合広区域医療利用組合設立 | 生江孝之「病院社会事業の主張及内容」<br>大谷繁次郎「病院内の福祉事業に就て」 | 4.30 徳本みよ退職<br>6.1 長島秋子採用し相談員 2 名に（内田駒太郎、長島秋子） |
| 1929（昭和 4） | 3.5 山本宣治暗殺<br>4.2 救護法公布<br>10.29 文部省、学校看護婦に関する件訓令 | 大谷彬亮「『済生社会部』の将来に対する希望」<br>生江孝之「婦人と社会事業—婦人団体若草会のために」 | 10.28 船尾栄太郎死去 |
| 1930（昭和 5） | 1.26 大崎無産者診療所開設<br>大阪朝日新聞社社会事業団公衆衛生訪問婦協会設立 | | |
| 1931（昭和 6） | 4.2 癩予防法公布<br>4.2 寄生虫病予防法公布<br>10. 無産者医療同盟結成<br>大阪無産者診療所開設 | 海野幸徳「病院社会事業（一）～（五）」<br>甲田良由「欧米に於ける病院社会事業の機能（一）～（三）」 | 12.23 田代義徳 3 代目院長就任 |
| 1932（昭和 7） | 1.1 救護法施行<br>3.26 全日本方面委員連盟結成<br>8.20 農山漁村貧困者救療のため内帑金 300 万円下賜<br>12.1 社会看護事業連盟看護婦セツルメント設立<br>東京市築地病院後援会設立<br>第一区府県立全生病院互助会設立 | 小沢一「社会事件の取扱方法（ケース・ウォークの理論と実際（一）～完）」 | |
| 1933（昭和 8） | | 竹内愛二「個別社会事業」<br>富田象吉「社会事業としての訪問看護事業」 | 5.10 田代義徳院長退任<br>7.15 内田駒太郎退職<br>10.1 伊藤重蔵採用し相談員 2 名に（長島秋子、伊藤重蔵） |
| 1934（昭和 9） | | 小沢一『救護事業指針』<br>生江孝之「米国に於て発生したら社会事業並病院社会事業に就て」 | |

| 済生会病院 | 東京市療養所 | 聖路加国際病院 | 社会状況 |
|---|---|---|---|
| 7.1 恩賜財団済生会芝病院と改称（東京）<br>10. 済生社会部月報発行開始 | | 4. 東京市特別衛生地区保健館開館<br>医療社会事業部総勢 8 名 | |
| | | 10.21 財団法人聖路加国際メディカル・センター設立許可<br>中島さつき退職 | 2.26 2・26 事件 |
| | | 吉田ますみ入職、医療社会事業部総勢 10 名 | 7.7 盧溝橋で日中両軍衝突 |
| 相談員は清水利子と米原禎 | | 10. 浅賀ふさ退職、神田多称主任へ | 4.1 国家総動員法公布 |
| | | | |
| 済生社会部一時的宿泊所計画 | | | 10.12 大政翼賛会結成 |
| | | | 12.8 真珠湾攻撃、太平洋戦争開戦 |
| | 6.28 田沢鐐二定年退職<br>7.22 東京市中野療養所と改称 | | |
| | 4.1 日本医療団中野療養所と改称 | 6.15 財団法人聖路加国際メディカル・センターを大東亜医道院と改称、病院名を大東亜中央病院と変更<br>神田多称退職 | |
| | | | |
| 5.25　空襲により施設の 3 分の 2 が焼失 | | | 8.15 太平洋戦争終結 |

| 年 | 医療、社会福祉関連事項 | ケースワーク・病院社会事業文献等 | 泉橋慈善病院 |
|---|---|---|---|
| 1935（昭和10） | 中央社会事業協会保健婦事業開始 | 竹内愛二「訪問婦事業に於けるケース・ウォークの役割」「社会学とケースウォークとの関係の史的考察」 | |
| 1936（昭和11） | 5. 第1回医療社会事業研究会開催<br>11.14 方面委員令公布<br>東北更新会、保健婦配置<br>母子愛育会、指定村で愛育運動展開<br>農林省「医療利用組合の情勢と特色」発表 | 竹内愛二「ケースウォークの職能と其遂行過程の研究」<br>田結宗誠「救療事業に於ける社会事業的技術」 | |
| 1937（昭和12） | 3.31 母子保護法公布、軍事扶助法公布<br>4.3 保健所法公布<br>4.5 結核予防法改正（医師の届出等付加） | 竹内愛二「軍事扶助と新しきケース・ウォーク」 | 3. 伊藤重蔵退職、以後相談員は長島秋子1名 |
| 1938（昭和13） | 1.11 厚生省設置<br>4.1 国民健康保険法公布 | 竹内愛二『ケース・ウォークの理論と実際』 | |
| 1939（昭和14） | 4.6 船員保険法、職員健康保険法公布 | 三好豊太郎『社会事業精義』 | |
| 1940（昭和15） | 4.8 国民体力法公布<br>5.1 国民優生法公布 | 竹内愛二「方面委員事業の技術的再編成」 | |
| 1941（昭和16） | 3.3 医療保護法公布<br>7.10 保健婦規則制定 | 竹内愛二「社会事業技術と従事者の養成」「教育的個別厚生事業序説」 | |
| 1942（昭和17） | 2.23 戦時災害保護法公布<br>2.25 国民医療法公布 | | |
| 1943（昭和18） | | | 7. 財団法人三井厚生病院に改称 |
| 1944（昭和19） | 10.1 簡易保険健康相談所、公立健康相談所等を保健所に統合<br>ストレプトマイシン発見 | | |
| 1945（昭和20） | | | 3. 空襲により病院全焼 |

（注）以下の年表等を参考にしながら本文に関連のある事項について筆者作成。
厚生省医務局編（1976b）『医制百年史　資料編』ぎょうせい。
池田敬正・土井洋一編（2000）『日本社会福祉綜合年表』法律文化社。
日本看護歴史学会編（2008）『日本の看護120年』日本看護協会出版会。

# あとがき

本書は、二〇一三年三月に明治学院大学大学院社会学研究科に提出した博士論文（「日本における医療ソーシャルワークの生成過程に関する研究——戦前の初期病院社会事業の成立と歴史的意義について」）に加筆修正を行ったものです。本書の刊行に際しては、独立行政法人日本学術振興会平成二七年度科学研究費補助金（研究成果公開促進費）の交付を受けています。

本研究テーマ「日本における戦前の病院社会事業」に関する歴史については、博士後期課程に進学してから、具体的には着手した研究テーマになります。本研究を通して、「当時は変人扱いされた」という社会事業に従事する初期の病院社会事業の実践者たちの志と熱意に、また実践のあるべき姿について改めて学びました。当初はできるだけ実践を生き生きと明らかにしたいと考えて史資料にあたりましたが、当時の事例などを蒐集することは大変難しく、記録に残すことの意味とその重みについて考えさせられました。夏の暑い時期に三井文庫に何度も通い、貴重な史料に出会った時の感動は、今も忘れません。この感動は筆者が歴史研究の魅力にとりつかれるきっかけとなっています。そして歴史的な史料の中で埋もれている名もない多くの実践者たちの苦労と努力が、今日の私たちの実践をつくっていることを忘れずに、歴史から学ぶ姿勢を常にもちながら、今後もささやかながら社会福祉実践と歴史の研究に取り組みたいと思っております。

博士後期課程の指導教授である遠藤興一先生は、歴史研究の手法がまったくわからないまま本テーマに取り組んだ筆者に対して、辛抱強くお付き合いくださいました。ご迷惑のかけ通しだったと思いますが、このように何とか一つの形にまとめることができたのは、先生からの多くのご教示とご指導があったからこそと、心から感謝しております。先生の研究に臨む真摯な姿勢からも多くのことを学びました。ありがとうございました。

前明治学院大学教授山崎美貴子先生には、大学院博士前期課程から後期課程にかけて、大変お世話になりました。ソーシャルワークに関する先生の深い造詣は、ソーシャルワーカーとして現場実践を続けながら大学院で学んでいた筆者には、刺激が多く、改めて自らの実践を振り返りまとめること、実証的研究を続けることの大切さを学びました。その後もさまざまな場面でいつも温かく励ましてくださいました。心から感謝しております。

また、本研究を完成させるまで多くのみなさまにお世話になりました。博士論文審査委員をお引き受けくださった明治学院大学教授大瀧敦子先生、前東洋大学教授菊池義昭先生には、ご多忙な中、丁寧なご助言を賜りました。明治学院大学社会学部の諸先生方、研究会などでご一緒したみなさまからも多くのことを学びました。お一人お一人お名前を挙げられませんが、心よりお礼申しあげます。

最後に、本書の出版について、懇切丁寧にご助言を頂いたドメス出版の夏目恵子様、ドメス出版の関係者のみなさまに、厚くお礼申しあげます。ありがとうございました。

二〇一五年一二月

髙橋恭子

## ハ



## マ



## ヤ



## ラ

# 人名索引

## ア



## カ



## サ



## タ



## ナ

## タ



## ナ



## ハ



## マ

# 事項索引

高橋恭子（たかはし　やすこ）
1965 年　埼玉県生まれ
明治学院大学大学院博士後期課程修了　博士（社会福祉学）
現　在　神奈川県立保健福祉大学保健福祉学部教授

戦前病院社会事業史
――日本における医療ソーシャルワークの生成過程

2016 年 1 月 20 日　第 1 刷発行
定価：本体 6000 円＋税

著　者　高橋恭子
発行者　佐久間光恵
発行所　株式会社 ドメス出版
東京都文京区白山 3 - 2 - 4
振替　00180 - 2 - 48766
電話　03 - 3811 - 5615
FAX　03 - 3811 - 5635
http://www.domesu.co.jp
印刷所　株式会社 教文堂
製本所　株式会社 明光社

ISBN978 - 4 - 8107 - 0822 - 6 C0036

講座　戦後社会福祉の総括と二一世紀への展望　全四巻　各3500円

Ⅰ 総括と展望　一番ヶ瀬康子・高島進・高田真治・京極高宣編
Ⅱ 思想と理論　阿部志郎・右田紀久恵・宮田和明・松井二郎編
Ⅲ 政策と制度　三浦文夫・高橋紘士・田端光美・古川孝順編
Ⅳ 実践方法と援助技術　仲村優一・窪田暁子・岡本民夫・太田義弘編

---

特定医療法人財団 健和会編　地域医療・福祉の50年　東京下町・柳原そして三郷　通史編・資料編（分売不可）　3619円
一番ヶ瀬康子他編　無名の人 石井筆子　〝近代〟を問い歴史に埋もれた女性の生涯　2000円
林　千代編　五味百合子女性福祉論集　学生とともに歩む　3000円
外山　義　クリッパンの老人たち　スウェーデンの高齢者ケア　3000円
藤原瑠美　ニルスの国の高齢者ケア　エーデル改革から15年後のスウェーデン　2500円
藤原瑠美　ニルスの国の認知症ケア　医療から暮らしに転換したスウェーデン　2700円
伊藤淑子　社会福祉職発達史研究　米英日三カ国比較による検討　6310円
伊藤淑子　21世紀イギリスの子どもサービス　日本への示唆　4300円
田澤あけみ　20世紀児童福祉の展開　イギリス児童虐待防止の動向から探る　7300円
太田由加里　子どもを虐待死から守るために　2400円
金子光一　ビアトリス・ウェッブの福祉思想　6500円
古川孝順　社会福祉の新たな展望　現代社会と福祉　2600円
京極高宣　福祉書を読む　京極高宣ブックレビュー集　2000円

＊表示価格は本体価格です